Ansgar Klein, Rainer Sprengel,
Johanna Neuling (Hrsg.)

Jahrbuch Engagementpolitik 2017

Engagement für
und mit Geflüchteten

WOCHEN SCHAU VERLAG

Bibliografische Information der Deutschen Nationalbibliothek
Die Deutsche Nationalbibliothek verzeichnet diese Publikation in der Deutschen Nationalbibliografie; detaillierte bibliografische Daten sind im Internet unter http://dnb.d-nb.de abrufbar.

© WOCHENSCHAU Verlag
Dr. Kurt Debus GmbH
Schwalbach/Ts. 2017

www.wochenschau-verlag.de
Alle Rechte vorbehalten. Kein Teil dieses Buches darf in irgendeiner Form (Druck, Fotokopie oder in einem anderen Verfahren) ohne schriftliche Genehmigung des Verlages reproduziert oder unter Verwendung elektronischer Systeme verarbeitet werden.

Das Jahrbuch Engagementpolitik wird herausgegeben in der Reihe „Engagement und Partizipation in Theorie und Praxis" von Manfred Bauer, Michael Bergmann, Dr. Serge Embacher, Dr. Frank W. Heuberger, PD Dr. Ansgar Klein, Prof. Dr. Thomas Olk (†), Andreas Pautzke, Dr. Thomas Röbke, Carola Schaaf-Derichs und Brigitta Wortmann im Auftrag des BBE.

Umschlag: Ohl Design
Redaktion/Lektorat: Johanna Neuling
Gedruckt auf chlorfrei gebleichtem Papier
Gesamtherstellung: Wochenschau Verlag
ISBN 978-3-7344-0396-5 (Buch)
ISBN 978-3-7344-0397-2 (E-Book)

Inhaltsverzeichnis

Einleitung 7

Sonderseiten zum Tod von Thomas Olk

Nachruf und Würdigung 9

Adalbert Evers, Birger Hartnuß, Gisela Jakob, Ansgar Klein
Die Zivilgesellschaft verliert einen ihrer wichtigsten Fürsprecher
Ein persönlicher Nachruf enger Wegbegleiter, Mitstreiter und Freunde von
Thomas Olk 16

Thomas Röbke
Engagementnetzwerke oder: von Ungleichzeitigkeiten und Verspätungen 25

I. Engagementpolitische Diskurse im politischen Mehrebenensystem

Bund

Holger Krimmer
Zivilgesellschaftsforschung als Gemeinschaftsaufgabe 33

Thomas Röbke
Bürgerschaftliches Engagement als gesellschaftlicher Innovationsmotor 39

Rupert Graf Strachwitz
Engagementstrategien der Bundesregierung 55

Stefan Diefenbach-Trommer
Warum Gemeinnützigkeit politisch ist und es keinen „politischen Verein" braucht
Fachgespräch der hessischen Landtagsfraktion von Bündnis 90/Die Grünen 65

Michael Ernst-Pörksen
Steuerrechtliche Regelungen zur politischen Intervention durch gemeinnützige
Körperschaften. Gegenwärtiger Stand und mögliche Reformansätze 69

Wolfgang Kaleck
Warum wir Whistleblower schützen müssen 84

Länder und Kommunen

Henning von Vieregge
Bildung und Engagement
Jetzt sind die Hochschulen gefordert 87

Stefan Diefenbach-Trommer
Politische Debatte über das Gemeinnützigkeitsrecht 93

Europa und International

Horst Fabian
Die Umweltkrise als Katalysator vielfältiger chinesischer Umweltbewegungen
Graduelle Demokratisierung, langer Marsch durch die Institutionen statt
demokratischem Bruch? 97

Ulrike Lunacek
Lieben ohne Angst für alle!
Alltäglicher Diskriminierung von LGBTI-Menschen in der EU endlich
ein Ende setzen 108

II. Schwerpunktthema:
Engagement für und mit Geflüchteten

Katharina Boele-Woelki, Meike Matthias, Judith Büschleb, Franziska Adelmann
Rechtliche Rahmenbedingungen des Engagements für und mit Geflüchteten 115

Ansgar Klein
Bedarfe der Engagementförderung in der Flüchtlingshilfe 122

Konrad Hummel
Die Reifeprüfung der Zivilgesellschaft 130

Rudolf Speth
Die Zivilgesellschaft im Einwanderungsland Deutschland 134

Frank Gesemann, Roland Roth
Bürgerschaftliches Engagement in der kommunalen Flüchtlings- und
Integrationspolitik
Ergebnisse einer Umfrage bei Städten, Landkreisen und Gemeinden 140

Elisabeth Schönrock, Andreas Pautzke
Bürgerschaftliches Engagement gegen Rechtsextremismus 146

Burkhart Veigel
Fluchthelfer versus Schlepper und Schleuser? 152

III. Kalendarium

Rainer Sprengel
Engagementpolitisches Kalendarium
1. Juli 2015 bis 2. Juni 2016 157

IV. Aus dem Netzwerk BBE

Ansgar Klein, Andreas Pautzke
1. Bericht aus dem Netzwerk 173
2. Organisation und Finanzierung der Netzwerkarbeit und eine Übersicht über laufende Projekte 183
3. Überblick über Fachveranstaltungen, Tagungen und Kongresse 186
4. Überblick über Publikationen 189
5. Förderer und Unterstützer 190
6. Lilian Schwalb: Weiterentwicklung der BBE-Fachdebatte 191

Dokument
BBE AG 3 „Freiwilligendienste"
Impulspapier
Freiwilligendienste als Orte der politischen Bildung 199

Autorinnen und Autoren 204

Einleitung

Unser fünftes engagementpolitisches Jahrbuch gliedert sich in die Bereiche „Engagementpolitische Diskurse im politischen Mehrebenensystem", „Schwerpunktthema: Engagement für und mit Geflüchteten", „Kalendarium" und „Aus dem Netzwerk BBE". Der Anfang des diesjährigen Jahrbuchs ist allerdings der Würdigung von Prof. Dr. Thomas Olk gewidmet, der nicht nur als Wissenschaftler, sondern auch als langjähriger Vorsitzender des Sprecher_innenrates des Bundesnetzwerks Bürgerschaftliches Engagement (BBE) bis zu seinem Tod 2016 einer der wichtigsten Fürsprecher für bürgerschaftliches Engagement und Zivilgesellschaft war. Es äußern sich enge Mitstreiter_innen, Wegbegleiter_innen und Freunde sowie Akteure aus dem BBE, die seine Arbeit begleitet haben oder fortführen. Diese Erinnerungsarbeit ist zugleich eine Auseinandersetzung mit Aufgaben, Methoden und Zielen von Engagementpolitik und der Überwindung von Widerständen.

Die „Engagementpolitischen Diskurse im politischen Mehrebenensystem" decken das Spektrum von kommunal bis europäisch ab. Inhaltlich reichen die Beiträge von der Analyse bürgerschaftlichen Engagements als Innovationsmotor von Thomas Röbke bis zu internationalen Analysen, etwa zur Umweltbewegung in China von Horst Fabian oder LBGTI (Lesben, Schwule, Bisexuelle, Transgender und Intersex-Personen) und Zivilgesellschaft in Europa von Ulrike Lunacek.

Das darauffolgende Schwerpunktthema greift einen die öffentliche Diskussion seit 2015 prägenden engagementpolitischen Bereich auf: das Engagement für und mit Geflüchteten. Das überwältigende bürgerschaftliche Engagement für Menschen auf der Flucht hatte 2015 Medien und Politik überrascht. Ob spontane oder organisierte Hilfsbereitschaft, der Sommer 2015 ist ein weiterer denkwürdiger Moment in der Geschichte bürgerschaftlichen Engagements in Deutschland. Doch sind die Hauptaufgaben für Zivilgesellschaft, Wirtschaft und Staat damit nicht erledigt gewesen.

Im Schwerpunkt geht es um Bedarfe an nachhaltigen engagementbegleitenden Infrastrukturen und um engagementförderliche Rahmenbedingungen des bürgerschaftlichen Engagements, damit dieses dauerhaft auch in Fragen der Integration oder bei künftigen anderen Problemen eine tragende Rolle spielen kann. Nicht zuletzt ist für eine nachhaltige Infrastruktur auch eine Bundeskompetenz in der Engagementförderung erforderlich, die sich im Übrigen nicht von einer derzeit diskutierten Bundeskompetenz für die Förderung von Partizipation und Extremismusprävention trennen lässt. Thematisiert werden auch gesellschaftliche Konfliktlagen etwa im zivilgesellschaftlichen Wirken gegen Rechtsextremismus oder schwierige Fragen einer Abgrenzung von zivilgesellschaftlicher Fluchthilfe – die sich durchaus auch an einer deutsch-deutschen Vergangenheit orientieren kann – gegenüber kriminellen Schlepperformen. Weitere Beiträge rücken schließlich den

Übergang von der Fluchtnothilfe zur Integration ins Zentrum und werfen die Frage auf, wie sich die Zivilgesellschaft in Deutschland – vor dem Hintergrund dieser Herausforderungen – verändern wird.

Das „Kalendarium" berichtet wie bereits in den vorherigen Jahren über wichtige engagementpolitische Ereignisse und Weichenstellungen, insbesondere auf bundes- und europapolitischer Ebene. Mit dem Kalendarium wird zudem eine Brücke zur Internetnutzung des Jahrbuchs geschlagen. Im vorliegenden Band findet sich eine komprimierte, auf herausragende Ereignisse konzentrierte Fassung.

Das Jahrbuch richtet sich an alle, die sich für Engagement- und Demokratiepolitik interessieren bzw. die mit ihr beruflich oder ehrenamtlich befasst sind. Dies gilt für Akteure aus Verbänden, Stiftungen und Vereinen, Ministerien, öffentlichem Dienst, kommunalen Fachstellen für Engagementförderung, Freiwilligenagenturen und -zentren, Seniorenbüros, Selbsthilfekontaktstellen, Mehrgenerationshäusern etc., bei Anbietern der Jugend- und Erwachsenenbildung, Entscheidern und Beratern zivilgesellschaftlicher Organisationen, Wirtschaft, Politik, Verwaltung, engagementfördernden Unternehmen oder auch für Akteure in Wissenschaft oder Medien.

Die fünfte Ausgabe des „Jahrbuch Engagementpolitik" informiert über engagementpolitische Themen, Ereignisse und Diskussionen mit dem Schwerpunkt bundesweiter oder europaweiter Relevanz. Jeder Band nimmt sich dabei grundsätzlich eine Jahresperiode mit dem Zeitraum 1. Juli bis 30. Juni vor. Dabei greift das Jahrbuch auch auf einzelne Beiträge aus dem BBE-Newsletter und den BBE Europa-Nachrichten zurück. Neben der Orientierung auf politische Prozesse und den dort herausragenden Diskursen wird Wert gelegt auf Praxisbezug und Serviceleistung zur Information von Multiplikatoren. So sollen die Leser_innen im Nachhinein durch das „Jahrbuch Engagementpolitik" eine kontinuierliche Übersicht über die Weiterentwicklung und die erreichten Ziele der Engagement- und Demokratiepolitik gewinnen. Das Jahrbuch ist ein Instrument, um die im BBE vernetzten Akteure, die Fachöffentlichkeit, Journalist_innen und Entscheidungsträger aus Politik, Zivilgesellschaft und Wirtschaft über den State of the Art zu informieren.

Durch seine thematisch-inhaltlichen wie serviceorientierten Teile soll das Jahrbuch eine unentbehrliche Hilfe für jeden sein, der sich mit Engagement- und Demokratiepolitik beschäftigt. Die Herausgeber_innen hoffen, dadurch zu einer stetigen und fachlich orientierten Weiterentwicklung der Engagementpolitik unter Mitwirkung aller Akteure beizutragen.

Das Jahrbuch wird in enger Kooperation mit dem Wochenschau Verlag erstellt, mit dem das BBE seit dem Jahr 2012 die Buchreihe „Engagement und Partizipation in Theorie und Praxis" herausgibt. Wir danken dem Verlag für die sehr gute Kooperation. Unser Dank gilt natürlich vor allem den Autor_innen des Bandes.

Berlin im Juli 2016
PD Dr. Ansgar Klein, Dr. Rainer Sprengel, Dipl.-Pol. Johanna Neuling

Sonderseiten zum Tod von Thomas Olk

Nachruf und Würdigung

In Gedenken an Prof. Dr. Thomas Olk, Vorsitzender des BBE-Sprecher_innenrates von 2003-2016

Foto: Henrik Andrée

Kurzbiografie, Publikationen, Arbeits- und Forschungsschwerpunkte und Funktionen im Überblick

Kurzbiografie

- geboren am 14.10.1951 in Lübeck
- 1972 bis 1980 Studium der Erziehungswissenschaft mit der Studienrichtung Sozialarbeit/Sozialpädagogik und Studium der Soziologie in Bonn und Bielefeld
- 1981-1983 Wissenschaftlicher Angestellter an der Universität Oldenburg, Fachbereich Pädagogik, Fachgruppe Sozialarbeit/Sozialpädagogik
- 1983-1989 Wissenschaftlicher Angestellter an der Universität Bielefeld, Fakultät für Pädagogik, AG 8 (Sozialarbeit/Sozialpädagogik)
- 1985 Promotion an der Fakultät für Pädagogik an der Universität Bielefeld zum Thema „Sozialarbeit als Dienstleistung – Bedingungen und Folgen der Ausdifferenzierung fürsorglichen Handelns"
- WS 87/88 Vertretung der C3-Professur „Geschichte der sozialen Arbeit" im Fachbereich 4 der Gesamthochschule Kassel
- 1988-1989 Sprecher des Forschungsschwerpunktes Jugendforschung an der Fakultät für Pädagogik der Universität Bielefeld (mit W. Heitmeyer)
- SS 1987-SS 1988 Habilitation an der Fakultät für Pädagogik der Universität Bielefeld zum Thema „Formwandel des Helfens. Professionell-bürokratische und informelle Unterstützungssysteme in der Sozialarbeit/Sozialpädagogik am Beispiel von Jugendproblemen"
- 1989-1991 Wissenschaftlicher Mitarbeiter (unbefristet) am Zentrum für Sozialpolitik der Universität Bremen, Abt. Theorie und Verfassung des Wohlfahrtsstaates
- SS 1990 Vertretung des Lehrstuhls für Sozialpädagogik (C4) an der Universität Trier, FB 1 (Philosophie, Psychologie, Pädagogik)
- 1991 C4-Professur Sozialarbeit/Sozialpädagogik (Gründungsprofessur) an der Pädagogischen Hochschule Halle
- seit April 1993 Inhaber des Lehrstuhls (C4) für Sozialpädagogik und Sozialpolitik am Fachbereich Erziehungswissenschaften der Martin-Luther-Universität Halle-Wittenberg

Arbeits- und Forschungsschwerpunkte

- Professionalisierung helfender Berufe
- Dritte-Sektor- und Wohlfahrtsverbändeforschung
- Kindheits- und Jugendforschung
- Armutsforschung
- Jugendhilfeforschung
- Sozialpolitikforschung
- Engagementforschung

Funktionen

- Mitglied der Kommission „Sozialpädagogik" der Deutschen Gesellschaft für Erziehungswissenschaft (DGfE)
- Mitglied im Verein „Kommission zur Erforschung des politischen und sozialen Wandels der neuen Bundesländer" (KSPW) (von 1993 bis zur Auflösung des Vereins im Jahre 1998)
- Mitglied im Vorstand (von 1995-2002 Sprecher) der Sektion „Sozialpolitik" in der Deutschen Gesellschaft für Soziologie
- Mitglied des Landesjugendhilfeausschusses des Landes Sachsen-Anhalt (von 1998 bis 2010)
- Mitglied des Projektbeirates der 2., 3. und 4. Welle des Freiwilligensurveys in Deutschland des Bundesministerium für Familie, Senioren, Frauen und Jugend (seit 2004)
- Sachverständiges Mitglied in der Enquete-Kommission des Deutschen Bundestages „Zukunft des Bürgerschaftlichen Engagements" (1999-2002)
- Mitglied des Internationalen Forschungsnetzwerks „Childrens' Welfare" im Rahmen der EU-geförderten COST-Aktion A 19; seit 2002 stellvertretender Sprecher des Management-Komitees der COST-Aktion (1999-2006)
- Mitglied des Wissenschaftlichen Beirats des Instituts für Entwicklungsplanung und Strukturforschung Hannover (IES) (2002-2004)
- Vorstandsvorsitzender der Stiftung Bürger für Bürger (2000-2013)
- Vorsitzender des Kuratoriums der Stiftung Bürger für Bürger (ab 2013)
- Mitglied des Bundesnetzwerks Bürgerschaftliches Engagement (BBE); seit Juli 2003 Vorsitzender des Sprecherrats des BBE
- Mitglied des Beirats des Projektes „mitWirkung! – Stärkung der Kinder- und Jugendbeteiligung" der Bertelsmann Stiftung (2004-2008)
- Mitglied des Expertenbeirates des Projektes „Jung bewegt" der Bertelsmann Stiftung (seit 2009)
- Mitglied des Beirats „Kompetenznachweis Lernen im sozialen Umfeld" des Deutschen Jugendinstituts (2004-2006)
- Mitglied des „Bündnisses für Demokratie und Toleranz – Gegen Extremismus und Gewalt" des Bundesministeriums des Innern und des Bundesministeriums der Justiz (seit 2005)
- Vertrauensdozent der Heinrich-Böll-Stiftung (seit 2005)
- Mitglied des Beirates „Selbstorganisation älterer Menschen" (SÄM) sowie des Expertenbeirats des Programms „Aktiv im Alter" des Bundesministeriums für Frauen, Senioren, Familie und Jugend (2006-2009)
- Mitglied des Bundesjugendkuratoriums (BKJ) (2006-2009)
- Mitglied der Expertengruppe zum Bertelsmann-Preis 2007 „Soziales Engagement als Bildungsziel"

- Experte am Bertelsmann-BürgerForum Soziale Marktwirtschaft (2008)
- Mitglied der Unabhängigen Sachverständigenkommission zur Erstellung des 14. Kinder- und Jugendberichtes der Bundesregierung (seit 2010)
- Mitglied im Fachbeirat für die Anlauf- und Beratungsstelle „Fonds DDR-Heimerziehung" Sachsen-Anhalt (seit 2013)

Herausgegebene Buchreihen und Zeitschriften

- Buchreihe „Engagement und Partizipation in Theorie und Praxis" im Wochenschau Verlag
- Buchreihe „Soziologie und Sozialpolitik" im VS Verlag
- Buchreihe „Grundlagen der Sozialen Arbeit" im Schneider Verlag
- Mitglied des Beirats der „Neuen Praxis" Zeitschrift für Sozialarbeit, Sozialpädagogik und Sozialpolitik im Verlag neue praxis GmbH
- Mitglied des Beirats der Rezensionszeitschrift „Sozialwissenschaftliche Literatur Rundschau" im Verlag neue praxis GmbH
- Mitglied des Beirats der „Zeitschrift für Sozialreform" bei der Lucius & Lucius Verlagsgesellschaft mbH
- Mitglied im Beirat der Zeitschrift „Diskurs Kindheits- und Jugendforschung" im Verlag Barbara Budrich

Gemeinsame Traueranzeige von Freund_innen, Wegbegleiter_innen und Kolleg_innen[1]

Thomas Olk war ein Streiter für die demokratische und vitale Zivilgesellschaft. Er war seit Gründung des Bundesnetzwerks Bürgerschaftliches Engagement (BBE) 2003 bis kurz vor seinem Tod 2016 der erste Vorsitzende des BBE-Sprecher_innenrates. Mit hohem persönlichen Einsatz, wissenschaftlicher Exzellenz und feiner Diplomatie bahnte er einer Politik der Förderung des bürgerschaftlichen Engagements den Weg. Mit außergewöhnlichem Engagement hat er den Weg des BBE über ein Jahrzehnt lang geprägt und durch sein couragiertes Wirken eine Politik der Förderung bürgerschaftlichen Engagements mitbegründet. Wir verlieren mit ihm einen wichtigen Analytiker, Impulsgeber und Wegweiser. Sein Vorbild und Wirken bleiben uns Auftrag. In tiefer Trauer und Dankbarkeit

– Thomas Altgeld, Landesvereinigung für Gesundheit und Akademie für Sozialmedizin Niedersachsen e. V.
– Dr. Sigrid Bachler, Deutscher Gewerkschaftsbund

---

1 Die Traueranzeige wurde erstmalig veröffentlicht in: engagement macht stark! – Magazin des Bundesnetzwerks Bürgerschaftliches Engagement, 6. Jahrgang, Ausgabe 1/2016.

- Dr. Eugen Baldas, IAVE
- Manfred Bauer, Sprecher_innenrat BBE und Bundesland Brandenburg – Staatskanzlei
- Tobias Baur, Landesnetzwerk Bürgerengagement „aktiv in Berlin", Landesfreiwilligenagentur Berlin e. V.
- Dr. Thomas Bellut, Zweites Deutsches Fernsehen
- Michael Bergmann, Sprecher_innenrat BBE und Deutscher Caritasverband e. V.
- Ute Bertel, Landeshauptstadt München
- Matthias Betz, Deutsches Rotes Kreuz (DRK) Generalsekretariat
- Prof. Dr. Adelheid Biesecker
- Franz-Ludwig Blömker, Bundesarbeitsgemeinschaft Seniorenbüros (BaS)
- Hildegard Bockhorst, Bundesvereinigung Kulturelle Kinder- und Jugendbildung e. V.
- Rainer Bode, Landesarbeitsgemeinschaft Soziokultureller Zentren Nordrhein-Westfalen e. V.
- Thomas Böhme, Ministerialrat a. D., Staatskanzlei Hannover
- Helga Bomplitz, Vorsitzende des Landesringes M/V des Deutschen Seniorenringes e. V.
- Prof. Dr. Sebastian Braun, Humboldt-Universität zu Berlin
- Jürgen Breitenfeld, Bundesland Sachsen-Anhalt – Staatskanzlei
- Birgit Bursee, Vorsitzende Bundesarbeitsgemeinschaft der Freiwilligenagenturen (bagfa) e. V.
- OKR Dr. Ralph Charbonnier, Evangelische Kirche in Deutschland
- Cornelia Coenen-Marx, Seele und Sorge
- Marion Deiß, Bundesland Baden-Württemberg Ministerium für Arbeit und Sozialordnung, Familie, Frauen und Senioren
- Christine Dotterweich, Evangelische Akademie in Deutschland (EAD) e. V.
- Dr. Jörg Eggers, Geschäftsführer Bundesverband Deutscher Anzeigenblätter e. V.
- Prof. Dr. Adalbert Evers
- Karin Fehres, Vorstand Sportentwicklung des DOSB
- Lothar Frick, Landeszentrale für politische Bildung Baden-Württemberg
- Petra Fuchs, Deutscher Verein für öffentliche und private Fürsorge e. V.
- Dr. Uli Glaser, Ref. für Jugend, Familie und Soziales, Stadt Nürnberg
- Karin Gruhlke, Vorsitzende Netzwerk freiwilliges Engagement in M-V e. V.
- Martina Haag, Ref. für Jugend, Familie und Soziales, Stadt Nürnberg
- Karin Haist
- Andrea Hankeln, Ministerium für Familie, Kinder, Jugend, Kultur und Sport des Landes Nordrhein-Westfalen
- Birger Hartnuß, Staatskanzlei Rheinland-Pfalz
- Ursula Helms, NAKOS
- Dr. Frank Heuberger, Europa-Beauftragter des BBE

- Gabriella Hinn, Bundesarbeitsgemeinschaft Seniorenbüros (BaS)
- Katja Hintze, Stiftung Bildung
- Alfons Hörmann, Präsident des DOSB
- Rainer Hub, Diakonie Deutschland Evangelischer Bundesverband
- Kerstin Hübner, Bundesvereinigung Kulturelle Kinder- und Jugendbildung e. V. (BKJ)
- Dr. Reinhild Hugenroth
- Dr. Konrad Hummel
- Susanne Huth, INBAS-Sozialforschung GmbH
- Hannes Jähnert, Deutsches Rotes Kreuz (DRK) Generalsekretariat
- Prof. Dr. Gisela Jakob, HS Darmstadt
- Anita M. Jakubowski, Vorstand DAG SHG e. V.
- Wilma Jessen, Abteilungsleiterin Jugend, Familie und Teilhabe – für das Sächsische Staatsministerium für Soziales und Verbraucherschutz
- Thomas Kegel
- Jana Kellermann
- Tobias Kemnitzer, Geschäftsführer Bundesarbeitsgemeinschaft der Freiwilligenagenturen (bagfa) e. V.
- Prof. Dr. Helmut Klages
- PD Dr. Ansgar Klein, Geschäftsführer BBE
- Christiane Kohne, Deutsches Rotes Kreuz (DRK) Generalsekretariat
- Dr. Jens Kreuter, Geschäftsführer von Engagement Global gGmbH
- Prof. Dr. phil. Sonja Kubisch, Fachhochschule Köln, Fakultät für Angewandte Sozialwissenschaften
- Dörte Lüdeking, Deutsches Rotes Kreuz (DRK) Generalsekretariat
- Jens Maedler, Bundesvereinigung Kulturelle Kinder- und Jugendbildung e. V. (BKJ)
- Dr. Angelika Magiros, Bundesvereinigung Lebenshilfe e. V.
- Stefan Malik, BDKJ-Bundesstelle e. V.
- Erich Marks, Deutscher Präventionstag gemeinnützige GmbH
- Sigrid Meinhold-Henschel, Bertelsmann Stiftung
- Franz Müntefering, Vorsitzender BAGSO
- Prof. Dr. Gerd Mutz, Hochschule München
- Dr. Stefan Nährlich, Geschäftsführer Stiftung Aktive Bürgerschaft
- Johanna Neuling, Redakteurin und Lektorin
- Eckhard Otte, Deutsches Rotes Kreuz (DRK) Generalsekretariat
- Dipl.-Ing. Cemalettin Özer, Geschäftsführender Gesellschafter der MOZAIK gGmbH
- Andreas Pautzke, stv. Geschäftsführer BBE
- Rainer Prölß, Ref. für Jugend, Familie und Soziales, Stadt Nürnberg
- Birgit Radow, Bundesverband Deutscher Stiftungen

- Erik Rahn, 4K Projekte
- Christiane Richter, Vorsitzende Seniorpartner in School e. V., LV Berlin
- Dr. Thomas Röbke, Vorsitzender des BBE-Sprecher_innenrates und Landesnetzwerk Bürgerschaftliches Engagement Bayern e. V.
- Prof. Dr. Roland Roth
- Boris Rump, Referent für Bildung und Engagement des DOSB; Mitglied im BBE-Koordinierungsausschuss
- Martin Rüttgers
- Carola Schaaf-Derichs, Sprecher_innenrat des BBE und Landesnetzwerk Bürgerengagement „aktiv in Berlin" Landesfreiwilligenagentur Berlin e. V.
- Dietrich Schippel
- Walter Schneeloch, Vizepräsident des DOSB
- Dieter Schöffmann, VIS a VIS Beratung – Konzepte – Projekte
- Dr. Lilian Schwalb, BBE
- Manfred Spangenberg
- Dr. Christoph Steegmans, Bundesministerium für Familie, Senioren, Frauen und Jugend
- Dr. Rupert Graf Strachwitz, Maecenata Institut
- Ana-Maria Stuth, Akademie für Ehrenamtlichkeit Deutschland
- Dr. Sabine Süß, Netzwerk Stiftungen und Bildung
- Wolfgang Thiel, NAKOS
- Regina Vierkant
- Dagmar Vogt-Janssen, Landeshauptstadt Hannover FB Senioren
- Bettina Windau, Bertelsmann Stiftung
- Brigitta Wortmann, Sprecher_innenrat des BBE und BP Europa SE
- Christoph Zeckra, Generali Zukunftsfonds
- Hartmut Ziebs, Präsident des Deutschen Feuerwehrverbandes e. V.

Es wird um Spenden dafür gebeten, die dabei helfen, die letzten noch von Thomas Olk vorbereiteten Schriften zu edieren. Spendenkonto: Bank für Sozialwirtschaft, BIC: BFSWDE33BER, IBAN: DE96100205000003222903

Adalbert Evers, Birger Hartnuß, Gisela Jakob, Ansgar Klein
Die Zivilgesellschaft verliert einen ihrer wichtigsten Fürsprecher[1]
Ein persönlicher Nachruf enger Wegbegleiter, Mitstreiter und Freunde von Thomas Olk

Vorbemerkung

Am 4. März 2016 ist Prof. Dr. Thomas Olk, erster und langjähriger Sprecher_innenratsvorsitzender des BBE, nach langer, schwerer Krankheit verstorben. Wir verlieren mit ihm einen leidenschaftlichen Denker, einen markanten Wissenschaftler und einen unbeirrbaren Streiter für eine aktive Bürgergesellschaft.

Mit außergewöhnlichem Engagement, wissenschaftlicher Exzellenz und hoher Diplomatie hat er den Weg des BBE über ein Jahrzehnt lang geprägt und durch sein couragiertes Wirken eine Politik der Förderung bürgerschaftlichen Engagements mitbegründet. Wir verlieren mit ihm einen wichtigen Analytiker, Impulsgeber und Wegweiser.

Thomas Olk war aber nicht nur „der Kopf" des BBE. Vielen, die mit ihm im Netzwerk, in Forschung und Wissenschaft, Publizistik sowie in der politischen Auseinandersetzung zusammenarbeiten durften, war er zugleich ein kluger Lehrer, ein engagierter Kollege und nicht zuletzt ein guter Freund.

In tiefer Trauer und Dankbarkeit gedenken wir des Menschen Thomas Olk. Vier seiner engen Weggefährten nehmen mit einem sehr persönlichen Nachruf Abschied von ihm.

Gisela Jakob

Mit Thomas Olk habe ich einen langjährigen Begleiter und Weggefährten verloren, der sich mit wissenschaftlicher Sachlichkeit und leidenschaftlichem Engagement mit der Rolle der Zivilgesellschaft und der Entwicklung des bürgerschaftlichen Engagements befasst hat. Er war einer der ersten, der bereits in den 1980er-Jahren die Bedeutung ehrenamtlichen Engagements – wie es damals noch selbstverständlich hieß – für eine demokratische Gesellschaft erkannte und sich damit wissenschaftlich auseinandersetzte. Mit einem viel zitierten Aufsatz in der Sozial-

---

[1] Der Beitrag wurde erstmalig veröffentlicht in: engagement macht stark! – Magazin des Bundesnetzwerks Bürgerschaftliches Engagement, 6. Jahrgang, Ausgabe 1/2016.

wissenschaftlichen „LiteraturRundschau" hat er 1987 die These vom „Strukturwandel des Engagements" formuliert und mit dem Begriff einer „neuen Ehrenamtlichkeit" versucht, die Veränderungen bei den Formen und Motiven zu fassen.

In dieser Zeit des Aufbruchs und Neudenkens bin ich Thomas Olk erstmals persönlich auf einer Tagung der Kommission Sozialpädagogik begegnet, wo ich Ergebnisse aus meiner abgeschlossenen Dissertation „Biographie und Ehrenamt" vorstellte. Im Anschluss an meinen Vortrag hat Thomas mir eine Tätigkeit in dem von ihm geleiteten Forschungsprojekt zum ehrenamtlichen Engagement in Einrichtungen des Caritasverbandes angeboten. Dies war der Beginn einer langjährigen und anregenden Zusammenarbeit – zunächst an der Universität in Bremen und mehrere Jahre dann, als ich wissenschaftliche Assistentin in seinem Lehrgebiet an der Martin-Luther-Universität Halle war.

Die Zeit in Halle war von der Aufbruchstimmung unmittelbar nach der „Wende" geprägt, aber auch von Fragen nach dem Funktionieren des DDR-Systems und den Anforderungen des Transformationsprozesses bestimmt. In einem gemeinsamen Forschungsprojekt haben wir untersucht, wie der sogenannte Vorruhestand von „freigesetzten" Beschäftigten bewältigt wurde und welche Rolle dabei einschlägige Projekte und Angebote von Bildungsträgern spielten.

In diese Zeit fiel auch der Tod von Claudia Olk, eine sehr schmerzhafte Erfahrung für Thomas und die noch kleinen Kinder.

Thomas und ich sind uns dann einige Zeit später in der Enquete-Kommission des Deutschen Bundestages „Zukunft des Bürgerschaftlichen Engagements" wieder begegnet. Er war als Sachverständiger berufen worden, ich war als wissenschaftliche Mitarbeiterin und später als stellvertretende Leiterin im Sekretariat der Kommission tätig. Die dreijährige Arbeit dieser Kommission war eine sehr produktive Zeit, in der sowohl wichtige Gedanken für eine theoretische Fundierung als auch Grundlagen für die politische Aufwertung bürgerschaftlichen Engagements gelegt wurden. Thomas war dabei ein wichtiger Impulsgeber, der mit seiner wissenschaftlichen Expertise die Arbeit der Kommission wesentlich geprägt hat. Er spielte zudem oft eine ausgleichende Rolle, wenn über die Ausrichtung der Kommissionsarbeit oder über Formulierungen in dem Abschlussbericht debattiert wurde. Mit seiner Sachlichkeit, gebündelt mit seiner wissenschaftlichen Kompetenz, hat er dazu beigetragen, so manche Differenzen auszugleichen.

Thomas Olk hinterlässt eine große Lücke in der wissenschaftlichen und politischen Fachdebatte um bürgerschaftliches Engagement und Zivilgesellschaft. Seine zahlreichen und wegweisenden Veröffentlichungen bleiben und werden nachwirken. Er selbst wird uns allen aber fehlen. Und schon heute geht es mir so, dass ich gern wüsste, wie er im Einzelnen über die neuen Herausforderungen zur Integration geflüchteter Menschen und die Rolle der Zivilgesellschaft dabei denkt. Es ist so schade, dass wir uns über diese und andere heutige Fragen nicht mehr mit ihm austauschen können. Doch wir werden ihn mitdenken.

Birger Hartnuß

Im September 1990 habe ich ein Lehramtsstudium (Mathematik/Chemie) an der Pädagogischen Hochschule in Halle (Saale) begonnen. Die Wirren und Ungewissheiten in der Nachwendezeit haben mich nach einem Semester dazu bewogen, den Naturwissenschaften den Rücken zu kehren und in den frisch eingerichteten Diplomstudiengang Erziehungswissenschaften zu wechseln, von dessen Abschluss ich mir eine Berufsperspektive als Sozialpädagoge erhoffte. Hier bin ich auch Thomas Olk erstmals begegnet, der 1991 die Gründungsprofessur für Sozialarbeit/Sozialpädagogik an der Pädagogischen Hochschule in Halle antrat. Mit der Eingliederung der PH in die Martin-Luther-Universität (MLU) 1993 übernahm Thomas Olk den Lehrstuhl für Sozialpädagogik und Sozialpolitik der MLU. Über zwei Jahrzehnte hat er die Geschicke des Fachbereichs geprägt und war für mehrere Generationen von Studierenden ein inspirierender Lehrer.

So auch für mich. Thomas Olk hat mich schon frühzeitig als Person beeindruckt und durch seine stark forschungsbezogenen Lehrangebote inspiriert. Seine Seminare zu Themen wie Transformation in den neuen Ländern, Jugendarbeit, Armut, Wohnungslosigkeit, Verbändeforschung, Kooperation von Jugendhilfe und Schule und Bildungsreform haben letztlich auch meinen beruflichen Weg entscheidend mitbestimmt. Unser gemeinsames Interesse an Entwicklungen im Bildungssystem und in unseren Schulen hat uns letztlich bis zu seinem Tod eng miteinander verbunden.

Unmittelbar nach dem Studium ergab sich für mich die Chance, in einem von Thomas Olk geleiteten Forschungsprojekt zur Schulsozialarbeit in Sachsen-Anhalt mitzuwirken. Die dabei gemachte Erfahrung, durch sozialpädagogische Forschung politischen Einfluss auf die Gestaltung sozialer Angebote und Dienste nehmen zu können, hat mich darin bestärkt, meinen eigenen Weg zwischen Wissenschaft, Politik und Praxis zu suchen. Thomas Olk war in dieser Zeit mein maßgeblicher Mentor. Er hat diese enge Verknüpfung verkörpert wie kaum ein anderer und es immer wieder verstanden, die Wissenschaft aus dem Elfenbeinturm in die Mitte politischer Auseinandersetzungen zu führen. Das in Sachsen-Anhalt aufgebaute Landesprogramm zur Schulsozialarbeit trägt seine Handschrift. Bundesweit haben seine Arbeiten zur Kooperation von Jugendhilfe und Schule dieses Handlungsfeld nachhaltig verändert und etabliert.

Thomas Olk gehörte zu den wenigen Wissenschaftlern, die schon frühzeitig Fragen der Sozialen Arbeit und der Sozialpolitik mit der Idee einer aktiven Bürgergesellschaft zusammendachten. Dies fand nicht nur in seinen Forschungen und Lehrangeboten spürbaren Niederschlag. In seiner Wahlheimat Halle war er Geburtshelfer und enger Wegbegleiter der dortigen Freiwilligenagentur, in der auch ich einige Jahre im Vorstand mitarbeiten durfte. Die Agentur zählt auch durch seine enge, kritische Begleitung heute zu den Leuchttürmen kommunaler Engagementförderung in der Bundesrepublik.

So wie ich haben viele seiner Schülerinnen und Schüler dank ihm auch eine berufliche Perspektive in der Engagementpolitik gefunden. Ob in Freiwilligenagenturen, Netzwerken, Verbänden, in Kommunal-, Landes- oder Bundespolitik sind heute zahlreiche seiner Absolventinnen und Absolventen aktiv und tragen ganz praktisch dazu bei, zivilgesellschaftliche Perspektiven aus den „Nischen und Randbereichen", wie er selbst es gern sagte, ins Zentrum von Gesellschaftspolitik zu stellen.

Das Jahr 2000 war dabei für mich die entscheidende Wegmarke, und sie war erneut sehr eng mit Thomas Olk als Person verbunden. Unsere Wege kreuzten sich im Deutschen Bundestag. Während er als sachverständiges Mitglied der Enquete-Kommission „Zukunft des Bürgerschaftlichen Engagements" des Deutschen Bundestages ihre Debatten sowie letztlich auch den Abschlussbericht mit seinen bis heute geltenden Empfehlungen geprägt hat, durfte ich als Referent an der Arbeit der Kommission mitwirken. Thomas Olk brillierte dabei nicht nur durch seine wissenschaftlichen Analysen, markanten Positionierungen und wegweisenden Ideen, er verstand es auch immer wieder, die oftmals divergierenden Meinungen miteinander zu vermitteln und „das gemeinsame Ganze" dabei nicht aus dem Blick zu verlieren. Für die Kommission war er Experte und Mediator zugleich.

Bis heute ist der Bericht der Enquete-Kommission ein wichtiger Meilenstein für die Engagementpolitik in Deutschland. Einer der sichtbarsten Erfolge war die Gründung des Bundesnetzwerks Bürgerschaftliches Engagement im Jahr 2002. Thomas Olk zog sich auch in dieser wichtigen Phase nicht auf wissenschaftliche Analyse und Beratung zurück, sondern übernahm selbst Verantwortung und die Rolle des Sprecherratsvorsitzenden. Dabei ist es ihm über ein Jahrzehnt lang gelungen, die schwierige Balance zwischen den im Netzwerk kooperierenden Sektoren herzustellen, unterschiedlichste Interessen auszugleichen und das BBE als Wissens- und Kompetenzplattform auf bundespolitischer Ebene zu etablieren.

In den Aufbau- und Gründerjahren des BBE durfte ich erneut sehr eng mit Thomas Olk zusammenarbeiten. Als Referent und stellvertretender Geschäftsführer erlebte ich ihn in einer ganz neuen Rolle. Während er bislang vor allem als Wissenschaftler wahrgenommen und anerkannt wurde, agierte er fortan selbst als Akteur auf der bundespolitischen Bühne. In dieser Zeit und durch die intensive Begegnung und Zusammenarbeit änderte sich auch unser Verhältnis. Der Lehrer und Mentor wurde für mich immer mehr zum kritischen Wegbegleiter, Kollegen und Freund. In zahlreichen gemeinsamen Projekten – wie insbesondere der von uns ins Leben gerufenen Schultagungsreihe des BBE – habe ich Thomas Olk als scharfsinnigen, weitsichtigen, häufig ironischen und extrem engagierten Grenzgänger zwischen Wissenschaft und Politik erlebt, der mich immer wieder begeisterte.

Auch als ich 2007 von der Spree an den Rhein wechselte, kühlte unser Draht nicht ab. In zahlreichen Kooperationsprojekten zwischen dem BBE und Rheinland-Pfalz – wie bspw. bundesweite Fachtagungen zu den Themen Engagement und Integration, Bildung und Kindertagesstätten oder auch die rheinland-pfälzischen Demokratietage – knüpften wir ganz unmittelbar an die bisherige Arbeit an und haben in den vergangenen Jahren engagementpolitische Ideen weiterentwickelt. Dass wir in dieser Zeit die Erfahrungen, Analysen und Perspektiven in dem neu entstandenen Politikfeld Engagementpolitik gemeinsam mit Ansgar Klein aufgearbeitet und publiziert haben, war für mich ein großer Vertrauensbeweis und eine besondere Ehre.

Die Erkrankung von Thomas Olk hat mich persönlich sehr betroffen gemacht. Besonders beeindruckt, manchmal auch erschrocken hat mich sein unaufgeregter, sachlicher Umgang mit der Krankheit, von der er sich nicht einschränken lassen wollte. Bis zum Schluss blieb er euphorisch und wortgewaltig.

Noch im Sommer letzten Jahres habe ich Thomas Olk zusammen mit Ansgar Klein in seinem Büro in den Franckeschen Stiftungen in Halle besucht. Obwohl er schon sichtlich vom Krebs gezeichnet war, strotzte er doch vor Lebenswillen. Seine noch zu diesem Zeitpunkt in Angriff genommenen Forschungsprojekte und Publikationsvorhaben reichten noch weit in die Zukunft. „Wer schreibt, der bleibt", sagte er uns zur Verabschiedung mit seinem unverwechselbaren, verschmitzten Lächeln. Nun ist es doch anders gekommen. Ich traure sehr um Thomas Olk.

Adalbert Evers

Man könnte die Arbeit von Thomas Olk auf verschiedenen (fach)wissenschaftlichen Feldern vielleicht am ehesten mit Begriffen wie Öffnung, Aufbruch oder Grenzüberschreitung kennzeichnen.

Da ist zum einen die Entwicklung eines Begriffes von Sozialpolitik, mit der diese aus ihrer engen und einseitigen Bindung an staatliches Handeln gelöst werden konnte; Wohlfahrtspluralismus und Wohlfahrtsmix meinte, in neuer Weise die Rolle von Zivilgesellschaft, Wirtschaft und Gemeinschaften/Familien miteinzubeziehen.

Da ist zum zweiten die Lösung der sozialpolitischen Diskussion aus der lange Zeit vorherrschenden Fixierung auf die regulative Rolle von Sozialpolitik als Ordnungspolitik und auf die Dimension von Verteilungspolitik und sozialer Sicherung. Sozialpolitik als Politik der Entwicklung sozialer Dienste, Hilfen und Angebote ist nicht zuletzt durch seine Beiträge zu einer gleichermaßen fundierenden Bedeutungsdimension geworden.

Da ist zum dritten die durch seine Person und seine Arbeit gestärkte interdisziplinäre Verbindung der sozialpolitischen und sozialpädagogischen Forschung und Diskussion. Bildungsprozesse und deren Institutionalisierung als Bildungslandschaften zu denken ist ein wichtiger Beitrag zur Überwindung der Engführung von Pädagogik und der Ausbildung auf die Tätigkeit spezialisierter Institutionen.

Last, not least hat die Arbeit von Thomas dazu beigetragen, oft eher sozioökonomisch orientierte Denkansätze in Richtung auf (demokratie)politische Debatten zu öffnen – und umgekehrt. Schlüsselbegriffe, zu deren Aufwertung und Prägung er beigetragen hat, waren hier Zivilgesellschaft, bürgerschaftliches Engagement und Engagementpolitik. Aus diesen Perspektiven heraus wird die politische Bedeutung selbstorganisierter Tätigkeiten, wie des praktischen freiwilligen Engagements, unterstrichen, aber gleichzeitig auch die fachwissenschaftliche Engführung politischen Handelns mit Partizipation als Deliberation überwindbar.

Dass heute im bundespolitischen Netzwerk des BBE in diese Richtungen gedacht und gehandelt werden kann, ist auch das Ergebnis eines persönlichen Engagements von Thomas Olk, das weder mit Politikberatung noch mit Verbandsarbeit angemessen umschrieben ist, aber auch nicht mit dem eines intellektuellen Engagements in Distanz zu jedem speziellen fachwissenschaftlichen Bezug. Ich habe irgendwo von Thomas' Diplomatie sprechen hören und das trifft es wohl am besten.

Diese Arbeit von Thomas Olk, zusammen mit vielen von uns, an einer Bewegung der Öffnung und des Aufbruchs musste nun zu einem Zeitpunkt abbrechen, wo sie in mancher Hinsicht selbstverständlicher, in vieler Hinsicht aber auch schwieriger geworden ist als in den Siebzigerjahren, der Zeit, in der wir uns kennenlernten.

Warum habe ich bei vielen Aufsätzen und Buchprojekten so gern mit ihm zusammengearbeitet? Ich mochte sein sehr genaues Denken, wir spürten so etwas wie Verwandtschaft in unseren Anschauungen und Lernschritten. Und das war eine Freude, an die ich mich immer erinnern werde.

Ansgar Klein

Erste Kontakte hatte ich zu Thomas Olk im Rahmen meiner publizistischen Tätigkeiten als Herausgeber des „Forschungsjournals Neue Soziale Bewegungen". Zusammen mit Adalbert Evers hatte Thomas Olk das Konzept der Koproduktionen im *Welfare Mix* und die Entwicklungen vom Wohlfahrtsstatt zur Wohlfahrtsgesellschaft sehr grundsätzlich ausgeleuchtet – das „Forschungsjournal" hat damals ein Themenheft dazu herausgegeben, weil das von Thomas Olk und Adalbert Evers vertretene Verständnis von Sozialpolitik für Zivilgesellschaft und auch soziale Bewegungen anschlussfähig ist.

Als ein Schüler des Soziologen Claus Offe gab es zu Thomas Olk auch eine enge Brücke der eigenen politiktheoretischen Sozialisation: Ich zählte in den 1980er-Jahren in Frankfurt zu meinen akademischen Lehrern auch Jürgen Habermas. Claus Offe und Habermas haben viele Jahre eng zusammengearbeitet. Persönlich lernte ich Thomas Olk erst im Zusammenhang mit der Enquete-Kommission „Zukunft des Bürgerschaftlichen Engagements" des Deutschen Bundestages in den Jahren 2000 bis 2002 kennen.

Ich war damals als Zivilgesellschaftsexperte zum wissenschaftlichen Koordinationsreferent der SPD-Bundestagsfraktion für die Enquete geworden: Meine Promotion trug den Titel „Der Diskurs der Zivilgesellschaft". Zu meinen Aufgaben gehörte auch der fachliche Diskurs mit den Sachverständigen der Kommission. Thomas Olk war damals als Sachverständiger der CDU/CSU-Fraktion benannt worden, doch hatte sein Wort Gewicht bei allen Sachverständigen. Im Verbund mit sachverständigen Kolleginnen und Kollegen der Kommission – wie Adalbert Evers, Roland Roth, Adelheid Biesecker, Manfred Spangenberg, Ludwig Pott, Olaf Zimmermann, Rupert Graf Strachwitz, Gerd Mutz, aber auch Abgeordneten wie Karin Kortmann, Ute Kumpf, Wilhelm Schmidt und Michael Bürsch – ist so ein Abschlussbericht entstanden, in dem die Konturen einer modernen Engagementpolitik am Ende weitgehend fraktionsübergreifend geteilt worden sind.

Ich war rasch fasziniert vom feinen Pinselstrich, mit dem Thomas Olk die komplexen Welten der Zivilgesellschaft, des Engagements und der Partizipation zu einem Gesamtbild fügte, normativ sensibel für die Töne des liberalen und des republikanischen politischen Denkens und sehr akzentuiert in einem breit ansetzenden Verständnis einer Demokratie, die in den Handlungsräumen des Engagements und der Zivilgesellschaft ihren Nährboden hat, den es zu pflegen und engagementpolitisch zu entwickeln gilt.

Thomas verband dabei den normativen Horizont der Gesellschaftspolitik immer mit der empirischen Erdung und führte seine Analysen dann auch kritisch, verbunden oft mit weitreichenden Handlungsempfehlungen, der Fachöffentlichkeit vor. Den Boten schlechter Nachrichten – das waren z.T. kritische Analysen etwa zu den Strukturen der Wohlfahrtsverbände – erwartet dabei nicht immer eine freundliche Aufnahme bei den Betroffenen. Doch scheint mir mittlerweile allseits Thomas' Verdienst – ein unverstellter analytischer Blick und der damit verbundene gesellschaftspolitische Zielhorizont inklusive einer zivilgesellschaftlichen Strukturpolitik – anerkannt zu sein.

Nach der Enquete-Kommission wurde ich Gründungsgeschäftsführer des BBE. Thomas wurde Gründungsmitglied des BBE in seiner Funktion als Vorsitzender der Stiftung „Bürger für Bürger". Das war auch eine Art Schlussstrich bzgl. der ursprünglichen Gründungsziele dieser Stiftung, die Jahre zuvor von der damaligen Familienministerin Nolte top down mit dem Anspruch gegründet worden war, eine Art bundesweite Freiwilligenzentrale zu werden. Real war dann das BBE die Umsetzung dieser bundesweiten Vernetzungsidee in der Form eines demokratisch selbstregierten Netzwerks. Thomas Olk führte die Stiftung „Bürger für Bürger" in das BBE ein, in dem die Stiftung nicht zuletzt durch das jährliche „Forum Bürgergesellschaft" für die Engagementpolitik bis heute wichtige Impulse setzt. Auch hier war er Brückenbauer, lange Jahre in enger Zusammenarbeit mit Andreas Pautzke, dem stellvertretenden Geschäftsführer des BBE.

Thomas Olk konnte ich persönlich zur Mitarbeit im neuen BBE-Sprecher_innenrat gewinnen – dass freute mich ungemein! 2003 wurde Thomas Olk der erste Vorsitzende des BBE-Sprecher_innenrates, nachdem zuvor Thomas Rauschenbach – mit neun weiteren Expert_innen einer „Steuerungsgruppe" – die Strukturen des BBE entwickelt hatte. Thomas Olk hatte dieses höchste Amt des BBE als *Primus inter Pares* bis kurz vor seinem Tod 2016 inne.

Sein politischer wie praktischer Entwicklungswille war ebenso ausgeprägt wie seine nie erlahmende intellektuelle Neugier: Die Netzwerkarbeit reizte ihn sehr als ein Ort des gemeinsamen Lernens und seiner Organisation und Planung. Rasch wurde uns gemeinsam klar: Netzwerke sind Orte des diskursiven Umgangs auch mit Konflikten und erfordern spezifische Bereitschaften des voneinander Lernens und spezifische moderative Kompetenzen. Mittlerweile, Thomas hat das zu seiner großen Freude noch erlebt, nutzt auch das Bundesministerium für Familie, Senioren, Frauen und Jugend (BMFSFJ) als Engagementministerium des Bundes die im Netzwerk versammelten Kompetenzen sehr viel stärker für die eigene Planung.

Es war eine Zeit fruchtbarer fachwissenschaftlicher und netzwerkpolitischer Diskurse. Es entstanden mit maßgeblicher Mitwirkung von Thomas Olk u. a. zusammen mit Birger Hartnuß die Schulreihe des BBE (Öffnung der Schulen für das Engagement; lokale Bildungslandschaften), später die Kita-Reihe, aber auch ein kritisch-konstruktiver Diskurs mit den Freiwilligendiensten bzgl. ihrer Rolle als zivilgesellschaftliche Lerndienste. Mit Birger brachte Thomas ein „Handbuch Bürgerschaftliches Engagement" heraus. Zuvor hatten Thomas, Birger und ich ein erstes großes Sammelwerk zum neuen Politikfeld der Engagementpolitik und seiner Kernagenda herausgegeben. Es entstanden erste Konturen einer zivilgesellschaftlichen Strukturpolitik als gesellschaftspolitische Aufgabe, als Thema der Engagement- und Demokratiepolitik. Und dann auch noch die Diskussion über das BBE als ein Ort der „assoziativen Demokratie", die Thomas und ich führten. Es entstand eine sehr enge Zusammenarbeit beim Aufbau des BBE, immer von Respekt und Fachlichkeit wie auch kollegialer und freundschaftlicher Wärme ausgefüllt. Thomas war ein kluger Moderator und konnte Gemeinsamkeiten stärken. Zugleich ging es immer auch um die Themen, deren Entwicklung im Netzwerk zentral war.

Die kritische Komponente bei der advokatorischen Unterstützung eines immer eigensinnigen Engagements hat freilich nicht immer allen gefallen: Als Thomas Olk etwa im Unterausschuss Bürgerschaftliches Engagement auf die wachsende Bedeutung der unkonventionellen Partizipation in den Kommunen hinwies, traten Städte- und Gemeindebund mit Bezug auf diese Bundestagsdebatte aus dem BBE aus – es handle sich bei diesem Netzwerk, so der Tenor der Begründung, offensichtlich um eine radikaldemokratische Vereinigung. Einige Jahre nach Stuttgart 21 und vor dem Hintergrund der Rolle des Engagements für und mit Geflüchteten sind die Kommunalen Spitzenverbände – ein seltsamer Anachronismus – noch immer nicht ins BBE zurückgekehrt. Aber: Es muss immer Boten geben, die schwierige Nachrichten nicht scheuen ... Da waren Thomas und ich uns einig. Thomas pflegte dann zu sagen: „Netzwerkarbeit ist nichts für Feiglinge". Für ihn waren Konflikte herausragende Lernchancen im Netzwerk, aber sie mussten eben auch entsprechend moderiert werden. Ich bin sehr beeindruckt von der breiten Anteilnahme des Netzwerks anlässlich seines Todes – macht sie doch auch deutlich, dass ein integrer Impulsgeber wie Thomas bei aller Kritik immer auch unterstützend, solidarisch und konstruktiv war.

Ausblick

Unser gemeinsames Interesse waren die Themen der Zivilgesellschaftsforschung und die Bedarfe der zivilgesellschaftlichen Praxis, aber natürlich auch der Zusammenhang von Engagement und Partizipation und die Koproduktion von Zivilgesellschaft, Staat und Wirtschaft in den Feldern der öffentlichen Daseinsvorsorge. Hier ist der wissenschaftlichen Vertiefung wahrlich keine Grenze gesetzt und der entsprechende Bedarf sehr groß.

Ein von Thomas Olk geplantes Projekt war die normative wie analytische Vertiefung der Bedeutung öffentlicher Güter in der Engagementpolitik. Auch der Zusammenhang von Wirtschaft und Zivilgesellschaft weckte seine Forscherinteressen. Beide Diskussion werden von Adalbert Evers, Holger Krimmer u. a. im Netzwerk weitergeführt.

Derzeit noch unabgeschlossen sind zwei Essay-Bände, die Thomas Olk geplant hat. Ein praktisch-engagementpolitischer Essay-Band wird in der BBE-Buchreihe im Wochenschau Verlag erscheinen. Ein eher theoretisch orientierter Band ist für die Buchreihe „Bürgergesellschaft und Demokratie" im Verlag VS Springer Wissenschaften in Planung. Eine empirische wie typologische Arbeit zu den Landesnetzwerken der Engagementförderung, die Thomas Olk mit Martin Rüttgers begonnen hatte, wird ebenfalls zu Ende geführt werden und soll empirisch wie typologisch zusammen mit den Ländern und Landesnetzwerken besprochen werden. Bei allen Buchvorhaben wird Johanna Neuling, die mit Thomas Olk noch die ersten Grundideen zur erforderlichen Letztüberarbeitung diskutiert hat, die Bände lektorieren.

Thomas Olks Vermächtnis ist die Verbindung von großer wissenschaftlicher Kompetenz mit politischer Urteilskraft und menschlicher Wärme – wir alle haben davon gelernt und gemeinsam viele kreative Momente gehabt. Wir möchten sie nicht missen und sind froh, diese Erfahrungen zu teilen. Die Autor_innen dieses gemeinsamen Beitrags zur Würdigung des Lebenswerks werden gemeinsam die noch unabgeschlossenen Arbeiten von Thomas Olk editorisch begleiten und abschließen. Es wird uns eine Ehre und eine intellektuelle Freude und Herausforderung sein, die Impulse seines Denkens so weiter fruchtbar machen zu können.

Thomas Röbke

Engagementnetzwerke oder: von Ungleichzeitigkeiten und Verspätungen[1]

1. Vorbemerkung

Noch wenige Monate vor seinem viel zu frühen Tod verfolgte Thomas Olk den Plan, eine mit Martin Rüttgers und Inga Beinke verfertigte Studie (Olk et al. 2011) zu Engagementnetzwerken v. a. auf Landesebene zu aktualisieren und als Buch zu veröffentlichen. In der Tat hätte sich damit ein Kreis der Engagementpolitikforschung geschlossen, den er schon seit zwei Jahrzehnten wissenschaftlich nachzeichnete: In den 1990er-Jahren hatte Thomas Olk, u. a. mit Thomas Rauschenbach (Olk et al. 1995) und Adalbert Evers (Evers und Olk 1996), aufgezeigt, wie sich die Grundlagen des bürgerschaftlichen Engagements verschoben hatten. Die eine Wegmarke war der Begriff des „Neuen Ehrenamtes", der anzeigte, wie sich die Motivlagen veränderten. Die großen tragenden Milieus der alten Bunderepublik – Kirche und Arbeiterbewegung – verloren an Bindungskraft. In diesem kulturellen Erosionsprozess löste sich das Ehrenamt gleichsam vom Anker der Pflicht, der in schier endlosen Generationenketten befestigt war. Das schuf Raum für eher lockere, subjektive Bindungen an freiwillige Tätigkeiten. Die neuen sozialen Bewegungen setzten in den 1970er-Jahren dafür den Startschuss. Mit ihnen wurde das freiwillige Engagement zugleich mit politischen Hoffnungen auf Mitgestaltung und Demokratisierung aufgeladen.

Die andere Wegmarke setzten Begriffe wie Wohlfahrtsmix und Koproduktion (von Haupt- und Ehrenamt) mit ihrer neuen Einordnung des bürgerschaftlichen Engagements. Der fürsorgliche Sozialstaat als gleichsam freundliche Verlängerung des Obrigkeitsstaates wich einem neuen Verständnis sozialer Arbeit und politischer Steuerung, in dem Hilfe zur Selbsthilfe und Empowerment ein erstarktes Selbstbewusstsein der „Klienten" und „Laien" anzeigten. Es ging nicht nur um Augenhöhe, sondern um eine grundsätzliche Veränderung der sozialpolitischen Architektur: Die Leitidee der Subsidiarität, die das Gesellschaftsgefüge als Aufbau konzentrischer Kreise verstanden hatte, das sich vom Einzelindividuum über Familie, Nachbarschaft, Milieus bis hin zur Gesamtgesellschaft weitete, wurde durch ein Netzwerktableau ineinandergreifender und sich überlappender, gleichsam „wilder" Beziehungsmuster ergänzt. Aber auch die verhängnisvolle Tendenz der Verdienstleis-

---

[1] Der Beitrag wurde erstmalig veröffentlicht in: engagement macht stark! – Magazin des Bundesnetzwerks Bürgerschaftliches Engagement, 6. Jahrgang, Ausgabe 1/2016.

tung und Vermarktlichung gemeinwohlorientierter Tätigkeiten brauchte einen verheißungsvollen Gegenvorschlag, der von Olk in der Aufwertung des bürgerschaftlichen Engagements gesehen wurde (Olk et al. 1995).

2. Anforderungen der Engagementpolitik verlangen Netzwerke

Dieses gesellschaftliche Dispositiv von Individualisierung und Hybridisierung, Ökonomisierung sozialer Arbeit und gesellschaftlicher Netzwerklogik bestimmte den veränderten Stellenwert des Ehrenamts maßgeblich. Es verlangte nach einer Neufassung, wenigstens aber einer Ergänzung der Organisationsformen, die das bürgerschaftliche Engagement bis dahin getragen hatten. Das korporative Spiel der Subsidiarität zwischen Sozialstaat und zivilgesellschaftlichen Großorganisationen zeigte Ermüdungserscheinungen. Auf drei institutionellen Ebenen wurde dieser kulturelle Wandel sichtbar:

- Die Basisorganisationen des Ehrenamtes, vor allem Vereine und informelle Gruppen, nahmen an Zahl enorm zu, allerdings verringerte sich ihre durchschnittliche Mitliederzahl. Die Ziele wurden spezifischer und fokussierter, aber auch eindimensionaler. Schließlich wurden ihre Verbindungen zu den Verbänden, die sie unterstützen und politisch vertreten, loser. Nur die Hälfte aller Vereine gehört heute noch Verbänden an (Krimmer 2013). Großorganisationen wie Kirchen, Parteien und Gewerkschaften verloren kontinuierlich an Mitgliedern.
- Zum zweiten entstand in den letzten dreißig Jahren ein neuer Typus von Infrastrukturen des bürgerschaftlichen Engagements, die als lokale, konfessionell und politische unabhängige Vernetzungs- und Vermittlungsstellen fungierten: Freiwilligenagenturen, Seniorenbüros, Selbsthilfekontaktstellen usw. Ihre Zahl hat sich, so der Generali Engagementatlas 2015, in den letzten eineinhalb Jahrzehnten von knapp sechshundert auf über dreieinhalbtausend etwa versechsfacht, so dass Fachleute schon dem Wildwuchs und unnötigen Doppelstrukturen das Wort reden (Generali Engagementatlas 2015).
- Und schließlich gehört hierzu eine alternative politische Steuerung und Engagementpolitik, die die angesprochene Hybridisierung und Individualisierung in eine flexible Netzwerkstruktur einfasst. Die Homogenität des Verbändewesens sollte durch die Heterogenität von Runden Tischen ergänzt werden, an denen die unterschiedlichsten Partner Platz nehmen: große und kleine, traditionsreiche und innovative Akteure aus den unterschiedlichsten Engagementbereichen des Sozialen, der Kultur, der Umwelt, der Bildung, der Unternehmen und gemeinnützigen Organisationen usw., die letztlich die Klammer der Engagementförderung zusammenhält.

3. Verzögerungen im Aufbau der Engagementnetzwerke und ihre mutmaßlichen Gründe

Während die ersten beiden institutionellen Veränderungsprozesse extrem erfolgreich verliefen, kam die Realisierung einer vom Governancegedanken getragenen politischen Netzwerkentwicklung langsamer voran. Natürlich ist da das Flaggschiff das Bundesnetzwerk Bürgerschaftliches Engagement (BBE): Seine trisektorale Aufstellung hat die Latte des Vernetzungsgrades hoch gelegt: Unternehmen, staatliche Akteure aller föderaler Ebenen und zivilgesellschaftliche Organisationen sollten sich auf Augenhöhe mit den Leitideen der Engagementpolitik befassen. Das ältere Landesnetzwerk Baden-Württemberg hatte einen bescheideneren Umfang: Es zielte vor allem auf die Bündelung der Kommunen, die sich engagementpolitisch weiterentwickeln wollten. Gemeinden, Landkreise und Städte wurden in je besonderen Teilnetzwerken zusammengefasst. Abgesehen von den Stadtstaaten Hamburg (Aktivoli) und Berlin (Landesnetzwerk), das ohne verlässliche Landesförderung auskommen muss, hat Bayern noch ein zivilgesellschaftlich eigenständiges Engagementnetzwerk hervorgebracht. Es verknüpft aber nur die benannten Infrastrukturen des bürgerschaftlichen Engagements wie Freiwilligenagenturen, Mehrgenerationenhäuser, Selbsthilfekontaktstellen oder Bürgerstiftungen und will auch nicht weiter wachsen, um seine Beweglichkeit nicht einzubüßen. Parallel hierzu entwickelte sich in anderen Bundesländern ein staatlich getragenes Netzwerkmanagement – etwa in den Staatskanzleien Niedersachsen, Hessen oder Rheinland-Pfalz –, das das zivilgesellschaftliche Akteursfeld anlass- und projektbezogen zusammenbringt. Schließlich kommen einzelne Landesstiftungen wie in Thüringen oder Mecklenburg-Vorpommern hinzu, die eher staatsnah agieren – der Vorsitz des Stiftungsrates liegt in den Händen hochrangiger Landespolitiker_innen –, obwohl sie als eigenständige Rechtsformen auftreten.

Was auf der Bundes- und Landesebene noch einigermaßen glückt, freilich mit großen weißen Flecken und unterschiedlicher Durchschlagskraft, das dünnt sich auf der kommunalen Ebene weiter aus. Stadtstaaten und große Städte mögen Beiräte, Netzwerke oder Runde Tische installiert haben, aber die meisten Kommunen, und selbst die kommunalen Spitzenverbände, blieben engagementpolitisch ohne besonderen Ehrgeiz. Bundesmodellprogramme wie „Engagierte Stadt" förderten in jüngster Zeit zwar den kommunalen Netzwerkaufbau, aber es braucht offenbar diese Impulse von außen, um die kommunalen Akteure auf den Geschmack zu bringen. Eine Chance bietet jetzt das große Engagement der Bürgerinnen und Bürger in der Flüchtlings- und Integrationsarbeit, das vielerorts zur Einrichtung kommunaler Koordinationsstellen und Runder Tische geführt hat.

Die Gründe dieser zögerlichen, ja verspäteten Ausbildung politischer Engagementnetzwerke sind bislang nur unzulänglich diskutiert. Die noch abzuschließende Studie von Olk, Beinke und Rüttgers gibt dazu einige Hinweise, die es weiter zu verfolgen gilt:

- Engagementnetzwerke tun sich schwer, ihren optimalen Umfang und ihren bestmöglichen Aufbau zu bestimmen. Da gibt es die kleinen, wendigen „Beiboote", die gegenüber den großen Tankern der Sozialpolitik punkten wollen. Und dann gibt es am anderen Skalenende die Netzwerke mit den großen Organisationen. Sie zählen eindrucksvolle und mächtige Verbände zu ihren Mitgliedern, doch benötigt die Verständigung hier zumeist viel Zeit, und das erschwert zuweilen auch aktuelle engagementpolitische Reaktionen. Was also ist das richtige Maß der Vernetzung?
- Starke Akteure setzen eher auf einen privilegierten Zugang zur Politik, als dass sie sich auf umständliche Aushandlungsprozesse in Netzwerken festlegen lassen. Das spricht auch für eine Unschärfe in der Netzwerkausrichtung. Thomas Olk hat sie in seiner letzten öffentlichen Rede für das BBE[2] so beschrieben: Netzwerke wirken, wenn kooperationswillige Partner zusammenkommen. Sie geraten aber in Zerreißproben, wenn vor allem die klassischen und korporativen Akteure als Bedenkenträger gegenüber Engagementnetzwerken auftreten. In der Tat fühlen sich manche in ihrem sozialpolitischen Handlungsspielraum bedroht, während andere gerade in den möglichen Netzwerkallianzen neue Chancen sehen.
- Die staatliche Ebene hat zu Engagementnetzwerken eine oft mehrfach codierte Beziehung, die nicht ganz einfach zu handhaben ist. Einerseits ist sie ihr finanzieller Fördermittelgeber, andererseits soll sie als Akteur unter Gleichen mitwirken. Einerseits soll sie die Impulse des Engagementnetzwerks aufgreifen und in Politik umsetzen, andererseits ist sie aber auch Adressat zivilgesellschaftlicher Kritik.
- Die Zielsetzung mancher Engagementnetzwerke scheint nicht klar. Was kann ein Netzwerk leisten? Wofür steht es? Netzwerke können selten die Arbeit der politischen Zuspitzung leisten, hierfür sind Interessensverbände viel besser geeignet. Sie können aber Synergien zwischen heterogenen Partnern hervorbringen. Das setzt freilich die Bereitschaft der Kooperation voraus. Gibt es zu viele Beobachter, die abwarten, was die anderen machen, und zu wenige Akteure, dann ist ein Netzwerk tot und die Netzwerkarbeit reine Zeitverschwendung.

4. Engagementnetzwerke als dauerhafte Akteure etablieren – Bedenken ernst nehmen

Wenn man zu haltbaren, arbeitsfähigen Netzwerken kommen will, muss man sich mit diesen Widersprüchen und Mehrfachcodierungen von Ansprüchen und Rollen auseinandersetzen. Das ist nicht einfach und setzt Ehrlichkeit voraus, die die

---

2 Die Rede wurde am 19. November 2015 anlässlich des BBE-Jahresempfangs in der Landesvertretung Niedersachsens in Berlin gehalten.

Anerkennung anderer, auch widerstreitender Interessen und Konkurrenzen einschließt. Netzwerkarbeit ist vor allem Balancearbeit, die dann am besten funktioniert, wenn gegenseitiges Vertrauen erworben wurde und Transparenz gegeben ist. Es muss gelingen zu zeigen, dass korporative Handlungslogik und Netzwerksteuerung durchaus nebeneinander eine Berechtigung haben und dort, wo dies zu Widersprüchen führt, die Ansprüche offen geklärt werden können. So hat beispielsweise ein Projekt wie INKA (Professionelle Integration von freiwilligen Helfern in Krisenmanagement und Katastrophenschutz), das das BBE mit den großen Rettungsdiensten durchgeführt hat, viel zu einem gegenseitigen Verständnis beigetragen. Caritas, Diakonie oder das Deutsche Rote Kreuz sind über die Jahre zu wichtigen Akteuren im BBE geworden, andere Wohlfahrtsverbände sind bekanntlich reservierter.

Auch das Verhältnis von staatlichen Akteuren und zivilgesellschaftlichen Netzwerken braucht Fingerspitzengefühl: Berechtigte Kritik anzunehmen, wenn man die Kritiker_innen gleichsam auch noch fördert, das ist schon die hohe Schule der Demokratie. Umgekehrt darf eine öffentliche Förderung ja auch nicht zu vorsorglicher Enthaltsamkeit an zivilgesellschaftlicher Kritik führen. Engagementnetzwerke als dauerhafte Akteure der Engagementpolitik zu etablieren, bleibt eine komplexe Aufgabe, aber sie ist unumgänglich. Sie ist die einzig angemessene Antwort auf die beschriebene gesellschaftliche Individualisierung und Hybridisierung, die auch das bürgerschaftliche Engagement erfasst und verändert hat. Die Lösung von Fragen der Engagementförderung und die Formulierung politischer Engagementstrategien können nur in der offen angelegten partizipativen Struktur eines Netzwerks gelingen. Insofern wäre es sehr begrüßenswert, wenn der Gedanke eines engagementpolitischen Forums, das vom BBE ja schon einmal mit großer Verve durchgeführt wurde, aber dann in enttäuschender politischer Folgenlosigkeit endete, wieder aufgegriffen würde. Die Fragen der Engagementpolitik sind zu komplex für einfache Antworten geworden. Man sieht das an der großen Herausforderung des bürgerschaftlichen Engagements in der Flüchtlings- und Integrationsarbeit. Hier müssen die unterschiedlichsten Akteure zusammenspielen: Schulen, Kindertagesstätten, Unternehmen, Wohnbaugenossenschaften, Familienberatungsstellen, Freiwilligenagenturen, Bürgerstiftungen etc. Nur eine Weiterentwicklung der Engagementnetzwerke auf Bundes-, Länder- und kommunaler Ebene kann hierfür die angemessenen politischen Arenen bieten.

Literatur

Beher, Karin/Liebig, Reinhard/Rauschenbach, Thomas (Hrsg.) 2000: Strukturwandel des Ehrenamts. Gemeinwohlorientierung im Modernisierungsprozess. Weinheim/München.
Evers, Adalbert/Olk, Thomas (Hrsg.) 1996: Wohlfahrtspluralismus – Vom Wohlfahrtsstaat zur Wohlfahrtsgesellschaft.

Generali Engagementatlas 2015: Rolle und Perspektiven Engagement unterstützender Einrichtungen in Deutschland, Online: https://zukunftsfonds.generali-deutschland.de/wissen/2015-engagementatlas/ (30.03.2016).

Krimmer, Holger 2013: ZiviZ-Survey 2012. Präsentation Stiftertag Düsseldorf, 16.05.2013.

Olk, Thomas/Rüttgers, Martin/Beinke, Inga 2011: Netzwerke der Engagementförderung in Deutschland. Analyse und Empfehlungen zur Weiterentwicklung. Gefördert durch das Bundesministerium für Familie, Senioren, Frauen und Jugend (BMFSFJ). Halle und Köln.

Olk, Thomas/Rauschenbach, Thomas/Sachße, Christoph (Hrsg.) 1995: Von der Wertgemeinschaft zum Dienstleistungsunternehmen, Jugend- und Wohlfahrtsverbände im Umbruch. Frankfurt/M.

Diskurse

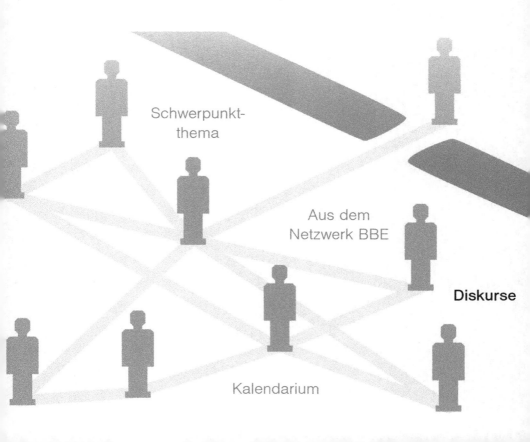

Schwerpunktthema

Aus dem Netzwerk BBE

Diskurse

Kalendarium

Diskurse

Bund

Holger Krimmer

Zivilgesellschaftsforschung als Gemeinschaftsaufgabe

1. Vorbemerkung

Die Forschung zu Zivilgesellschaft und bürgerschaftlichem Engagement ist ein dynamisches und zugleich schwach institutionalisiertes Feld. Sie produziert in zunehmender Geschwindigkeit neue Erkenntnisse. Das zeigt schon eine kurze Tour d'Horizon der Aktivitäten der vergangenen Jahre. Von der Engagement- (Vgl. Bibisidis et al. 2015; Olk und Gensicke 2014; Braun 2013), der Verbände- (Vgl. Speth und Zimmer 2015; Winter und Willems 2007) und Dritte-Sektor-Forschung (Vgl. Krimmer und Priemer 2013; Priller et al. 2012) über speziellere Stränge wie die Bewegungs- und Genossenschaftsforschung (Vgl. Schröder und Walk 2014; Maron und Maron 2012; Roth und Rucht 2008) hin zu politikfeldspezifischen Zugängen (Vgl. Krimmer et al. 2014; Hartnuß et al. 2013) und Perspektiven auf neue Engagement- und Selbstorganisationsformate (Vgl. Zimmer und Simsa 2014; Jansen et al. 2013; Hackenberger und Empter 2011) zeigt sich eine ausdifferenzierte und vitale Forschungslandschaft.

Gleichzeitig steckt die Entwicklung eines institutionellen Rahmens dieses Forschungszweiges noch in den Kinderschuhen. Weder finden sich eigenständige Sektionen in einschlägigen Berufsverbänden wie der Deutschen Vereinigung für Politische Wissenschaft (DVPW) oder der Deutschen Gesellschaft für Soziologie (DGS) noch themenspezifische Förderprogramme der Deutschen Forschungsgemeinschaft (DFG). Auch fehlt es an jährlichen Tagungs- und Vernetzungsformaten.

Zur Besonderheit des Forschungsfeldes gehört auch, dass an den Erkenntnissen von Engagement- und Zivilgesellschaftsforschung ein ausgeprägtes öffentliches und politisches Interesse besteht. Die Folge ist, dass Fach- und nicht Forschungspolitik sowie im Thema engagierte Stiftungen zu den wichtigsten Förderern gehören.

Die starke Vernetzung von Forschung und Politik geht teils sicher auch auf die Arbeit der Enquete-Kommission Bürgerschaftliches Engagement zurück, die Politik und Wissenschaft in Deutschland näher gebracht hat. Die politische Aufhängung des Freiwilligensurveys und die 2009 als Antrag im Bundestag beschlossenen Engagementberichte prägen weiter das Bild einer politischen Wissenschaft. Umgekehrt führt die nur unvollständige parlamentarische Etablierung des Themas Engagementpolitik – durch Stagnation auf der Ebene eines Unterausschusses und damit das Ausbleiben einer Mitberatungskompetenz in Gesetzgebungsverfahren – zu einer parlamentarischen Arbeit, die vor allem von Wissensaneignung und Diskussion neuer Forschungsergebnisse geprägt ist.

Zivilgesellschaftsforschung steht damit vor mehreren Herausforderungen, von denen in diesem Beitrag drei thematisiert werden sollen.

2. Konstitution als gemeinsames Forschungsfeld

Zivilgesellschaftsforschung als etablierter Forschungsbereich ist bis heute mehr Wunsch als Wirklichkeit. In der Zivilgesellschaftsforschung finden ganz unterschiedliche Forschungsstränge, Disziplinen und Tradition zusammen. Dritte-Sektor-Forschung, Verbändeforschung, Bewegungsforschung, Engagementforschung, Genossenschaftsforschung, Stiftungsforschung, Governance- und Sozialkapitalforschung, Wohlfahrtsstaats- und Demokratieforschung – die Liste ließe sich fortsetzen – versammeln sich alle unter der Fahne des zeitgenössischen Zivilgesellschaftsdenkens und -forschens. Dabei täuscht die begriffliche Rahmung eine Nähe vor, die nicht alle, die in dieser weiten Feldabsteckung zusammengefasst werden, auch als solche wahrnehmen. Zivilgesellschaftsforschung ist daher noch ein gutes Stück davon entfernt, mit ihren unterschiedlichen Strängen ein gemeinsam geteiltes Paradigma zu befeuern sowie die – im wechselseitigen Diskurs miteinander verflochten – einzelnen Erkenntnisse als Beiträge für die wissenschaftliche Aufklärung eines übergreifenden Ganzen zu verstehen.

Der disziplinären Fragmentierung korrespondiert eine institutionelle Zivilgesellschaftsforschung. Sie ist nicht vorrangig eine Forschung, die von Universitäten und Forschungsinstituten geleistet wird. Lehrstühle an politikwissenschaftlichen und soziologischen Instituten deutscher Universitäten, die in ihrer Themenstellung das Thema Zivilgesellschaft aufgreifen, sind rar und eher rückläufig. Vielmehr arbeitet an dem Thema – neben Universitäten (u. a. Münster und Heidelberg) und Hochschulen (u. a. Hertie School) – eine bunte Gruppe von Akteuren aus Verbänden (z. B. Bundesverband Stiftungen), gemeinnützigen Akteuren mit eigenen Forschungseinrichtungen (z. B. ZiviZ im Stifterverband), politiknahen Forschungsinstituten (z. B. DZA oder auch das Deutsche Jugendinstitut), wirtschaftsnahen Instituten (z. B. das Institut der Deutschen Wirtschaft), freiberuflichen Expert_innen und weiteren mehr. Insgesamt fehlt es an stabilen institutionellen Strukturen, vorgängig also an Möglichkeiten der Finanzierung institutioneller Strukturen. Bei den vielen Möglichkeiten zur Einwerbung von Drittmitteln kommt hinzu, dass Forschungsförderer durch restriktive Bestimmungen bei der Finanzierung von Overheads aber eigentlich institutionelle Strukturen voraussetzen. Verbesserte Möglichkeiten der Finanzierung stabiler Strukturen im Bereich Zivilgesellschaftsforschung sind daher wichtige Voraussetzungen für eine zukunftsfähige Etablierung des Themas in der Forschung.

3. Normativität und politischer Bezug

Zivilgesellschaftsforschung liefert wichtige Beiträge für die öffentliche und politische Diskussion und hilft, Fragen gesellschaftlicher Selbstorganisation sichtbar zu machen. Es ist daher nicht verwunderlich, dass der Bezug vieler Zivilgesellschaftsforscher_innen zu ihrem Forschungsobjekt auch ein normativer, politisch motivierter ist. Daran ist soweit nichts auszusetzen, so lange in der Forschung die eigenen normativen Maßstäbe reflektiert und ausgewiesen werden. Forschende machen sich damit zwar zum Advokat einer wertbesetzten Idee, nicht aber zum Komplizen des Faktischen.

Festzuhalten ist daher, dass der für das Forschungsfeld rahmengebende Begriff der Zivilgesellschaft ebenso wie der des bürgerschaftlichen Engagements normativ aufgeladen ist. Und zwar eine normative Aufladung, die durch aktuelle gesellschaftliche Entwicklungen herausgefordert wird. Beim Zivilgesellschaftsbegriff stammt die Normativität aus seiner philosophischen Vergangenheit, seiner Rolle als politischer Zukunftsentwurf der Aufklärung und als Konzept und Emanzipationsanspruch osteuropäischer Dissidenten und Bürgerbewegungen in den 80er-Jahren (Vgl. Adloff 2005; Klein 2001). Zusammengenommen ist der Begriff Zivilgesellschaft immer auch „Programm" (Kocka) und nicht nur deskriptive Kategorie. Gleiches gilt für den Begriff bürgerschaftliches Engagement. Von der Enquete-Kommission bewusst weitgefasst, damit auch Praxisformen wie Selbsthilfe und Proteste einbezogen werden können, ist der Gemeinwohlbezug seither normativer Bestandteil und beispielsweise auch Begriffsdimension des freiwilligen Engagements, wie sie dem Freiwilligensurvey zugrunde liegt (Vgl. Roth 2014; Simonson et al. 2016).

Diese Begriffe treffen heute auf eine veränderte empirische Wirklichkeit. Denn nicht nur freiheitlich und bürgerschaftlich orientierte Bewegungen und Engagementpraxen, wie sie lange das Gesicht zivilgesellschaftlichen Handelns geformt haben, prägen das Bild der gesellschaftlichen und politischen Entwicklungen der vergangenen Jahre. Unter anderem in Reaktion auf die vermehrte Zuwanderung von Geflüchteten fand neben der sogenannten „Willkommenskultur" auch eine starke Mobilisierung für Ziele und politische Konzepte statt, die auf nationale Abschottung und Fremdenfeindlichkeit zielt. Zivilgesellschaftsforschung steht damit vor einer erheblichen Herausforderung ihres begrifflichen Grundinventars (Vgl. Roth 2004). Die zwei idealtypisch gegenüberstehenden Möglichkeiten sind: Entweder erfolgt – unter Rekurs auf die normativen Begriffsgrundlagen (z. B. die Dimension Gemeinwohlorientierung beim bürgerschaftlichen Engagement) – eine Abgrenzung gegenüber anderen Handlungs- und Selbstorganisationsformen, die dann eben nicht als Engagement oder Zivilgesellschaft bezeichnet werden. Holzschnittartig würde das in die Einteilung in ein ‚gutes' und ein ‚schlechtes' Engagement münden. Problematisch an einem solchen Zugriff ist freilich, dass solche normativen Dimensionen selbst Resultat von öffentlichen Aushandlungsprozessen sein sollten und nicht einfach von der Wissenschaft – gleichsam von außen – an ihr Forschungsobjekt herangetragen werden können. Oder der normative Anspruch der Konzepte bürgerschaftliches Engagement und Zivilgesellschaft wird preisgegeben und ein rein bereichslogischer Zugang überwiegt. Spätestens dann wäre beispielsweise der Ausweis einer steigenden Engagementquote per se aber kein positives Datum mehr, da sich darunter auch Engagementformen befinden könnten, die weder gesellschaftlich integrativ noch demokratieförderlich wirken. Aus dieser Situation findet sich kein leichter Ausweg, die Debatte muss aber aufgenommen werden.

4. Kooperative Dauerberichterstattung Zivilgesellschaft

Wie in anderen Forschungsfeldern, hat die quantitative Survey- und Panelforschung auch im Bereich Zivilgesellschaft und bürgerschaftliches Engagement eine Sonderrolle. Sie ist stärker als andere Forschungszugänge das Scharnier zwischen wissenschaftlichen Fachdebatten und politischen Informationsbedarfen. Obwohl in den zurückliegenden Jahren das politische und öffentliche Interesse an den Themen bürgerschaftliches Engagement und Zivilgesellschaft massiv gestiegen ist, werden diese nur randläufig durch die Arbeit des Statistischen Bundesamtes und der Landesämter abgedeckt. Ein Status quo, bei dem keine Änderung in Sicht ist. Nicht selten wird daher ein Mangel an belastbaren Daten für das Forschungsfeld Zivilgesellschaft beklagt.

Bei genauerem Hinsehen zeigt sich jedoch, dass nicht das Defizit an Forschungs- und Erhebungsformaten, sondern deren systematische Vernetzung und kooperative Weiterentwicklung problematisch sind. Aktuell baut das statistische Monitoring zivilgesellschaftlicher Prozesse in Deutschland auf einer Vielzahl von Einzelerhebungen auf, deren Pluralität bislang kaum als Chance für die Entwicklung eines partnerschaftlich betriebenen, multiperspektivischen Monitorings von Zivilgesellschaft verstanden wird. Das eigentliche Potenzial einer Sozialberichterstattung über die Zivilgesellschaft liegt heute daher weniger darin, einzelne Erhebungen mit Leuchtturmcharakter ins Werk zu setzen. Ein anspruchsvolles Surveying zivilgesellschaftlichen Handelns muss das Potenzial der vielen unterschiedlichen Perspektiven nutzen und klug miteinander vernetzen.

Das ist das Anliegen des Forums Zivilgesellschaftsdaten, das die Geschäftsstelle ZiviZ mit Förderung des Bundesministeriums für Familie, Senioren, Frauen und Jugend aktuell startet. Mit dem Forum soll ein Raum für Dialog und Vernetzung geschaffen werden, der die unterschiedlichen regelmäßig wiederholten Datenerhebungen zusammenführt. Dabei soll vor allem der Frage nachgegangen werden, wie durch kooperative und vernetzte Weiterentwicklung das Potenzial der vorliegenden Daten besser genutzt werden kann. Die Ergebnisse können unterschiedliche Gestalt annehmen: gemeinsame Auswertungs- und Publikationsformate, abgestimmte Strategien der Weiterentwicklung der in den einzelnen Erhebungen zum Einsatz kommenden Indikatoren, usw. Voraussetzung für einen solchen Prozess ist eine verlässliche Infrastruktur, mit deren Hilfe die Zivilgesellschaftsberichterstattung – durch gemeinsames Arbeiten an einem partnerschaftlich betriebenen Unterfangen – langfristig auf eine stabile Grundlage gestellt wird. Eine solche soll mit dem Forum Zivilgesellschaftsdaten aufgebaut werden.

5. Fazit

Um Zivilgesellschaftsforschung als eigenständiges Forschungsfeld zu konstituieren, einen normativ aufgeklärten und zeitgemäßen Begriff von Zivilgesellschaft als Rahmung ausweisen zu können und den Flickenteppich unterschiedlicher Datenerhebungen zu einem partnerschaftlich betriebenen, systematisch vernetzten Monitoring zivilgesellschaftlicher Strukturen weiterzuentwickeln, braucht es Dialog, Arenen und Infrastrukturen. Angesichts der bislang schwachen Institutionalisierung des Forschungsfeldes und der Unterfinanzierung, kann eine weiterhin erfolgreiche Etablierung von Zivilgesellschaftsforschung nur dann gelingen, wenn Kooperation und Vernetzung von allen als echte Chance begriffen und aktiv genutzt werden.

Literatur

Adloff, Frank 2005: Zivilgesellschaft. Theorie und politische Praxis. Frankfurt/M. und New York.
Bibisidis, Thomas/Eichhorn, Jaana et al. (Hrsg.) 2015: Zivil – Gesellschaft – Staat. Freiwilligendienste zwischen staatlicher Steuerung und zivilgesellschaftlicher Gestaltung. Wiesbaden.

Braun, Sebastian 2013: Freiwilliges Engagement von Jugendlichen im Sport. Eine Untersuchung auf Basis der Freiwilligensurveys von 1999 bis 2009. Köln.

Hackenberger, Helga/Empter, Stefan (Hrsg.) 2011: Social Entrepreneurship – Social Business: Für die Gesellschaft unternehmen. Wiesbaden.

Hartnuß, Birger/Hugenroth, Reinhild/Kegel, Thomas (Hrsg.) 2013: Schule der Bürgergesellschaft. Bürgerschaftliche Perspektiven für moderne Bildung und gute Schule. Schwalbach/Ts.

Jansen, Stephan A./Heinze, Rolf G./Beckmann, Markus (Hrsg.) 2013: Sozialunternehmen in Deutschland. Analysen, Trends und Handlungsempfehlungen. Wiesbaden.

Klein, Ansgar 2001: Der Diskurs der Zivilgesellschaft. Politische Hintergründe und demokratietheoretische Folgerungen. Opladen.

Krimmer, Holger/Weitemeyer, Birgit et al. (Hrsg.) 2014: Transparenz im Dritten Sektor. Eine wissenschaftliche Bestandsaufnahme. Hamburg.

Krimmer, Holger/Priemer, Jana 2013: ZiviZ-Survey 2012. Zivilgesellschaft verstehen. Berlin.

Maron, Berhard/Maron, Helene 2012: Genossenschaftliche Unterstützungsstrukturen für eine sozialräumlich orientierte Energiewirtschaft, KNI PAPERS 01/2012. Köln.

Olk, Thomas/Gensicke, Thomas 2014: Bürgerschaftliches Engagement in Ostdeutschland. Stand und Perspektiven. Wiesbaden.

Priller, Eckhard/Alscher, Mareike/Droß, Patrick/Paul, Franziska/Poldrack, Clemens/Schmeißer, Claudia/Waitkus, Nora 2012: Dritte-Sektor-Organisationen heute. Eigene Ansprüche und ökonomische Herausforderungen – Ergebnisse einer Organisationsbefragung. WZB Discussion Paper SP IV 2012-402. Berlin.

Roth, Roland 2016: Gewinnwarnung – Anmerkungen zur wundersamen Engagementvermehrung des Freiwilligensurveys 2014. In: BBE-Newsletter 10/2016.

Roth, Roland/Rucht, Dieter (Hrsg.) 2008: Die Sozialen Bewegungen in Deutschland seit 1945. Ein Handbuch. Frankfurt/M. und New York.

Roth, Roland 2004: Die dunkle Seite der Zivilgesellschaft. Grenzen einer zivilgesellschaftlichen Fundierung von Demokratie. In: Klein, Ansgar/Kern, Kristine/Geißel, Brigitte/Berger, Maria (Hrsg.): Zivilgesellschaft und Sozialkapital. Herausforderungen politischer und sozialer Integration. Wiesbaden, S. 41-64.

Schröder, Carolin/Walk, Heike (Hrsg.) 2014: Genossenschaften und Klimaschutz. Akteure für zukunftsfähige, solidarische Städte. Wiesbaden.

Simonson, Julia/Vogel, Claudia/Tesch-Römer, Clemens 2016: Was die Engagementforschung vom neuen Freiwilligensurvey lernen kann. In: BBE-Newsletter 11/2016.

Speth, Rudolf/Zimmer, Annette 2015: Lobby Work. Interessenvertretung als Politikgestaltung. Wiesbaden.

von Winter, Thomas/Willems, Ulrich (Hrsg.) 2007: Interessenverbände in Deutschland. Wiesbaden.

Zimmer, Annette/Simsa, Ruth 2014: Forschung zu Zivilgesellschaft, NPOs und Engagement. Quo vadis? Wiesbaden.

Thomas Röbke

Bürgerschaftliches Engagement als gesellschaftlicher Innovationsmotor[1]

1. Vorbemerkung

Freude haben, mit netten Menschen zusammenkommen und wenigstens im Kleinen etwas bewegen: Mittlerweile hat sich der mehrfach bestätigte empirische Befund des Freiwilligensurveys, was Menschen zum bürgerschaftlichen Engagement motiviert, bis in die letzten Winkel herumgesprochen. Das klingt nicht nach grundstürzenden Veränderungen oder unerhörten Neuerungen. Und doch ist es ganz erstaunlich, welch unverzichtbare Rolle das bürgerschaftliche Engagement für den Fortschritt modernen Gesellschaften gespielt hat und immer noch spielt.

2. Innovationsmotor bürgerschaftliches Engagement? Zwei Einwände

Kunst und Wissenschaft werden in der öffentlichen Meinung ganz selbstverständlich Kreativität und Innovationsfähigkeit zugeschrieben. Gewinnorientierte Wirtschaftsbetriebe müssen, getrieben durch steten Konkurrenzdruck, immer wieder neue Produkte auf den Markt werfen und Produktionsprozesse optimieren. Aber das bürgerschaftliche Engagement?

Dieser Essay möchte die Innovationskraft des bürgerschaftlichen Engagements sichtbar machen, die Ursachen für diese unermüdliche Kreativität darstellen, um ihre oft unterschätzte gesellschaftliche Bedeutung ins rechte Licht zu rücken. Dies kann freilich nur gelingen, wenn man zunächst zwei Einwände entkräftet: Der eine lautet kurz und bündig: Was sollte denn am Ehrenamt innovativ sein? Der andere: Gesetzt den Fall, das bürgerschaftliche Engagement sei innovativ, was wäre damit gewonnen? Innovativ sein wollen doch heute alle. Etwas Neues zu schaffen ist doch geradezu beliebig geworden!

Zum einen kann man sich also den Spott derer zuziehen, die meinen, dass Organisationen wie die Freiwillige Feuerwehr, das Rote Kreuz, Fußballclubs oder Kleingartenvereine ein recht traditionelles Erscheinungsbild des Ehrenamtes prägen: Die Freiwilligen des „Blaulichtmilieus", wie es ironisch liebevoll genannt wird,

---

[1] Der Beitrag wurde veröffentlicht im BBE-Newsletter 16/2015.

glänzen bis heute in ordensbehängten Ausgehuniformen. Spielmannszüge, Trachtenvereine, Schützengilden, Laienspielgruppen, die historische Spektakel in regelmäßigem Turnus aufführen, sind eher Beleg dafür, dass das bürgerschaftliche Engagement geschichtliches Erbe am Leben hält, das in einer schnelllebigen Zeit sonst unweigerlich in Vergessenheit geriete. Was soll daran neu sein?

Zum anderen zieht man sich die Kritik derer zu, die darauf hinweisen, dass Innovation ja kein erstrebenswerter Wert an sich sei. Warum also wolle man das bürgerschaftliche Engagement auch noch über diesen Leisten schlagen? Der Kulturwissenschaftler Andreas Reckwitz (2012, S. 345) spricht von einem fast alternativlosen Kreativitätszwang, dem wir ausgeliefert seien. In der Vielfalt unserer Lebensformen und -entwürfe könne man heute fast alles machen, nur eines verbiete sich: Nicht kreativ sein zu wollen.

Jeder muss sich immer wieder neu erfinden und unbetretene Pfade ausfindig machen. Zweifellos hat dieser Pioniergeist unsere Gesellschaft vorangebracht. Aber die Schattenseiten der pausenlosen Grenzüberschreitungen scheinen überhand zu nehmen. Der französische Psychoanalytiker Alain Ehrenberg (2004)[2] hat diesen pathologischen Innovationszwang für die enorm ansteigenden depressiven Erkrankungen verantwortlich gemacht. Immer neue Projekte aushecken und Wünsche verfolgen zu müssen werde zum modernen Schicksal, nie könne und dürfe der Mensch zur Ruhe kommen. Mit der wachsenden Kluft von Erwartung und Erfüllung steigt die Gefahr dauerhaften Scheiterns und chronischer Erschöpfung. Warum also sollte sich das bürgerschaftliche Engagement in die Vielzahl gesellschaftlicher Agenturen einreihen, die diesem Innovationszwang hinterherhecheln? Ist es nicht gerade so, dass der Charme freiwilligen Engagements in einer bewussten Entschleunigung und Gelassenheit liegt, Dinge nicht so gehetzt anzugehen, wie man es vielleicht im Berufsalltag notgedrungen tun muss?[3]

Diese Einwände wiegen schwer. Innovation scheint ein inhaltsleerer Sachzwang geworden zu sein (Welzer 2014, S. 17), und das ist zu Recht zu kritisieren. Wenn wir die Innovationen des bürgerschaftlichen Engagements untersuchen wollen, so müssen wir genauer bestimmen, welche besonderen Qualitäten sie auszeichnen? Sind sie anderen Zielen verpflichtet als etwa jenen, die Wirtschaft oder Wissenschaft antreiben? Beruhen sie auf einer anderen Produktionsweise?

Hier stoßen wir noch auf eine weitere Schwierigkeit. Der referenzlose Begriff der Innovation, der in den vergangenen beiden Jahrzehnten seinen Siegeszug antrat, reagiert letztlich auf die Krise eines Fortschrittsglaubens, der vermeintlich noch wuss-

---

2   Kritische Einwendungen gegen den steten Innovationszwang moderner Gesellschaften gab es in der Psychoanalyse freilich schon früher. Erik H. Ericson (1975, S. 113) schreibt etwa: „Eine auf ständiger Erneuerung beruhende Identität muss in eine stereotype Kreisbewegung geraten, wenn sie anfängt, sich selbst zu wiederholen."
3   Hartmut Rosa (2005) hat gezeigt, wie sich in der Moderne dieser Innovationszwang mit einer scheinbar grenzenlosen Beschleunigung verbindet, die letztlich zu weniger statt mehr Lebensqualität führt.

te, wo es langgeht. Indes sind diese großen Erzählungen von den automatischen Wachstums- und Wohlstandsgewinnen durch wirtschaftlichen und wissenschaftlichen Fortschritt fragwürdig geworden. Seit der Club of Rome die Grenzen des Wachstums in den 1970er-Jahren aufzeigte, ist die Fortschrittsgläubigkeit nachhaltig erschüttert. Aber auch die revolutionären Gewissheiten, dass mit dem kapitalistischen Wachstumsfetisch einmal Schluss sein könnte und die Zeit des Sozialismus anbrechen würde, scheinen ausgeträumt (Vgl. Marquardt 1982; Gorz 1980).

3. Gemeinschaft und Freiheit: das Dispositiv des bürgerschaftlichen Engagements

Der Begriff einer letztlich orientierungslosen Innovation um der Innovation willen ist also gerade dabei, sich ebenso zu blamieren, wie es ein gesamtgesellschaftliches Fortschrittskonzept vor etwa vier Jahrzehnten vorgemacht hat. Vielleicht ist das genau der richtige historische Zeitpunkt, sich der Innovationskraft des bürgerschaftlichen Engagements zuzuwenden. Denn es kann einen dritten Weg aufzeigen, weil es eine Alternative einer veränderungsfähigen Gesellschaft entwerfen kann, die weder kritiklos das Neue feiert, weil es eben neu ist, noch einer totalen Großutopie anhängt, die zum Scheitern verurteilt ist oder in die Katastrophe führt. Eine Innovationskraft, die gewissermaßen durch gemeinschaftliche Werte „geerdet", also nicht beliebig ist, aber dabei auf eine Vielfalt setzt, die sich keinem strategischen Gesamtziel unterordnen lässt.

Im Grunde ist es keine Neu-, sondern eine Wiederentdeckung. Dass die Vitalität einer Gesellschaft ganz wesentlich vom freiwilligen Engagement der Bürgerschaft ausgeht, hat Alexis de Tocqueville bereits Mitte des 19. Jahrhunderts in seinen Untersuchungen zur jungen Demokratie in Amerika hervorgehoben. Für den französischen Adligen Tocqueville ist dies eine so ganz andersartige Gesellschaft als jene, die er aus dem feudalen Europa kennt. Sie ist in ihren besten Momenten durch zwei Werte gekennzeichnet: Auf der einen Seite durch ein starkes Freiheitsbewusstsein und die Überzeugung, dass jedes Individuum die Möglichkeit, ja die Pflicht zur Entfaltung seiner Gaben und Talente in sich trägt. Auf der anderen Seite durch eine feste Bindung zur Gemeinschaft, die vom Alltagsleben in der politischen oder religiösen Gemeinde bis zum Verfassungspatriotismus einer demokratischen Nation reicht.

Das Kraftzentrum dieses zugleich demokratischen und freiheitlichen Gemeinwesens sieht Tocqueville vor allem in einer regen Zivilgesellschaft. Das Vereinsleben, die überall tätigen Assoziationen sind es, in denen dieser Glaube an die Macht des Individuums einerseits und der Gemeinschaft andererseits sein Verbindungsstück findet.

„Amerika ist das Land, in dem man aus dem Verein am meisten Nutzen gezogen hat ... Unabhängig von den fortdauernden Zusammenschlüssen, die durch das Gesetz in Form von Gemeinden, Städten und Grafschaften geschaffen wurden, gibt es eine Menge anderer, die ihre Entstehung und Entwicklung nur dem freien Willen einzelner verdanken.

Der Bewohner der Vereinigten Staaten lernt von Geburt an, dass man sich im Kampf gegen die Übel und Hemmnisse des Lebens auf sich selber verlassen muss; er schaut auf die Obrigkeit nur mit einem misstrauischen und unruhigen Blick, und er wendet sich an ihre Macht nur dann, wenn er es ohne nicht machen kann ... Ein Hindernis liegt auf der Straße, der Durchgang ist versperrt, der Verkehr steht still; alsbald bilden die Nachbarn eine beratende Gesamtheit; aus dieser Stegreifversammlung entsteht eine ausführende Gewalt, die dem Übel abhilft, bevor irgendeiner der Beteiligten an eine Obrigkeit dächte ... Geht es um ein Vergnügen, so schließt man sich zusammen, um dem Fest mehr Glanz und Ordnung zu verleihen. Endlich vereinigt man sich zur Abwehr rein geistiger Feinde: man bekämpft gemeinsam die Trunksucht. In den Vereinigten Staaten vereinigt man sich zu Zwecken der öffentlichen Sicherheit, des Handels und Gewerbes der Sittlichkeit und Religion. Es gibt nichts, das der menschliche Wille nicht durch freies Handeln der vereinigten Macht einzelner zu erreichen hoffte ... Endlich gibt es in der Ausübung der Vereinigungsfreiheit, und zwar auf politischem Gebiet, eine letzte Stufe: die Anhänger einer gleichen Überzeugung können sich zu Wahlversammlungen zusammentun und Abgeordnete ernennen, damit diese sie in einer Zentralversammlung vertreten. Im Grunde ist dies das auf eine Partei angewandte System der Vertretung" (de Tocqueville 1987, S. 279 ff.).

Ich habe Tocqueville so ausführlich zitiert, weil sich das Dispositiv bürgerschaftlicher Innovationskraft in seinem wunderbaren Erzählton wie von selbst darlegt: Die Assoziationen der Bürger_innen spannen einen zivilgesellschaftlichen Raum auf, der vom informellen Zusammenschluss aufgrund eines fast nichtigen Problems bis zur formalen politischen Vertretung in höchsten Ämtern reicht. Nichts ist ihnen fremd, alles können sie zu ihrem Anliegen machen. Sie gründen sich nicht auf Zwang und Sitte, sondern auf den freien Willen ihrer Akteure, was ihnen Stärke verleiht. Durch ihre Assoziation werden die individuellen Wünsche zu einem gemeinschaftlich verfolgten Ziel gebündelt. Damit wird ihnen eine Durchsetzungskraft verliehen, die jeder Einzelne für sich nicht aufbringen könnte (Ebd., S. 281).

Dieser von Tocqueville sogenannte „Bürgergeist" wartet nicht auf Direktiven von oben wie die Untertanen der europäischen Fürsten, sondern nimmt das Heft des Handelns selbst in die Hand. In Amerika herrscht ein Bewusstsein der Selbstermächtigung und Selbstwirksamkeit, dem durch einen subsidiären Staatsaufbau genügend Raum zur Eigenaktivität gelassen wird.

Tocqueville ist weit davon entfernt, die Vereinigten Staaten zu verklären. Er sieht ihre Schattenseiten so scharf wie kaum ein anderer Zeitgenosse. Er ist abgestoßen von der materiellen Gier und dem rücksichtslosen Streben nach Macht, in das sich der Drang nach individueller Freiheit verwandeln kann. Er beschreibt unverblümt den Genozid an der indianischen Urbevölkerung und die menschenverachtende Sklaverei, die dem demokratischen Gleichheitsgedanken widersprechen. Er sieht, wie die Mehrheit Minderheiten unterdrückt. Dies alles ist für Tocqueville Ausdruck einer Auflösung und Vereinseitigung jener produktiven und das Gemeinwohl fördernden Spannung, die das zivilgesellschaftliche Assoziationswesen auszeichnet. In einem Fall siegt ein hemmungsloser Individualismus, der die Gemeinschaft nur als Instrument und auszubeutende Ressource benutzt. Im anderen Fall schließt sich die Gemeinschaft ab, verliert ihre Durchlässigkeit und Bindungsfähigkeit und wird zur Wagenburg, die Minderheiten und Neuankömmlinge auf Distanz hält, sie unterdrückt oder gar physisch vernichtet.

Amerika fasziniert ihn dort, wo die Brücke von individuellem Freiheitsstreben und Gemeinschaftsbildung tragfähig ist. Wo der freie Gedanke das Gemeinwohl voranbringt und die Gemeinschaft umgekehrt dem Individuum die Sicherheit zur eigenständigen Entfaltung gibt. Diese Zivilgesellschaft ist das Herz des ständig steigenden materiellen Wohlergehens und einer vitalen Demokratie, weil jeder in seinem Lebensbereich tätigen Anteil an der Lenkung der Gesellschaft nimmt (Ebd., S. 353). Es ist gleichsam die Keimzelle eines florierenden Staatswesens, weil es die zwei Pole der Freiheit und Gemeinschaft im praktischen Handeln verklammert und dadurch ihr Auseinanderdriften verhindert.

Der durch diese vielen kleinen Aktivitäten ausgelöste gesellschaftliche Fortschritt ist überall zu spüren, aber seine Verursacher sind keine Medienstars, sondern unscheinbare Alltagshelden. Auch wenn die Graswurzelgruppen im Einzelfall großen Utopien anhängen können, so bleiben sie doch in ein dichtes Geflecht weiterer Gruppen eingebunden, die ähnliche, abweichende oder gar widerstrebende Ziele verfolgen. Aber wie in Swifts „Gullivers Reisen" können sie gemeinsam eine Macht entfalten, die Riesen fesseln kann.

Susan J. Ellis und Katherine H. Campbell (2005) haben in ihrer Geschichte des amerikanischen Freiwilligenwesens gezeigt, wie produktiv sich diese Spannung von Freiheit und Gemeinsinn ausgewirkt hat und bis heute nachwirkt. Hier nur einige Beispiele: Die ersten im 18. Jahrhundert in Boston gegründeten Charity Clubs; die zu Beginn des 19. Jahrhunderts in Philadelphia und anderen Städten entstehenden Armenfürsorgevereine; Bürgergruppen, die sich Mitte des 19. Jahrhunderts erstmals um die Resozialisierung jugendlicher Delinquenten kümmern und damit die Wiedereingliederung in die Gesellschaft zum Ziel des Strafvollzugs machen; Anonyme Alkoholiker, die Anfang des 20. Jahrhunderts zum Ausgangspunkt einer weltweit aufblühenden Selbsthilfebewegung werden; die in den 1930er-Jahren in Chicago gegründeten Community-Organizing-Gruppen Saul Alinskys, die erstmals Gestaltungsmacht der Bürgerinnen und Bürger für Stadtentwicklung und Quartiersräume politisch einfordern; die Bürgerrechtsbewegung, die in den 1960er-Jahren erfolgreich für die Aufhebung der Rassentrennung kämpft ...

Natürlich zieht Zivilgesellschaft nicht an einem Strang und in eine Richtung. Bürgerbewegungen für die Entkriminalisierung der Abtreibung stehen Abtreibungsgegnern gegenüber, Befürworter der Homoehe solchen, die sie aus christlich fundamentalistischer Sicht für Teufelszeug halten.[4] Manchmal mögen sich daraus Konstellationen der gegenseitigen Blockierung und des politischen Stillstands ergeben, wie sie die Erfolgsreportage „The Unwinding" von George Packer (2013) so eindrücklich an der Tea-Party-Bewegung aufzeigt, die in Zeiten größter Krise sinnvolle öffentliche Investitionen und Reformen verhindert.

Dennoch fällt, so Ellis und Campbell (2005, S. 314 ff.), die historische Bilanz unter dem Strich eindeutig positiv aus, was die Autorinnen mit einem umfassenden Katalog freiwilliger Initiativen, von der Arbeitswelt (Gewerkschaften, die erstmals Arbeitnehmerrechte erstritten), über den Gesundheitsbereich (Food-Coops, die Pioniere des ökologischen Essens waren) bis zur Kommunikation (Open-Source-Programme, die selbst Weltkonzernen Paroli bieten) eindrucksvoll belegen.

Zusammenfassend: Was macht das Dispositiv des bürgerschaftlichen Engagements aus?

- Die Eroberung eines thematisch nicht limitierten Handlungsraums, der sich durch kein gesellschaftliches Subsystem mit seinen starren Traditionen und Statuten eingrenzen lässt. Die von Rücksichten auf Gewinnmaximierung und Sicherung des Lebensunterhaltes unabhängige Handlungsmöglichkeit, die durch diese Ungebundenheit eben das schaffen kann, was Hannah Arendt für den Kern des Politischen hält: Das Vermögen, einen Anfang setzen zu können, immer wieder etwas Neues zu beginnen, die Initiative zu ergreifen.[5]
- Die Vielfalt der Graswurzelinitiativen, die gesellschaftliche Innovationen mit Sinn aufladen, ohne sich absolut zu setzen oder setzen zu können, auch wenn sie dies wollten. Damit entwerfen sie tatsächlich einen dritten Weg sozialen Fortschritts gegenüber der referenzlosen Erfindung des Neuen um des Neuen willen einerseits, und der Großerzählung gesamtgesellschaftlichen Fortschritts andererseits.

---

4 „The irony is that pressure in one direction elicits pressure in the other; whenever one group of volunteers works towards change, another group often reacts to preserve tradition or advocate yet another alternative" (Ellis und Campbell 2005, S. 354 f.).

5 Hannah Arendt unterscheidet das politische „In-Bewegung-setzen" des Anfangs, das „agere", vom „gerere", d. h. dem Ausführen von Routinen, um eine Institution am Laufen zu halten. Gerade diese Fähigkeit, einen Anfang zu setzen, hält sie für das Wesen des Politischen: „Der Neubeginn, der mit jeder Geburt in die Welt kommt, kann sich in der Welt nur darum zur Geltung bringen, weil dem Neuankömmling die Fähigkeit zukommt, selbst einen neuen Anfang zu machen, d. h. zu handeln. Im Sinne von Initiative – ein Initium setzen – und da Handeln ferner die politische Tätigkeit par excellence ist, könnte es wohl sein, dass Natalität für politisches Denken ein so entscheidendes, Kategorien-bildendes Faktum darstellt, wie Sterblichkeit seit eh und je und im Abendland zumindest seit Plato der Tatbestand war, an dem metaphysisches Denken sich entzündete" (Arendt 1981, S. 15 f.).

- Die Entfaltung „sozialer Kreativität" (Castoriadis zitiert nach Bauman 2009, S. 97 f.) im Spannungsfeld von individuellem Eigensinn und gesellschaftlichem Durchsetzungsvermögen, die gleichsam einen Kalibrierungsprozess in Gang setzt zwischen verfolgten Veränderungswünschen und gegebenen Veränderungsmöglichkeiten.
- Die Synergie zwischen Gemeinschaft und Individualität: Eine Einzelinitiative aus freiem Willen wird durch eine ebenso freiwillig eingegangene Assoziation verstärkt. Umgekehrt: Der individuelle Eigensinn wird in ein Netzwerk aus moralischen, emotionalen, nachbarschaftlichen Bindungen wieder in eine Gemeinschaft eingebettet, die ihm als Korrektiv der Gemeinwohlorientierung dienen kann und das Individuum auch zu Kompromissfähigkeit und Selbstbegrenzung „erzieht" (Ebd., S. 38).
- Durch die freiwillige Setzung und gemeinschaftliche Aushandlung der Ziele und Wege entsteht, wie Zygmunt Bauman schreibt, in der Gesellschaft eine Art nicht-entfremdeter Handlungsraum. Die personalen Bindungen sind nicht mehr erzwungen, wie es in traditionalen Gemeinschaften, etwa der mittelalterlichen Gilde oder dem Dorf, der Fall war. Sie werden für das Individuum zur Quelle von Sinnstiftung und Erfolgserleben. Dieser zivilgesellschaftliche Handlungsraum setzt sich aber auch ab von den technischen und kommerziellen Zwängen moderner Erwerbsarbeit, in der der Mensch sich im Produkt seiner Tätigkeit nicht mehr erkennt (Ebd., S. 47).

„As such", so resümieren Ellis und Campbell, „volunteers are pioneers and experimenters, unlimited by the restrictions of tradition, public statutes, need to make a profit, or availability of initial funds. By creating or urging others to create programs, volunteering challenges the status quo. This is the inherent political side of volunteer work" (Ellis und Campbell 2005, S. 353 f.).

4. Die besonderen „Produktionsbedingungen" des bürgerschaftlichen Engagements

Das mag in manchen Ohren idealistisch klingen. Was ist mit der Wirklichkeit des bürgerschaftlichen Engagements? Löst es diese Ansprüche auch ein oder blamiert es sich angesichts der zu hoch angesetzten Maßstäbe? Wie lassen sich die einzelnen innovativen Impulse des bürgerschaftlichen Engagements, ihre gesellschaftliche Relevanz, ihre Wirkungen genauer bestimmen? Wenn man die anfangs aufgeführten Beispiele aufgreift, die uns heute vertraut und selbstverständlich sind, sich in ihre unscheinbaren und unsicheren Anfangszeiten zurückversetzt und dann von dort aus beurteilt, was sich aus ihnen entwickelt hat, dann lässt sich erst ermessen, welche Revolutionen sie ausgelöst haben.[6] Nehmen wir zum Beispiel die Kleingar-

---

6 Ich möchte auf Verfahren hinweisen, denen diese Sichtweise verpflichtet ist: Etwa die Methode der normativen Rekonstruktion bei Axel Honneth: „Im Vollzug der normativen Rekonstruktion

tenvereine, die sich nach den Ideen Moritz Schrebers im 19. Jahrhundert ausbilden. Sie stehen für die Rückholung der Natur in die Städte, sie zeigen die Notwendigkeit gesunder Lebensverhältnisse in den giftigen Industrierevieren und geben einen wesentlichen Impuls zu moderner Stadtplanung.

Oder nehmen wir das Rote Kreuz. Man kennt die Geschichte von Henri Dunant und das Entsetzen, das ihn als Zeitzeuge der Schlacht von Solferino ergriff. Sein Engagement aber legt den Grundstein für ein international anerkanntes Völkerrecht, das sich erstmals in der Genfer Konvention von 1864 Bahn bricht und heute in Institutionen wie der UNO (United Nations Organization) seine Fortsetzung findet.

Wir könnten diese Reihe fast endlos weiter fortsetzen: Die Geschichte der Demokratie in Deutschland beginnt Anfang des 19. Jahrhunderts mit dem Schock über den Verfall des Feudalsystems, den die Siege Napoleons schonungslos sichtbar machten und führt zu ersten demokratischen Kommunalverfassungen, die von ehrenamtlichen Bürgermeistern und Gemeinderäten mit Leben gefüllt werden. Die Ursprünge des modernen Sozialstaats markieren die ehrenamtlichen Armenpfleger, die in Elberfeld, dem heutigen Wuppertal, seit 1853 ein kommunales Fürsorgenetz über die Stadtteile spannen.

Und diese Ideen, so selbstverständlich sie heute auch sein mögen, sind nicht tot, sondern überraschen durch neue Triebe. So macht heute die Urban Gardening-Bewegung die Schrebergartenidee wieder modern. Immer wieder entsteht aus dem alten neues Leben, etwa in der aktuellen Renaissance der Imker- oder Gartenbauvereine, die sich für eine natürliche Artenvielfalt einsetzen.

Nicht nur als unerlässlichen Initiator vieler umwälzender sozialer Bewegungen finden wir das bürgerschaftliche Engagement, sondern auch als tragfähige Basis, auf der dann hauptamtlich geführte Organisationen mit speziellem Expertenwissen die ursprünglichen Anliegen weiterführen: Man denke an die Umweltbewegung und ihre heute so mächtigen Mitgliedsorganisationen wie den Bund Naturschutz. An

---

kommt das Kriterium, dem zufolge an der gesellschaftlichen Wirklichkeit als ‚vernünftig' gilt, was der Umsetzung allgemeiner Werte dient, nicht nur in Form einer Freilegung bereits existierender Praktiken zur Geltung, sondern auch im Sinne der Kritik existierender Praktiken oder des Vorausentwurfs noch nicht erschöpfter Entwicklungspfade" (Honneth 2012, S. 27). Einen ähnlichen Ansatz verfolgt Harald Welzer mit seinem Konzept des Futur II, wobei er Honneths normative Rekonstruktion in die Zukunft verlängert: Futur II meint, wie Welzer kurz und bündig in einem Zeit-Interview sagt, „diese grammatische Form [, die] das wunderbare Kunststück vollbringt, dass man sich aus einer imaginierten Zukunft als Vergangenes betrachtet und also heute sagen kann: Wir werden etwas getan haben" (Grefe und von Thadden 2012). Ein wichtiger Vorläufer beider ist Ernst Bloch, der Zeitdiagnostik anhand der in ihnen enthaltenen utopischen Energien betreibt. „Konkreter Utopie kommt es also darauf an, den Traum von ihrer Sache, der in der geschichtlichen Bewegung selbst steckt, genau zu verstehen. Es kommt ihr darauf an, die Formen und Inhalte zu entbinden, die sich im Schoß der gegenwärtigen Gesellschaft bereits entwickelt haben. Utopie in diesem nicht mehr abstrakten Sinn ist derart das gleiche wie realistische Antizipation des Guten" (Bloch 1959, S. 203).

die Frauenbewegung mit ihrem zähen Kampf um Anerkennung und Emanzipation, der sicher noch nicht abgeschlossen ist, aber doch viele beeindruckende Etappensiege errungen hat.

Die ungeheure Wirkmächtigkeit dieser Ereignisse und anfänglichen Zusammenschlüsse erweist sich oft erst Jahrzehnte später. Daher rührt es vielleicht, dass ihre gemeinsame Klammer, nämlich aus dem bürgerschaftlichen Engagement kleiner Assoziationen hervorgegangen zu sein, so leicht in Vergessenheit gerät.

Wir kennen diese beeindruckenden Beispiele also im Einzelnen. Aber wir setzen sie nicht zum bürgerschaftlichen Engagement als ihrer gemeinsamen Wurzel in Beziehung. Würden wir das tun, so sähen wir eine beeindruckende Innovationslandschaft vor uns, die bis zur Open-Source-Bewegung wie Wikipedia reicht, das so mächtig ist, dass es Institutionen wie den Brockhaus oder die Encyclopedia Britannica durch ein weltweit geknüpftes Netzwerk ehrenamtlicher Autor_innen mühelos in die Knie zwingt.

Woher kommt diese Kraft? Sie stammt nach meiner Überzeugung aus einigen besonderen Konstellationen, die mit den „Produktionsweisen" des bürgerschaftlichen Engagements zwar nicht exklusiv, aber doch besonders eng verknüpft sind.

Der amerikanische Wissenschaftsjournalist Steven Johnson (2010) hat die wichtigsten Voraussetzungen und Muster innovativer Erfindungen und Ideen zusammengefasst. Seine erklärte Absicht ist es, vor allem zwei Mythen zu entzaubern: In einem steht das einsame Genie im Zentrum der Erzählung, im anderen der systematisch betriebene Wettlauf der Wirtschaftsunternehmen, der zum Geburtshelfer des Neuen wird. Natürlich gebe es Innovationen, die auf diese Weise zustande kämen, so Johnson, aber die Regel seien sie nicht: Die weitaus meisten Innovationen entstehen, wie Johnson anhand einer Aufstellung der wichtigsten Erfindungen und Neuerungen der zurückliegenden vierhundert Jahre zeigt, weder im einsamen Studierzimmer noch in kommerziellen Laboratorien, sondern im Austausch offener, nicht profitorientierter Netzwerke und öffentlicher, dem Gemeinwohl verpflichteter Institutionen (Ebd., 227 ff.).

Wenn man ihre Entstehungsgeschichten untersucht, so könne man besondere förderliche Faktoren erkennen. Ich will versuchen, diese von Johnson identifizierten Innovationstreiber auf die besonderen Bedingungen und Eigenschaften des bürgerschaftlichen Engagements zu übertragen:

* Innovationen entstehen nicht aus heiterem Himmel, sondern entwickeln sich anhand der nächstliegenden Möglichkeiten. Wie in der Biologie kein Elefant aus einem Einzeller unmittelbar hervorgeht, so gilt auch bei den durch Menschen entwickelten Neuerungen das Prinzip des *adjacent possible*, wie es der Biologe Stuart Kaufmann nennt. Es zeigt zugleich die Limitierung und Überschreitungsräume auf, in denen Innovationen stattfinden. Je breiter benachbarte Möglichkeiten erkannt, aufgegriffen und erschlossen werden, desto größer ist die Chance von Entwicklungssprüngen. Übertragen auf das bürgerschaftliche

Engagement könnte man das Prinzip des *adjacent possible* so interpretieren: Bürgerschaftliches Engagement kann sich für alles zuständig fühlen, allen erdenklichen Richtungen folgen. Es ist weniger durch institutionelle Routinen, vorgegebene Ablaufregeln und genau definierte Zuständigkeiten in seinen Handlungsspielräumen eingeengt. Dadurch kann es Möglichkeitsräume besser erschließen. Es benötigt auch keine große Anfangsenergie, um in Gang zu kommen: Keinen Stellenplan, keine Haushaltsmittel, keine Durchführungsverordnung, sondern nur eine gute Idee, ein paar Mitstreiter, einen Raum, in dem man sich trifft, ein paar Ressourcen, die die privaten Mittel kaum übersteigen. Deswegen gelingt es dem bürgerschaftlichen Engagement immer wieder, schnell auf soziale Probleme zu reagieren, selbst in einem scheinbar perfekt funktionierenden Staatswesen und einer hocheffizienten Wirtschaft. Als jüngstes Beispiel kann man die vielen ehrenamtlichen Asylgruppen nennen, ohne die die ansteigende Zahl von Flüchtlingen hier wohl kaum hätte bewältigt werden können. Ein Wohlfahrtsstaat musste dazu erst Haushaltsmittel beantragen, Träger ausstatten, Personal einstellen usw.

- Innovationen gedeihen nach Johnson besser in beweglichen Netzwerken als in starren institutionellen Strukturen. Sie brauchen den Austausch auf Augenhöhe. Dazu sind Plattformen notwendig, die informelle Begegnungen ermöglichen, wie Clubs oder Kaffeehäuser. Hierzu zählen seit dem 19. Jahrhundert auch die Vereine. Wir wissen, dass in ihnen in einer ansonsten korporatistisch getrennten Umwelt die sozialen Klassen noch am ehesten zusammenfinden konnten. Der Verein im 19. Jahrhundert ist der Ort, in dem die Kreuzung der sozialen Kreise (Georg Simmel) gut funktionierte (Nathaus 2009). Damit ebnet er den Weg zu vielen Innovationen, die uns heute selbstverständlich sind, etwa zum Volkssport und einem radikal veränderten Umgang mit dem eigenen Körper, der alle sozialen Schichten ergreift (Vgl. Sloterdijk 2012), oder zur Erfindung der Freizeit, die Ende des 19. Jahrhunderts in ehrenamtlich geführten Geselligkeitsvereinen, Chören oder Laientheatern erstmals Gestalt annahm. Das bürgerschaftliche Engagement bringt nicht nur gesellschaftliche Klassen zusammen, sondern vernetzt Talente und Kompetenzen auf den unterschiedlichsten Ebenen.
- Persönliche und professionelle Netzwerke kreuzen sich. In diesen offenen Begegnungsformen wird der Boden für das bereitet, was der Biologe Stephen Jay Gould *Exaptation* nannte, die Zusammenführung von Dingen und Strukturen, die eigentlich nicht zusammengehören. *Exaptation* meint eine Art kreative Zweckentfremdung. Man kann das gut an der Erfindung des Buchdrucks veranschaulichen. Wurde vor Gutenberg noch mit Holzstöcken gedruckt, führte er Techniken zusammen, die bislang mit dem Schriftwesen nichts zu tun hatten: Den Weinbau, dem er das Prinzip der Presse entlieh, und die Metallurgie, die bewegliche Lettern herstellen konnte. Seine Heimatstadt Mainz bot hierfür beste lo-

gistische Voraussetzungen, nicht nur weil dort das Keltern eine lange Tradition hatte, sondern auch, weil an den nicht weit entfernten Flüssen Saar und Mosel die besten Metallbauer Europas arbeiteten.
Auch das bürgerschaftliche Engagement baut auf diesen Synergien der unterschiedlichen Ordnungen auf. Es führt beispielsweise hauptamtliche Fachkräfte und ehrenamtliche Amateure zusammen. Der Begriff des Amateurs hat heute wohl eine Abwertung erfahren, aber man sollte ihn wieder wörtlich nehmen: Als jemanden, der eine Sache von Herzen verfolgt. Genau diese Haltung ist es, die in unserer verfachlichten Welt oft erst die Tür zu neuen Möglichkeiten öffnet. Die Geschichte der Hospizbewegung zeigt beispielhaft, wie bürgerschaftliches Engagement die blinden Flecken, die professionelle Deformationen hinterlassen, aufspürt und damit wichtige Innovationen in Gang setzt. Als in den 1970er- und 1980er-Jahren der Glaube an die Apparatemedizin und das ärztliche Expertenwissen seinen Höhepunkt erreichte, machte die Hospizbewegung auf die blinden Stellen dieser Ideologie aufmerksam. Die Arroganz, (fast) alles kurieren zu können, übersah, dass es auch um menschliche Zuwendung gehen müsse, gerade für diejenigen, die als nicht mehr heilbar aus dem Versorgungssystem ausgeschieden wurden: die Todkranken. Die systematische Blindheit des professionellen Expertenwesens wurde durch bürgerschaftliches Engagement korrigiert und damit ein Paradigmenwechsel[7] eingeläutet, so dass heute Palliativmedizin und Hospizhilfe selbstverständlich geworden sind (Heller et al. 2013).

5. Die Kombinationen des Innovativen

Wir haben gesehen, dass sich die Innovationskraft des bürgerschaftlichen Engagements durch eine Grundspannung zwischen individuellem Eigensinn und Orientierung am Gemeinwohl entfaltet. Menschen suchen andere Menschen, um ihre Ideen zu verwirklichen. Individuen schließen sich auf freiwilliger Basis zusammen, um Ziele gemeinsam zu verfolgen, die von der Bewältigung kleiner Alltagsprobleme bis zur politisch demokratischen Steuerung von Gesellschaften reichen können. Ihre Aktivitäten verschaffen Anerkennung und das Gefühl von Selbstwirksamkeit. Sie leisten umgekehrt einen Beitrag, das Gemeinwohl und die Gemeinschaftsbindung zu stärken. Dieses Dispositiv, so haben wir in Anlehnung an Steven Johnson zu zeigen versucht, besteht bei näherer Betrachtung aus verschiedenen Elementen: offene Netzwerke und leicht zugängliche Assoziationsformen wie Vereine, in denen sich Menschen unterschiedlicher sozialer und kultureller Herkunft auf Augenhöhe

---

7 Thomas Kuhn, von dem der Begriff Paradigmenwechsel stammt, zeigt, dass das Erkennen dieser blinden Flecken und Anomalien am Rande der etablierten Erkenntnismuster zum Ausgangspunkt neuer wissenschaftlicher Revolutionen wird. So hat sich auch die medizinische Sicht auf den „Heilungsprozess" durch die Hospizbewegung und die durch sie eingeforderte Palliativmedizin massiv verändert (Kuhn 1996).

begegnen; Plattformen, die die Starrheit institutioneller Routinen und Hierarchien unterlaufen können. Freiräume der Experimentierlust, in denen vieles ausprobiert, aber auch schnell auf neue gesellschaftliche Probleme reagiert werden kann. Denk- und Handlungsräume, in denen sich Menschen weitgehend unabhängig von außen aufgezwungenem Zeitdruck den Angelegenheiten widmen, die ihnen am Herzen liegen.

Nun wollen wir noch ein Stück konkreter werden: Wo sind die Ebenen oder Stationen im Tätigkeitsablauf des bürgerschaftlichen Engagements, in denen sich diese Innovationen vollziehen?

Hier sollten wir gleich eine Warnung ernst nehmen, die uns Christian Seelos und Johanna Mair (16/2012) auf den Weg geben. Gemeinhin verstehen wir unter Innovationen vor allem neue Produkte, etwa ein neues iPhone oder einen hochauflösenden Flachbildschirm. Das ist natürlich sichtbar und handgreiflich. Neue Produkte sind aber oft Ergebnisse von Neuerungen in den Arbeitsabläufen, dem Teamwork, den Aufgabenstellungen, die außen kaum sichtbar werden. Diese Innovationen sind mindestens ebenso wichtig.

Joseph Schumpeter (1912) hat in seinen klassischen Untersuchungen zur Dynamik moderner Wirtschaftssysteme Innovationen als neuartige Kombinationen beschrieben, die auf verschiedenen Ebenen stattfinden: Auf der Ebene des Produktes; auf der Ebene des Marktes und der Zielgruppen; auf der Ebene des Produktionsprozesses und der eingesetzten Produktionsfaktoren und Ressourcen.

Man kann Schumpeters Theorie an unserem schon eingeführten Beispiel des Buchdrucks knapp veranschaulichen (Vgl. McGregor 2014, S. 286 ff.): Die revolutionär neue Kombination war dabei nicht nur der Zusammenschluss von Technologien der Wein- und Metallherstellung. Mit der Erfindung der Druckerpresse veränderten sich auch radikal die am Druck beteiligten Gewerke: Es entstand der Beruf des Setzers, der grammatische und handwerkliche Kenntnisse kombinierte, die bisher getrennt waren. Schließlich erfand Gutenberg auch eine neue Kombination des Buchverkaufs. Mit der Möglichkeit, größere Auflagen herzustellen, erschloss er neue Märkte, aber er bediente auch die besonderen Wünsche seiner Kunden. Die Gutenbergbibel konnte durch Illustratoren nach dem jeweiligen Geschmack der Käufer variiert werden. Mechanik und Handwerkskunst ergänzten sich vortrefflich.

So tiefgreifend wie Gutenbergs Erfindung, die einem ganzen Zeitalter den Namen gab (McLuhan 1962), sind die meisten Innovationen natürlich nicht. Oft berühren sie nur eine Ebene der von Schumpeter definierten Kombinationen. Aber versuchen wir, analog zu dem Verfahren, das wir bei Johnson angewandt haben, auch die Kriterien Schumpeters auf Beispiele aus dem bürgerschaftlichen Engagement zu übertragen:

- Nehmen wir die ehrenamtlich betriebenen Tafeln. Sie konnten sich deshalb so stark verbreiten, weil sie soziale und ökologische Probleme zusammendachten und zu einer neuen Lösung kombinierten: Die Verschwendung von Lebensmitteln und die wachsende Armut, die auch durch sozialstaatliche Grundsicherung nicht aufzufangen ist, weil die Lebenshaltungskosten, vor allem in den Städten, immer schneller steigen.

- Die neue Bewegung der *Commons* oder *Allmende*, die wirtschaftliches Handeln mit Gemeinwohlorientierung verbindet: Man teilt Autos und Werkzeuge, stellt ausgelesene Bücher in öffentliche Bücherschränke, betreibt Repair Cafés, um der Wegwerfmentalität entgegenzuwirken. Man kombiniert ehrenamtliche Arbeit, die den Austausch ermöglicht, mit einer nachhaltigen Nutzung von Ressourcen. Man entdeckt eine neue (oder alte) Form des Wirtschaftens, die nicht von Wachstumszwang getrieben ist, sondern auf Sparsamkeit und Achtsamkeit beruht (Jensen und Scheub 2014).
- Ehrenamtliche Familienpatenschaften erneuern die Nachbarschaftshilfe, die heute, vor allen in den Städten nicht mehr selbstverständlich ist. Sie arbeiten in engem Schulterschluss mit der professionellen Familienhilfe und ergänzen diese in der Prävention und Nachsorge – eine gelungene Kombination von Haupt- und Ehrenamt.
- Wikipedia, das als Plattform das Wissen über den gesamten Erdball verstreuter Menschen kombiniert und damit die bislang größte Enzyklopädie geschaffen hat, die es jemals gab.
- Selbsthilfegruppen, die seit den 1970er-Jahren das medizinische Fachwissen mit der Erfahrung der Betroffenen kombiniert haben und damit einer einseitigen Expertokratie die Stirn boten.

Natürlich geht auch vieles unter und vieles schief. Natürlich sind manche Innovationen des bürgerschaftlichen Engagements politisch umstritten, wie etwa das Tafelwesen. Natürlich gibt es Formen des Ehrenamtes, die vielleicht in früheren Zeiten fortschrittlich waren, aber dann gleichsam den Anschluss verpassten. Dennoch: Durch größere Freiräume, einen kreativen Umgang mit unterschiedlichen Ressourcen und Talenten überrascht das bürgerschaftliche Engagement immer wieder als gesellschaftliches Experimentallabor.

Seine fantasievolle Produktionsweise kann man an vielen Beispielen entdecken. Vor kurzem beobachtete ich fasziniert, wie fast aus dem Nichts ein selbstorganisiertes Jugendkulturzentrum entstand: Ein abbruchreifes Fabrikgebäude, ein paar befreundete Künstler, die die Wände gestalteten, einige Lehrlinge, die eine Bühne aus alten Paletten zimmerten, ein stadtbekanntes Bettengeschäft, das ausrangierte Matratzen zur Schalldämmung herschenkte. Mehr brauchte es nicht, um einen Ort zu schaffen, der sich über Facebook und What's App schnell herumsprach.

Es ist eine Produktionsweise, die der französische Ethnologe Claude Levi-Strauss (1973) als Bricolage – was wir am besten als Bastelei übersetzen – bezeichnet hat: Naheliegende Dinge, Talente und Kontakte neu zu montieren, sie in einen ungewöhnlichen Verwendungskontext zu stellen. Der Biologe Stephen Jay Gould, der den Begriff der *Exaptation* (s. o.) geprägt hat, meinte damit etwas Ähnliches. Eines seiner Lieblingsobjekte waren Sandalen, die in den armen Ökonomien Afrikas und Südamerikas aus alten Gummireifen recycelt werden. Das ist der geniale Erfindergeist, der auch im bürgerschaftlichen Engagement so häufig anzutreffen ist (Johnson 2010, S. 239).

6. Ein dritter Weg

Harald Welzer erzählte kürzlich auf einer Podiumsdiskussion[8], dass im Team der FuturZwei-Stiftung ein Euro in die Kaffeekasse gezahlt werden müsse, wenn man einen inhaltsleeren „No-Go-Begriff" wie etwa „hinterfragen" verwende. Beim Wort „Innovation" müsse man sogar zwei Euro entrichten.

Dreißig Jahre vorher hat Jürgen Habermas (1985, S. 141 ff.) von der „Erschöpfung utopischer Energien" gesprochen. „Heute sieht es so aus, als seien die utopischen Energien aufgezehrt, als hätten sie sich vom geschichtlichen Denken zurückgezogen. Der Horizont der Zukunft hat sich zusammengezogen und den Zeitgeist wie die Politik gründlich verändert. Die Zukunft ist negativ besetzt; an der Schwelle zum 21. Jahrhundert zeichnet sich das Schreckenspanorama der weltweiten Gefährdung allgemeiner Lebensinteressen ab" (Ebd., S. 143).

Gesellschaftliche Großentwürfe sind ebenso fragwürdig geworden wie ein bezugsloser Innovationsbegriff, der das Neue an sich feiert. Und doch stehen Habermas und Welzer in ihrer jeweiligen Generation für die Idee einer humanen Gestaltung der Zukunft. Was beide eint, ist die Überzeugung, dass Geschichte handlungsoffen ist und durch emanzipatorische Impulse der Zivilgesellschaft in ihrer Entwicklungsrichtung beeinflusst werden kann. Aus vielen kleinen Initiativen können große kulturelle Veränderungen erwachsen. Habermas (1985, S. 59 ff.) geht es darum, „die Zerstörung solidarischer Lebensformen aufzuhalten und neue Formen des solidarischen Zusammenlebens zu schaffen – also Lebensformen mit expressiven Ausdrucksmöglichkeiten, mit einem Spielraum für moralisch-praktische Orientierungen, also Lebensformen, die einen Kontext bieten, in dem sich die eigene Identität und die der anderen unproblematischer, unbeschädigter entwickeln kann". Harald Welzer formuliert in einer bildreichen Sprache ein ähnliches Anliegen: „Wie man Exits aus dem Tunnel finden kann, Notausgänge, aber eben auch schmale Ritzen, Löcher und Durchblicke, die sich zu Aufgängen erweitern und ausbauen lassen ... Stellen, an denen man die feste Wirklichkeit perforieren kann, die uns in der vermeintlichen Massivität des So-seins im Griff zu haben scheint" (Welzer 2013, S. 16).

---

8 UPJ-Jahrestagung 2015: Verbindungen entwickeln. Mit CSR und Sozialen Kooperationen Zukunft gestalten 19.03.2015 Berlin.

Denn so alternativlos, wie sich die Gegenwart des So-seins darstellt, ist sie nicht. Niemand zwinge einen dazu, so Welzer, sich in dieses hochmoderne Gehäuse der Hörigkeit, in diese Zwangsjacke von Wettbewerb, Zeitdruck, Markt und Wachstum zu begeben (Ebd., S. 16).

Insofern markiert die Innovationsfähigkeit des bürgerschaftlichen Engagements einen dritten Weg. Sie gedeiht heute in Baugruppen, die generationsübergreifende, gemeinschaftliche Wohnformen entwickeln, und damit Stadtquartiere und Landgemeinden als Lebens- und Beziehungsräume neu beleben; in Energiegenossenschaften, Copyleft-Bewegungen, Kartoffelkombinaten und anderen Initiativen, die dem Wachstumszwang und der Ressourcenvernichtung eine achtsame und nachhaltige Ökonomie entgegenstellen; in ehrenamtlichen Asylhelferkreisen, die sich für eine neue Willkommenskultur in Deutschland einsetzen. In Bürgerstiftungen, die Runde Tische zur Stadtgestaltung organisieren, um damit eingefahrene Denkroutinen der Kommunalpolitik aufzubrechen.

Bürgerschaftliches Engagement wird immer spontan erblühen, aber es wird unter politisch autoritären Verhältnissen schlechter gedeihen als in einer Demokratie, die dieses Engagement als inspirierende Quelle ihrer eigenen Erneuerung wertschätzt. Diese Botschaft ist seit Tocquevilles Zeiten gleich geblieben.

Literatur

Arendt, Hannah 1981: Vita activa oder vom tätigen Leben. München, S. 15 f.
Bloch, Ernst 1959: Geist der Utopie. Frankfurt/M., S. 203.
Castoriadis, Cornelius 2009: Gemeinschaften. Auf der Suche nach Sicherheit in einer bedrohlichen Welt. Zitiert nach Bauman, Zygmunt. Frankfurt/M., S. 97 f.
Ehrenberg, Alain 2004: Das erschöpfte Selbst. Depression und Gesellschaft in der Gegenwart. Frankfurt/M.
Ellis, Susan J./Campbell, Katherine H. 2005: By the People. A History of Americans as Volunteers, New Century Edition Philadelphia.
Ericson, Eric H. 1975: Dimensionen einer neuen Identität. Frankfurt/M., S. 113.
Gorz, André 1980: Abschied vom Proletariat – jenseits des Sozialismus. Frankfurt/M.
Grefe, Christiane/von Thadden, Elisabeth 2012: Wir sind nicht nett. Ein Professor geht ins echte Leben: Ein Gespräch mit dem Sozialpsychologen Harald Welzer, der jetzt Geschichten über Vorbilder sammelt. Die Zeit vom 20.01.2012.
Habermas, Jürgen Habermas 1985: Die Krise des Wohlfahrtsstaates und die Erschöpfung utopischer Energien. In: ders.: Die neue Unübersichtlichkeit. Kleine politische Schriften V. Frankfurt/M., S. 141 ff.
Habermas, Jürgen 1985 im Gespräch mit Reck, Hans Ulrich: Konservative Politik, Arbeit, Sozialismus und Utopie heute. In: ders.: Die neue Unübersichtlichkeit. Kleine politische Schriften V. Frankfurt/M., S. 59 ff.
Heller, Andreas/Pleschberger, Sabine/Fink, Michaela/Gronemeyer, Reimer 2013: Zur Geschichte der Hospizarbeit in Deutschland. Ludwigsburg.
Honneth, Axel 2012: Das Recht der Freiheit. Frankfurt/M., S. 27.

Jensen, Annette/Scheub, Ute 2014: Glücksökonomie. Wer teilt, hat mehr vom Leben. München.
Johnson, Steven 2010: Where good Ideas come from. London 2010, auf Deutsch erschienen: Wo gute Ideen herkommen. Eine kurze Geschichte der Innovation. Bad Vilbel 2013.
Kuhn, Thomas 1996: Die Struktur wissenschaftlicher Revolutionen. Frankfurt/M.
Levi-Strauss, Claude 1973: Das Wilde Denken. Frankfurt/M.
Marquardt, Odo 1982: Schwierigkeiten mit der Geschichtsphilosophie: Aufsätze. Frankfurt/M.
McGregor, Neil 2014: Germany. Memoires of a Nation, London 2014, Kapitel 16: In the beginning was the printer, S. 286 ff.
McLuhan, Marshall 1962: The Gutenberg Galaxy. Toronto.
Nathaus, Klaus 2009: Organisierte Geselligkeit. Deutsche und britische Vereine im 19. und 20. Jahrhundert. Göttingen.
Packer, George 2013: The Unwinding (deutsch: Die Abwicklung) Thirty Years of American Decline. New York.
Reckwitz, Andreas 2012: Die Erfindung der Kreativität. Zum Prozess gesellschaftlicher Ästhetisierung. Frankfurt/M., S. 345.
Rosa, Hartmut 2005: Beschleunigung – Die Veränderung der Zeitstrukturen in der Moderne. Frankfurt/M.
Schumpeter, Joseph 1912: Theorie der wirtschaftlichen Entwicklung. Berlin.
Seelos, Christian/Mair, Johanna 2012: Nonprofits. Innovation is not the Holy Grail. It is time to move from innovation as an ideology to innovation as a process. Stanford Sozial Innovation Review. 16/2012.
Sloterdijk, Peter 2012: Du musst dein Leben ändern. Frankfurt/M.
de Tocqueville, Alexis 1987: Über die Demokratie in Amerika, erster Teil. Zürich (ursprünglich 1835), S. 279 ff.
Welzer, Harald 2014: Zukunftspolitik. In: Welzer, Harald/Giesecke, Dana/Tremel, Luise (Hrsg.): FuturZwei Zukunftsalmanach 2015/16. Geschichten vom guten Umgang mit der Welt. Frankfurt/M., S. 17.
Welzer, Harald 2013: Selbst Denken. Eine Anleitung zum Widerstand. Frankfurt/M., S. 16.

Rupert Graf Strachwitz

Engagementstrategien der Bundesregierung

1. Einführung

„Das Reich der Freiheit beginnt in der Tat erst da, wo das Arbeiten, das durch Not und äußere Zweckmäßigkeit bestimmt ist, aufhört" (Marx 1894, S. 355). Nach diesem Diktum ist freiwilliges Engagement nicht nur definitionsgemäß selbstermächtigt und weithin auch selbstorganisiert, sondern dann ein Wesensbestandteil von Freiheit, wenn es nicht instrumentalisiert wird, auch nicht, um etwa Ziele des Allgemeinwohls zu verwirklichen. Engagement ist zwar, wie das Engagement für die Freiheit in repressiven staatlichen Ordnungen immer wieder unter Beweis stellt (Vgl. Neubert 2008, S. 42 ff. et passim), nicht notwendigerweise auf eine offene Gesellschaft beschränkt, ist aber doch, und zwar gerade als Ausdruck von Individualismus, ein wesentlicher Bestandteil derselben (Popper [1945] 1992, S. 120 f.). Es entzieht sich prinzipiell der Regulierung und Beaufsichtigung, ja sogar der Erfassung. Sich zu engagieren, ist ein Bürgerrecht, und wenn es im Grundgesetz im Katalog der Grundrechte nicht genannt ist, dann deshalb, weil es, jedenfalls auf den ersten Blick, nicht das Verhältnis zwischen Bürger und Staat berührt, sondern zu den Vorverfasstheiten gehört, die der Entstehung eines auf dem Willen der Bürger und Bürgerinnen gegründeten Staatswesens vorausgehen (Strachwitz 2007, S. 294). Woher also nimmt sich die Bundesregierung das Recht, Engagementstrategien zu formulieren?

Eine Antwort findet sich in der „Nationalen Engagementstrategie der Bundesregierung", die 2010 vom Bundeskabinett beschlossen wurde: „Die Bundesregierung will [...] die Innovationsfähigkeit des bürgerschaftlichen Engagements stärken und Möglichkeiten für die Entwicklung zukunftsweisender Lösungen durch und im Engagement fördern"[1]. Engagement sollte, so lässt sich dies interpretieren, in eine bestimmte Richtung gelenkt oder zumindest durch die klassischen Anreize auf Ziele hingeführt werden, die denen am Herzen zu liegen schienen, die die Strategie formulierten.

2016 war man vorsichtiger geworden. Nicht nur war aus der „Nationalen Engagementstrategie der Bundesregierung" die „Engagementstrategie des Bundesministeriums für Familie, Senioren, Frauen und Jugend"[2] geworden, die nicht zum

---
1 http://docplayer.org/115066-Nationale-engagementstrategie-der-bundesregierung.html (07.06.2016).
2 http://www.bmfsfj.de/RedaktionBMFSFJ/Freiwilligendienste/Pdf-Anlagen/engagement-strategie,property=pdf,bereich=bmfsfj,sprache=de,rwb=true.pdf (07.06.2016). Andere Ministerien haben keine vergleichbaren Strategiepapiere veröffentlicht.

Gegenstand eines Kabinettsbeschlusses gemacht wurde. Das Ministerium reklamierte zwar, indem es sich „schwerpunktmäßig auch als Engagementministerium" bezeichnete[3], die Federführung für dieses Politikfeld, betonte aber zugleich: „Bürgerschaftliches Engagement [leistet] einen ganz eigenen, im besten Sinne des Wortes eigensinnigen und ganz wesentlichen Beitrag zur Bewältigung gesellschaftspolitischer Herausforderungen"[4]. Auf die Einbindung aller denkbaren anderen Ressorts wurde verzichtet, dafür aber die Zivilgesellschaft selbst als Trägerin des ganz überwiegenden Teils des Engagements – neben einigen Expertinnen und Experten aus der Wissenschaft – in die Erarbeitung der Strategie einbezogen.

Die Unterschiede in Herangehensweise und Formulierungen lassen es lohnend erscheinen, die beiden Strategien einem Vergleich zu unterziehen. Dies soll im Folgenden geschehen. Anschließend soll der Abschnitt der neueren Engagementstrategie, der versucht, bürgerschaftliches Engagement zu definieren, genauer betrachtet werden. Zuletzt soll zu der Frage Stellung bezogen werden, welche Folgen die neue Strategie gezeitigt hat und gefragt werden, ob das Konzept der Beschränkung auf ein Ministerium aufgeht.

2. Die Nationale Engagementstrategie 2010

Das Bundesnetzwerk Bürgerschaftliches Engagement (BBE) begründete 2009, gestützt auf die Koalitionsvereinbarung der neu gewählten Bundesregierung[5], ein Nationales Forum für Engagement und Partizipation und stellte diesem die Aufgabe, substanzielle Vorarbeiten für die erstmalige Erstellung einer Nationalen Engagementstrategie zu leisten. 450 Experten und Expertinnen aus Zivilgesellschaft, Politik, Wirtschaft und Wissenschaft erarbeiteten in 16 Einzelforen umfangreiche Texte, die in vier Bänden veröffentlicht wurden (BBE 2009/2010). Die vom Bundesministerium für Familie, Senioren, Frauen und Jugend (BMFSFJ) federführend erstellte und 2010 verabschiedete Nationale Engagementstrategie nahm hiervon jedoch kaum Kenntnis. Der 70 Seiten umfassende Text formuliert insgesamt neun engagementpolitische Ziele und listet sodann alle Maßnahmen und Wünsche von Bundesministerien und anderen Bundesbehörden auf, die einem der Ziele zugeordnet werden können. Beispielsweise ist das erste Ziel wie folgt formuliert: „Zusammenhalt unserer Gesellschaft: Engagement als Motor für Integration und Teilhabe" (Nationale Engagementstrategie 2010, S. 6 und 11). Darunter sind so unterschiedliche Maßnahmen gruppiert wie „Frauen aktiv und engagiert in der Kommunalpolitik" (Ebd., S. 12) (BMFSFJ), „Helfergewinnung des THW" (Ebd., S. 12 f.) (Bundesministerium des Innern, BMI), „Kinderschutz" (Ebd., S. 14) (BMFSFJ),

---
3 Ebd., S. 3.
4 Ebd., S. 4.
5 https://www.bmi.bund.de/SharedDocs/Downloads/DE/Ministerium/koalitionsvertrag.pdf?__blob=publicationFile (07.06.2016), S. 80.

"Gesellschaftliche Beteiligung und Engagement in Zeiten des Web 2.0" (Ebd., S. 15 f.) (BMFSFJ) und „Förderung des Familiensports" (Ebd., S. 19) (BMFSFJ). Unter dem Ziel „Engagierten helfen: Rechtliche Rahmenbedingungen verbessern" (Ebd., S. 57) sind beispielsweise subsummiert: „Deutscher Qualifikationsrahmen" (Ebd., S. 58) (Bundesministerium für Bildung und Forschung, BMBF) und „Anerkennungskultur im Sport" (Ebd., S. 59) (BMI).

Ein besonderer Abschnitt ist der „Förderung der Zusammenarbeit von Staat, Wirtschaft und Stiftungen für mehr Engagement und Innovation" gewidmet (Ebd., S. 60). „Das Engagement von kleinen und mittelständischen Unternehmen für ihre Beschäftigten" (Ebd., S. 64), eine Maßnahme des Bundesministeriums für Arbeit und Soziales (BMAS), findet sich dort ebenso wie „Kooperationen im Bereich Katastrophenschutz ausbauen" (BMI) (Ebd., S. 64). Die Aufzählung ließe sich fortsetzen. Die Beispiele genügen, um zu zeigen, dass der Text kaum einen strategischen Ansatz enthält, sondern eher versucht, der Öffentlichkeit zu zeigen, was alles auf diesem Gebiet geschieht. Allenfalls lässt sich der Versuch der Instrumentalisierung des Engagements für die Mithilfe bei der Erfüllung von staatlichen Aufgaben als gemeinsamer roter Faden herausfiltern.

Dieses Vorgehen bei der Erarbeitung der Strategie hatte den Vorteil, tatsächlich einen großen Teil der staatlichen Maßnahmen zu erfassen, die eine engagementpolitische Komponente besitzen. Dass diese in sehr unterschiedlichen Politikfeldern zu entdecken ist, ist unstrittig. Daraus allerdings eine nationale Strategie abzuleiten, erscheint mutig, wenn lediglich bereits bestehende Maßnahmen und Programme abgefragt und katalogisiert werden. Es verwundert nicht, dass beispielsweise das Landesnetzwerk Bürgerschaftliches Engagement Bayern kommentierte: „Engagementpolitik ist bislang politisch schwach. Sie wird eher gebeutelt. Sie müßte freilich aktiv gestalten" (Röbke und Leitzmann) Das Bündnis für Gemeinnützigkeit, Netzwerk von Dachverbänden der Zvilgesellschaft, verwies auf den Koalitionsvertrag der Bundesregierung von 2009, in dem diese Strategie vereinbart worden war und in dem es hieß:

> „Wir wollen eine Nationale Engagementstrategie u. a. zusammen mit dem Nationalen Forum für Engagement und Partizipation umsetzen, ein Gesetz zur Förderung des bürgerschaftlichen Engagements verfolgen, das alle geeigneten Rahmenbedingungen für eine nachhaltige Infrastruktur und Stabilisierung von Engagement und Partizipation berücksichtigt, und zur Bündelung, Abstimmung und Weiterentwicklung von Förderprogrammen ein geeignetes bundeseinheitliches Förderinstrument aufstellen ... Ehrenamtlich Engagierte sollen von Bürokratie und Haftungsrisiken entlastet werden."[6]

---

6 Ebd.

Das Bündnis kommentierte: „Diese konkreten Absichtserklärungen [...] setzt die Nationale Engagementstrategie [...] nicht um"[7].

Insgesamt gesehen, enthält der Text zahlreiche wohlfeile Ankündigungen in Formulierungen, die später möglichst keinen Anlass geben, konkretes Handeln einzufordern. Eine stringente Strategie, die die vielen Maßnahmen und Ansätze als Querschnittaufgabe bündelt, sucht man vergebens, sieht man von dem Versuch ab, Engagement für eine nachgeordnete Mithilfe bei der Erfüllung von Staatsaufgaben zu instrumentalisieren.

Überdies richtete sich das Augenmerk des federführenden Ministeriums in dieser Zeit vor allem darauf, dass zum 1. Juli 2011 – parallel mit der Aussetzung der Wehrpflicht – auch der Zivildienst entfiel und damit das Bundesamt für Zivildienst als (einzige) nachgeordnete Behörde des BMFSFJ von der Auflösung bedroht war. Die Gründung eines neuen Bundesfreiwilligendienstes und die Umwidmung des Bundesamtes für Zivildienst zum Bundesamt für Familie und zivilgesellschaftliche Aufgaben mit der Hauptaufgabe, diesen neuen Freiwilligendienst zu administrieren, traten als neue Schwerpunktaufgaben hervor.

3. Die Engagementstrategie des BMFSFJ 2016

Die im Januar 2016 erarbeitete Engagementstrategie des BMFSFJ hat eine ganz andere Entstehungsgeschichte und fällt wesentlich knapper aus. Auf eine Fortschreibung des Maßnahmenkatalogs wurde verzichtet; von einem einmaligen Lippenbekenntnis[8] abgesehen, wurde auf das Vorgängerdokument nicht Bezug genommen. Vielmehr wurde versucht, die „Neuausrichtung der Engagementpolitik"[9] auf 26 Seiten argumentativ zu untermauern. Um dies zu erreichen, waren rund 30 Experten und Expertinnen aus Wissenschaft und Praxis eingeladen, sich in einem moderierten Prozess an der Erarbeitung zu beteiligen. Die Arbeit stand insofern unter einem besonderen Stern, als sich gerade in dieser Zeit, zwischen Juni 2015 und Januar 2016, durch die Welle der geflüchteten Menschen der politische und mediale Blick auf das Engagement grundlegend wandelte. Bereits 2014 war im Rahmen des vom BMBF geförderten und auch vom BMI unterstützten Projekts „Professionelle Integration von freiwilligen Helfern in Krisenmanagement und Katastrophenschutz" (INKA) festgestellt worden:

> „Ungeachtet tiefgreifender gesellschaftlicher Veränderungen haben Bürgerinnen und Bürger den starken Wunsch und die Bereitschaft, sich bei einer Notlage zu engagieren. Das bürgerschaftliche Engagement im Katastrophenschutz unterliegt insofern einem

---

7 http://www.buendnis-gemeinnuetzigkeit.org/_pdf/Nationale_Engagementstrategie_Stellungnahme_10122010.pdf (07.06.2016).
8 a.a.O., S. 3.
9 Ebd.

Wandel, als sich eine große Zahl von Freiwilligen, die nicht Mitglied in einer BOS[10] sind, anlassbezogenen, spontan und zeitlich begrenzt im Krisenfall an Hilfeleistungen beteiligen möchte."[11]

Die noch hinsichtlich der Hochwasserkatastrophe von 2012 zu Recht konstatierte Ambivalenz, „Die Schlussfolgerung, dass Bürgerbeteiligung im Katastrophenfall nicht möglich ist, steht im drastischen Gegensatz zu der Annahme, dass aktive Bürgerbeteiligung einen durchweg positiven Einfluss auf politische Entscheidungen und deren Akzeptanz in der Bevölkerung hat" (Conring und Hübner 2015), war von der Realität überrollt worden. Ohne Engagement war die Krise nicht zu meistern. Schon deswegen war eine strategische Neuausrichtung unabdingbar.

Zugleich wurde aber auch deutlich, dass eine Auflistung von Maßnahmen dem Ziel einer Strategie nicht entsprach, andererseits aber umständliche Abstimmungsprozesse mit allen beteiligten Ressorts notwendig machen würde. Schließlich war aber auch deutlich geworden, dass eine staatliche Engagementpolitik, die das Attribut „strategisch" verdient, nicht aus einer Vielzahl von Projekten bestehen kann, sondern sich auf zwei Aufgaben konzentrieren muss, für die der demokratische Staat tatsächlich legitimiert erscheint: auf die Setzung von gesetzlichen Rahmenbedingungen und auf die Bereitstellung von Infrastruktur in Fällen, in denen die Zivilgesellschaft damit überfordert ist. Darüber hinaus wurde als politische Aufgabe besonderer Art die Integration der zahlreichen geflüchteten Menschen gesehen.

Nach zwei einleitenden Abschnitten zur Strategie der Partnerschaft und zum Engagement in Deutschland konzentriert sich der Text auf nur zwei große Bereiche, die handlungsleitenden Prinzipien und die zentralen Handlungsfelder. Sechs Handlungsfelder werden thematisiert:
1. die Förderung von Engagementinfrastruktur,
2. die Stärkung der Anerkennungskultur,
3. die Verstetigung und Weiterentwicklung der Freiwilligendienste,
4. die Strukturierung der Engagementforschung,
5. die Sicherstellung wirkungsorientierter Engagementförderung,
6. die Stärkung der öffentlichen Wahrnehmung.
Unter diesen Feldern nimmt die Förderung der Engagementinfratstruktur den größten Raum ein. In den anderen Feldern wird zum Teil auf bereits bestehendes oder sich in Arbeit befindendes zurückgegriffen; an anderen Stellen wird versucht, die aktuelle Herausforderung durch die geflüchteten Menschen und die massiven Veränderungen des tatsächlichen Engagements auf einen Nenner zu bringen und zugleich von der positiv gewendeten und verstärkten öffentlichen Wahrnehmung

---

10 BOS = Behörden und Organisationen mit Sicherheitsaufgaben.
11 Konzept zur Weiterentwicklung der professionellen Integration von Ehrenamtlichen und Freiwilligen in Krisenmanagement und Katastrophenschutz, Überarbeitete Version nach dem 6. INKA-Workshop am 17. September 2014: http://www.inka-sicherheitsforschung.de/fileadmin/Daten/pdf-Downloads/INKA_Integriertes_Konzept.pdf (08.06.2016), S. 1.

der Zivilgesellschaft als leistungsstarke und unabhängige Arena der Gesellschaft zu profitieren.

4. Die Definition von Engagement

Im Kapitel II. der Engagementstrategie 2016 findet sich eine Beschreibung des gemeinsamen Verständnisses von bürgerschaftlichem Engagement. Für den Text ist dieser Abschnitt nicht nur wegen der getroffenen Aussagen bedeutsam, sondern auch deswegen, weil er von den Expertinnen und Experten formuliert und mit wenigen Ausnahmen vom Ministerium übernommen wurde. Der dem Ministerium zur Verfügung gestellte Entwurf lautete wie folgt:

> Bürgerschaftliches Engagement bezeichnet die freiwillige, nicht auf materielle Gegenleistungen ausgerichtete und meist kollektive Tätigkeit von Menschen für das jeweils subjektiv definierte allgemeine Wohl. Der Begriff umfaßt auch den klassischen Begriff Ehrenamt, ergänzt diesen aber durch eine in einem allgemeinen Sinn politische Komponente und steht insofern in enger Verbindung zum Begriff des Bürgers/der Bürgerin *(citoyen/citoyenne)* im Sinne eines allgemeinen Weltbürgertums.
>
> Bürgerschaftliches Engagement bildet ein originäres Menschen- und Bürgerrecht, das traditionell vor allem in organisierter Form, bspw. in Vereinen und Stiftungen, ausgeübt wird, immer häufiger aber auch spontan und außerhalb traditioneller Strukturen. Überwiegend findet es im lokalen Umfeld statt; zunehmend präsentiert es sich aber auch als Ausdruck einer Weltgesellschaft. Eine Verbindung zu eigenen Interessen (bspw. als Eltern, Nachbarn usw.) wertet dieses Engagement nicht grundsätzlich ab.
>
> Bürgerschaftliches Engagement ist eine wesentliche Komponente der Zivilgesellschaft, findet sich aber auch im Staat und in der Wirtschaft. Es bildet die Voraussetzung für die Entwicklung einer Bürgergesellschaft, d. h. einer Gesellschaft, die unmittelbar von den Bürgerinnen und Bürgern her lebt und von diesen gestaltet wird. In einer zunehmend diversifizierten Gesellschaft gilt dies in besonderem Maße. Es hat wesentlich den Charakter des Geschenks, das freiwillig in Form von Empathie, Wissen, Kreativität, Reputation, Zeit und materiellen Ressourcen angeboten wird.
>
> Bürgerschaftliches Engagement besitzt einen Eigensinn und bedarf oder unterliegt grundsätzlich keiner Regelung oder Steuerung. Es artikuliert sich in Form von Themenanwaltschaft *(advocacy)*, Dienstleistungen, organisierter Selbsthilfe, in Mittler- oder Wächterfunktionen, in der Gemeinschaftsbildung und in der Mitgestaltung der *res publica* im Sinne der deliberativen Demokratie. Es entwickelt sich insoweit unabhängig vom staatlich verfaßten Gemeinwesen, kann dessen Handeln aber auch in Frage stellen oder gemeinsam mit diesem Ziele des allgemeinen Wohls verfolgen. In der Regel wird es im öffentlichen Raum, unter besonderen Umständen aber auch im verborgenen verwirklicht.
>
> Bürgerschaftliches Engagement ist heute eine Gelingensbedingung für die Bewältigung gesellschaftlicher Herausforderungen. („Ohne bürgerschaftliches Engagement keine Bürgerrechtsbewegung, keine Frauenbewegung, keine Umweltbewegung, kein

Mauerfall!") In der aktuellen Flüchtlingshilfe wird dies besonders augenfällig. Einen ermutigenden Freiraum dafür zu schaffen, zu befördern und zu bewahren, ist deshalb eine primäre Aufgabe aller gesellschaftlichen Akteure.

Bei der Einarbeitung der Vorlage in das Strategiepapier nahm das Ministerium an fünf Stellen Änderungen vor. Dass in Abs. 2 aus der ‚Weltgesellschaft' (im Sinne von Niklas Luhmann) eine „globalisierte Gesellschaft" und in Abs. 4 aus der ‚Gelingensbedingung' eine „wesentliche Gelingensbedingung" wurde, mag als Geschmacksache gelten. Interessanter ist, daß in Abs. 4 nach dem Hinweis, daß Engagement keiner Regelung oder Steuerung bedürfe, der Zusatz eingefügt wurde, es „benötigt aber gute Rahmenbedingungen". Gestrichen wurden bezeichnenderweise in Abs. 3 zwei nicht unwesentliche Sätze. Aus der ‚Gesellschaft, die unmittelbar von den Bürgerinnen und Bürgern her lebt und von diesen gestaltet wird', wurde die „Gesellschaft, in der Bürgerinnen und Bürger die Gesellschaft mitgestalten". Ganz gestrichen wurde der Verweis auf den Charakter des Geschenks in sechs verschiedenen Ausformungen (Abs. 3). Schließlich wurde ganz am Schluss die primäre Aufgabe aller gesellschaftlichen Akteure als die „der Engagementpolitik des Engagementministeriums" umformuliert[12].

Unstreitig war es legitim, dass das Ministerium in seinem Text die Anpassungen vornahm, die es für angebracht hielt. Es kann also nur darum gehen festzustellen, an welchen Stellen sich die Auffassungen von dem, was bürgerschaftliches Engagement wirklich ist, inhaltlich unterscheiden. Es überrascht nicht, dass die Vorstellung von einer Gesellschaft, die unmittelbar von den Bürgerinnen und Bürgern her lebt, der staatlichen Verwaltung fremd bleibt. Was wirklich verwundert, ist, dass trotz aller Beteuerungen, sich von allen Bürgerpflichtideen verabschiedet zu haben, der prinzipielle Geschenkcharakter des Engagements ebenso wenig dargestellt werden sollte wie die Palette der Möglichkeiten, dieses Geschenk an die Gesellschaft zu erbringen.

Der Hinweis auf die Notwendigkeit guter Rahmenbedingungen ist nicht nur in dieser Formulierung theoretisch zweifelhaft, sondern steht auch im Widerspruch zu dem ausdrücklichen Verweis auf die Rolle des Engagements beim Fall der Mauer im darauffolgenden Absatz. Dass schließlich nur das Engagementministerium die Aufgabe haben sollte, den Freiraum für Engagement zu befördern, ist wohl eher dem Duktus des Textes als tatsächlichen Überzeugungen geschuldet. Zusammenfassend ist jedoch festzuhalten, dass – ungeachtet einer unbedingt positiv zu bewertenden partnerschaftlichen Zusammenarbeit bei der Erstellung der neuen Strategie – Unterschiede in der Bewertung von Engagement verbleiben, die sich bei genauerer Betrachtung herausschälen lassen. Letztlich bleibt die Vorstellung, dass Bürgerinnen und Bürger in der Gesellschaft die Prinzipale sind, die ihr Engagement kraft eigenen Rechts ausüben, während Politik und Verwaltung ihre Agenten

---

12 Ebd., S. 6f.

darstellen, denen fremd, die sich im Sinne Hegels dem alles überwölbenden Staat zugehörig fühlen.

5. Fazit und Ausblick

Letztendlich muss der partizipative Anteil der Erarbeitung der Engagementstrategie 2016 als durchaus erfolgreicher Lernprozess im Austausch zwischen der Verwaltung einerseits und der Zivilgesellschaft und den Expertinnen und Experten andererseits beurteilt werden, nicht dagegen aber als Durchsetzung einer der Zivilgesellschaft entsprechenden Strategie oder Schaffung der Voraussetzungen für deren Umsetzung. Diese Umsetzung, so wurde schnell deutlich, läuft nach anderen, von Politik und Verwaltung bestimmten Mechanismen ab. Die Frage, ob Engagement überhaupt dazu da ist, Regierungshandeln zu unterstützen, ob nicht vielmehr ihr Wert eher in ihrem demokratietheoretischem Beitrag liegt oder gar im Sinne des Marxschen Freiheitsbegriffs ebenso wie liberaler Vorstellungen in der Selbstverwirklichung des Einzelnen, wird nicht einmal gestellt, geschweige denn diskutiert. Ebenso wenig wird darüber nachgedacht, welche grundlegenden Optionen sich einem Engagementministerium in der Anlage und Umsetzung einer Strategie eröffnen.

Dies zeigte sich deutlich, als die an der Erarbeitung des Strategiepapiers Beteiligten, während dieser Zeit als Arbeitskreis bezeichnet, als Resonanzkreis nach vier Monaten erneut zusammengerufen wurden, um dann im Protokoll[13] Dialogforum genannt zu werden. Die Verbindlichkeit wurde deutlich abgeschwächt; zugleich musste seitens des Ministeriums zugegeben werden, dass wesentliche Bausteine der Strategie, insbesondere die Gründung der Engagementstiftung (Handlungsfelder 1 und 5), politisch nicht zu verwirklichen sind. Andererseits wurde die Planung für einen Engagementkongress vorgestellt, die nicht auf einem gemeinsam gefassten Beschluss aufbaute und von dem zu befürchten ist, dass er einer Verschiebung der Handlungsprioritäten Vorschub leistet und eher dazu geeignet ist, im Handlungsfeld 6 die Wahrnehmung auf die Politik anstatt auf das Engagement selbst zu lenken.

Das bereits im Januar 2016 besonders herausgestrichene und politisch groß herausgestellte Patenschaftsprogramm hat in vier Monaten – ausweislich des Protokolls – zu 2.596 Patenschaften geführt. Angesichts von über einer Million integrationsbedürftiger Menschen kann es wohl allenfalls eine Signalwirkung entfalten. Im Übrigen ist viel von Wirkungsanalysen und Impact die Rede. Die Ausdrücke können durchaus den Blick auf die konkrete Performance der Strategie vernebeln. Jedenfalls wurde deutlich, dass es schwerfällt, jedem der Handlungsfelder tatsäch-

---

13 Ergebnisdokumentation: Dialogforum am 31. Mai 2016 zur Umsetzung der BMFSFJ-Engagementstrategie.

lich neue und strategisch auf einander bezogene Maßnahmen zuzuordnen. Dagegen geschieht vieles in der Zivilgesellschaft und unter Bürgerinnen und Bürgern, ohne dass es dazu ministerieller Strategien bedarf. Es zeigte sich beispielsweise beim Hochwasser am Inn im Mai 2016, dass spontanes Helfen zur Selbstverständlichkeit geworden ist sowohl bei den Menschen, die sich spontan zur Hilfe melden, als auch bei den Gemeinden, Feuerwehren, Hilfsorganisationen und anderen Beteiligten, die darauf zurückgreifen[14].

Inzwischen zeigt sich aber andererseits, dass zumindest auf der Ebene des Bundes ein Mehr an koordinierter Strategie möglicherweise doch zweckmäßig wäre. So arbeitet das BMAS an einer eigenen Ehrenamtsdefinition, die dort wegen der Verknüpfung mit dem Mindestlohngesetz dringend benötigt wird. Gerade in der vergangenen Zeit ist deutlich geworden, dass es große Schwierigkeiten gibt, Ehrenamt zu definieren (Vgl. Sandberg 2015; Sandberg und Strachwitz 2015). Ein Ehrenamtskongress, der sich der Definitionsproblematik nicht stellt und nicht andere interessierte Behörden ebenso in die Debatte einbindet wie die Akteure der Zivilgesellschaft und die darauf spezialisierten Wissenschaftlerinnen und Wissenschaftler, kann kaum für sich in Anspruch nehmen, strategisch zu handeln.

Auch das BMI, das eine Verantwortlichkeit in der Integration der geflüchteten Menschen zurückgewinnen will, arbeitet an eigenen Strategien hierfür und will die Zivilgesellschaft in die Maßnahmen, bisher allerdings nicht in die Planungen einbeziehen. Vielleicht ist es sogar beruhigend, dass der „neue Zugriff des Staates auf das bürgerschaftliche Engagement und die Zivilgesellschaft" (Jakob 2015, S. 101) wenig koordiniert verläuft. Zwar würde man sich wünschen, dass der Dialog zum bürgerschaftlichen Engagement nicht nur unter der Überschrift von Bundeszuständigkeit und -finanzierung und nicht nur mit den traditionellen Gesprächspartnern in den Verbänden geführt wird. Aber solange dies so ist, entwickelt sich neues Engagement wohl besser so wie schon immer – selbstermächtigt und selbstorganisiert.

Literatur

Bundesnetzwerk Bürgerschaftliches Engagement (Hrsg.): Nationales Forum für Engagement und Partizipation, Bd. 1: Zwischenbericht des Nationalen Forums, Berlin 2009; Bd. 2: Auf dem Weg zu einer nationalen Engagementstrategie – Perspektiven und Positionen, Berlin 2009; Bd. 3: Engagement ermöglichen – Strukturen gestalten, Berlin 2010; Bd. 4: Engagementpolitik in Dialog, Berlin 2010.
Conring, Gaelike/Hübner, Christine 2015: Bürgerbeteiligung in der Hochwasserbewältigung – Chancen und Leitlinien für Bürgerbeteiligung im Hochwasserschutz – Erfahrungen aus dem Sommerhochwasser 2013 an der Elbe und ihren Nebenflüssen. Berlin.

---

14 http://www.abendzeitung-muenchen.de/inhalt.hochwasser-in-niederbayern-buergermeister-simbach-braucht-keine-weiteren-helfer-mehr.fa2f2492-5da6-4d7d-929c-11 fea0823bab.html (04.06.2016).

Jakob, Gisela 2015: Engagement für den „Leviathan" – die Freiwilligendienste. In: Embacher, Serge/Lang, Susanne (Hrsg.): Recht auf Engagement, Plädoyers für die Bürgergesellschaft. Bonn, S. 101.

Marx, Karl 1894: Das Kapital, Bd. III/2, S. 355.

Nationale Engagementstrategie 2010, S. 6 und 11.

Neubert, Ehrhart 2008: Unsere Revolution, Die Geschichte der Jahre 1989/90. München, S. 42 ff. et passim.

Popper, Karl 1992: Die offene Gesellschaft und ihre Feinde [1945]. Bd. 1. Tübingen, S. 120 f.

Röbke, Thomas/Leitzmann, Claudia: Für die Fortführung der Bauarbeiten: Nationale Engagementstrategie der Bundesregierung als erster Schritt einer Engagementpolitik, Online: http://www.lbe.bayern.de/imperia/md/content/stmas/lbe/pdf/kommentar_engagementstrategie-1.pdf (07.06.2016).

Sandberg, Berit 2015: Führungskräfte in Stiftungen zwischen Ehrenamt und Spitzengehalt. Essen.

Sandberg, Berit/Strachwitz, Rupert Graf 2015: Was ist Ehrenamt? Ein Problemaufriß anhand einer empirischen Studie. In: ZStV 6/2015, S. 210-214.

Strachwitz, Rupert Graf 2007: Bürger, Zivilgesellschaft, Staat. Der gesellschaftliche Diskurs im Licht des Grundgesetzes. In: Sprengel, Rainer (Hrsg.): Philanthropie und Zivilgesellschaft. Frankfurt/M., S. 294.

Stefan Diefenbach-Trommer

Warum Gemeinnützigkeit politisch ist und es keinen „politischen Verein" braucht[1]

Fachgespräch der hessischen Landtagsfraktion von Bündnis 90/Die Grünen

1. Vorbemerkung

In den vergangenen sechs Monaten ist es der Allianz „Rechtssicherheit für politische Willensbildung", einem Zusammenschluss von mehr als 60 Vereinen und Stiftungen, gelungen, ihr Anliegen in Gesprächen mit allen Bundestagsfraktionen sowie mit Regierungsvertreter_innen zu platzieren: Dass Organisationen ihre Gemeinnützigkeit riskieren, wenn sie sich für ihr Anliegen auch mit politischen Mitteln einsetzen, und dass durch dieses Risiko die demokratische Debatte beschädigt wird. Für die Gesprächspartner_innen in der Politik war das Thema oft neu und brachte ihnen ein besseres Verständnis der Zivilgesellschaft und zivilgesellschaftlicher Organisationen. Eine Politikerin dankte am Ende des Gesprächs für die Fortbildung.

„Thema platziert" heißt noch nicht „Problem gelöst". Das Spektrum der Antworten reicht von „Wer politisch aktiv sein möchte, der wird in der bestehenden Parteienlandschaft sicher fündig", bis zum Eindruck, dass zivilgesellschaftliche Organisationen – neben den Medien – eine weitere Säule der Demokratie sind. Während die Allianz als Zusammenschluss zivilgesellschaftlicher Organisationen zunächst auf schnelle Lösungen durch eine Ergänzung der Abgabenordnung dringt, schauen Politiker_innen oft mit einer parteipolitischen Brille auf das Problem und arbeiten sich an Unterschieden zu Parteien ab. Zwar erkennen die meisten, dass politisches Engagement auch außerhalb von Parteien stattfindet, dennoch wollen viele die Regeln für Parteien dann auch auf gemeinnützige Organisationen anwenden, obwohl sich diese Organisationen nicht um Mandate bewerben und so keinen direkten Einfluss auf politische Entscheidungen erlangen können und wollen.

Die hessische Landtagsfraktion von Bündnis 90/Die Grünen hat sich in einem öffentlichen Fachgespräch am 30. November 2015 der Debatte angenommen. Unter den zahlreichen Zuhörer_innen waren auch Vertreter_innen des hessischen Finanzministeriums und anderer Parteien, etwa ein CDU-Landtagsabgeordneter.

---

1 Der Beitrag wurde veröffentlicht im BBE-Newsletter 1/2016.

Die hessischen Grünen haben ein besonderes Problembewusstsein, da sie dort an der Regierung beteiligt sind und sich das Finanzamt Frankfurt mit einer sehr rigiden Auslegung des Gemeinnützigkeitsrechts hervortut. Das Frankfurter Finanzamt hat dem globalisierungskritischen Netzwerk Attac die Gemeinnützigkeit aberkannt und lässt den Verein mittlerweile seit Monaten auf eine Entscheidung im Einspruchsverfahren warten.[2] Das Frankfurter Finanzamt hat ebenso dem Verein Dona Carmen die Gemeinnützigkeit entzogen. Beide Entscheidungen werden von Fachleuten für abstrus gehalten.

Die Grünen wollen gern „Attac helfen", wie die Frankfurter Rundschau ihren Bericht über das Fachgespräch betitelte, andererseits fürchten sie, dass sich eigennützige Lobbyinteressen in gemeinnützigen Organisationen tarnen und so steuerbegünstigt Einfluss auf politische Entscheidungen nehmen oder gar direkt Parteien unterstützen. Diese Sorge gründet auf der Flick-Affäre der 80er-Jahre, die sich tief in die DNA der Parteien eingebrannt hat, und auf die tägliche Erfahrung von Abgeordneten, die mit Lobbyist_innen konfrontiert sind und nicht immer wissen, wer wirklich Absender einer Forderung oder einer Studie ist.

Die Sorge ist nicht völlig unbegründet, doch setzt das geltende Recht bereits eindeutig Grenzen: Gemeinnützig ist, wer selbstlos die Allgemeinheit fördert – wer seinen eigenen wirtschaftlichen Vorteil fördert oder den seines Arbeitgebers, kann nicht gemeinnützig sein. Geregelt ist zudem, dass Gemeinnützige keine Parteien unterstützen dürfen (§ 55, Abs. 1, Ziff. 2 der Abgabenordnung) und Parteien deren Unterstützung nicht annehmen dürfen (§ 25, Abs. 2, Ziff. 2 des Parteiengesetzes). Ebenso schließt die Abgabenordnung in § 51, Absatz 3, in Verbindung mit § 4 Abs. 1 des Verfassungsschutzgesetzes, aus, dass Organisationen gemeinnützig sein können, die gegen den Gedanken der Völkerverständigung oder gegen die freiheitlich-demokratische Grundordnung arbeiten.

Die Regeln sind klar, diskutiert werden kann sicher darüber, wie kontrolliert werden kann, ob sie eingehalten werden. Ganz offensichtlich gibt es als gemeinnützig anerkannte Organisationen, die eher wirtschaftlichen Interessen dienen. Aber der Missbrauch eines Rechts darf keine Legitimation sein, die Rechtsgrundlage zu ändern.

Doch Lisa Paus, steuerpolitische Sprecherin der grünen Bundestagsfraktion, forderte im Fachgespräch in Wiesbaden mehr: Sie will wissen, wer hinter gemeinnützigen Organisationen steckt. Gemeinnützige Organisationen müssten daher transparent sein. Als Vergleichsmaßstab ziehen Politiker_innen dafür oft die Regeln für Parteien heran, die ab einer Spende von 10.000 Euro den Namen der Spender_innen veröffentlichen müssen.

---

2 Der Einspruch wurde mittlerweile im Januar 2016 zurückgewiesen. Attac klagt nun gegen das Finanzamt.

2. Die Transparenzdebatte

Tatsächlich wird in der Debatte um Transparenz häufig alles Mögliche munter vermischt: Transparenz gegenüber Mitgliedern, Spender_innen und Geldgeber_innen mit Transparenz gegenüber der Öffentlichkeit. Transparenz über Einkünfte mit Transparenz über Ausgaben. Transparenz über Mitglieder mit Transparenz über Zwecke und Ziele. Tatsächlich berichten die meisten gemeinnützigen Organisationen über ihre Einnahmen, über ihre Ausgaben und über ihre Strukturen, veröffentlichen ihre Satzungen und oft auch Steuerbescheide. Verpflichtend ist davon wenig. Die Satzungen von Vereinen sind zwar über die Vereinsregister einsehbar, doch nicht, ob der Verein gemeinnützig ist oder nicht. Es gibt kein Gemeinnützigkeitsregister. Dieser Status ist ein Steuergeheimnis.

Dr. Jürgen Marten, stellvertretender Vorsitzender von Transparency International, mahnte beim Fachgespräch gegenüber der Politik einen weiteren Aspekt von Transparenz an, nämlich für das Verfahren zur Anerkennung der Gemeinnützigkeit. Was und wie Finanzämter dazu entscheiden, sei derzeit nicht nachvollziehbar. Den Transparenzforderungen an Gemeinnützige schloss er sich an. Die Gemeinnützigkeit sei ein Privileg, das von der Gesellschaft finanziert werde, darum könne die Gesellschaft auch Transparenz verlangen.

Um nicht alle gemeinnützigen Organisationen mit Transparenzanforderungen zu belasten, denkt Lisa Paus laut darüber nach, einen neuen steuerbegünstigten Typ – neben gemeinnützigen, mildtätigen und kirchlichen Zwecken – einzuführen, nämlich politische Zwecke. Für diesen Zwitter zwischen Parteien und Gemeinnützigen sollten die Vorteile eines gemeinnützigen Vereins gelten, aber ähnliche Transparenzpflichten wie für Parteien.

Dieser Gedanke führt auf einen falschen Weg, denn damit würde der gemeinnützige Sektor entpolitisiert. Warum sollten Vereine – wie Greenpeace, Attac, Pro Asyl oder Amnesty International – entscheiden müssen, ob sie gemeinnützig oder politisch sein wollen? Gemeinnützig zu handeln ist politisch. Am deutlichsten wird dies gerade in der Flüchtlingshilfe. Wer sich für Zuflucht suchende Menschen engagiert, tut dies oft auch aus politischen Motiven, stellt damit politisches Versagen bloß und stellt häufig Forderungen an die Politik; und sei es nur die Forderung nach beheizten Zelten.

Wer für Umweltschutz, Flüchtlingshilfe oder Gleichberechtigung von Mann und Frau gemeinnützig tätig ist, sollte diese Zwecke mit allen legalen Mitteln verfolgen dürfen – eben auch mit Einflussnahme auf die politische Willensbildung. Würde das Konstrukt eines politischen Vereins geschaffen, bestünde die Gefahr, dass gemeinnützigen Organisationen ihr gesellschaftliches Engagement über konkrete Hilfe hinaus noch schwerer gemacht würde.

Ein neuer steuerbegünstigter Status wäre politisch vielleicht leichter durchzusetzen, doch nur deshalb, weil die eigentlichen Probleme ignoriert werden. Es braucht die Debatte darüber, wie zivilgesellschaftliche Organisationen zu einer besseren Welt und zu besseren politischen Entscheidungen beitragen und welchen Rahmen sie dafür brauchen. Und es müssten dennoch viele Details diskutiert und geregelt werden, etwa welche Ausgaben wohin gehören: zu Öffentlichkeitsarbeit, zu Forschung, zu politischer Beeinflussung?

Zudem würde ein neuer steuerbegünstigter Status die genannten Bedenken nicht ausräumen. Mit großem Interesse lauschten Lisa Paus und die einladende Landtagsabgeordnete Sigrid Erfurth beim Fachgespräch dem Bericht von Tim Maciejewski vom Institut Stiftungs- und Non-Profit-Recht der Bucerius Law School Hamburg über das US-amerikanische Non-Profit-Recht. Dort dürfen Organisationen einer bestimmten Gemeinnützigkeitskategorie nur einen gewissen prozentualen Anteil ihrer Tätigkeit politischer Beeinflussung widmen, ansonsten müssen sie einer anderen Kategorie zugeordnet werden. Nach der Logik der Idee „politischer Verein" müssten Organisationen mit mehr Ausgaben für politische Beeinflussung den Status wechseln.

Scheint zu passen. Hoffentlich haben die Grünen und ihre Kolleg_innen anderer Fraktionen auch gut zugehört, als Tim Maciejewski beschrieb, wie in den USA diese Grenze umgangen wird: Die entsprechenden Organisationen gründen Unterorganisationen, die die Advocacy-Arbeit übernehmen. Übertragen auf Deutschland würde dann etwa ein Umweltverband eine Umwelt-Politik-gGmbH gründen. Die Beschränkungen und Transparenzpflichten würden dann nur für die gGmbH gelten, nicht für den Mutterverein. Zudem könnten entsprechende Organisationen einfach auf die Gemeinnützigkeit verzichten, um die Regeln zu umgehen, so wie von Unternehmen gegründete Initiativen das bereits heute tun. Das Deutsche Atomforum etwa, ein Lobbyverband der Atomindustrie, hat auf seine Gemeinnützigkeit nicht mehr beharrt, arbeitet aber weiter.

3. Der passende Vorschlag heißt Lobbyregister

Wer ernsthaft Transparenz für alle Akteure möchte, die auf die Politik Einfluss nehmen, sollte den Fokus weit über gemeinnützige Organisationen hinaus weiten. Der passende Vorschlag heißt Lobbyregister. In ein solches Register müssten sich alle Akteure eintragen, die in einem bestimmten Maß Zeit oder Geld in politische Beeinflussung stecken. Sie müssten ihre Auftraggeber und Finanziers offenlegen. Das würde sicher auch einige gemeinnützige Organisationen treffen, aber auch viele Berufsverbände und Lobbyagenturen.

Michael Ernst-Pörksen

Steuerrechtliche Regelungen zur politischen Intervention durch gemeinnützige Körperschaften[1]

Gegenwärtiger Stand und mögliche Reformansätze

Das Finanzamt Frankfurt/M. III hat dem Attac Trägerverein e. V. die für frühere Jahre zuerkannte Gemeinnützigkeit für die Jahre ab 2012 insbesondere mit der Begründung aberkannt, der Verein habe in seiner tatsächlichen Geschäftsführung „auch allgemeinpolitische Ziele" verfolgt. Unabhängig davon, ob das Finanzamt mit dieser Feststellung richtig liegt und ob das nun die Angelegenheit verhandelnde Finanzgericht die Aberkennung der Gemeinnützigkeit bestätigen wird, stellt sich die Frage, inwieweit die Verfolgung „allgemeinpolitischer Ziele" im Widerspruch steht zum Steuerstatus „Gemeinnützigkeit". Die nachfolgenden Ausführungen reflektieren den Rechts- und Diskussionsstand vom Juni 2016.

„Gemeinnützigkeit" als steuerrechtliche Kategorie

Das Gemeinnützigkeitsrecht definiert gemeinnützige Zwecke (§ 52 Abgabenordnung/AO) und formuliert zusätzlich die Bedingungen, unter denen Körperschaften steuerlich begünstigt werden, soweit sie solche Zwecke verfolgen (§ 55 bis § 68 AO). Das Spendenrecht (§ 10b Einkommensteuergesetz/EStG) regelt die Steuerabzugsfähigkeit von Ausgaben für steuerbegünstigte Zwecke (zu den steuerbegünstigten Zwecken zählen neben den gemeinnützigen Zwecken auch mildtätige (§ 53 AO) und kirchliche Zwecke (§ 54 AO)).

Der den Regelungen der Abgabenordnung zum Thema „Steuerbegünstigte Zwecke" gleichsam vor die Klammer gezogene § 51 AO (Titel: „Allgemeines") formuliert die allgemeinen Anforderungen der Steuerbegünstigung:
* die im Zusammenhang mit der Verfolgung steuerbegünstigter Zwecke gewährte Steuerbegünstigung kann nur Körperschaften des Körperschaftsteuergesetzes zugute kommen (hierzu zählen auch der nicht rechtsfähige Verein und die nicht rechtsfähige Stiftung)
* die Steuerbegünstigung soll ‚dem deutschen Steuerzahler' dienen (‚struktureller Inlandsbezug'), entweder indem die steuerbegünstigte Körperschaft im Inland tätig ist oder indem ihr Tätigwerden im Ausland geeignet ist, dem Ansehen Deutschlands in der Welt dienen zu können

---
1 Der Beitrag wurde veröffentlicht im BBE-Newsletter 14/2016.

- die Steuerbegünstigung ist Körperschaften vorbehalten, die nach Satzung und tatsächlichem Handeln „keine Bestrebungen im Sinne des § 4 des Verfassungsschutzgesetzes" fördern und dem „Gedanken der Völkerverständigung" nicht zuwider handeln; und: „bei Körperschaften, die im Verfassungsschutzbericht des Bundes oder eines Landes als extremistische Organisation aufgeführt sind, ist widerlegbar davon auszugehen", dass diese Körperschaften die genannten Bedingungen nicht erfüllen.

Gegenstand des Gemeinnützigkeitsrechts ist also nicht die Festlegung von Bedingungen, unter denen es Personen oder Personenvereinigungen generell erlaubt und nicht verboten ist, in den politischen Willensbildungs- und Entscheidungsprozess einzugreifen. Gegenstand des Gemeinnützigkeitsrechts ist allein die steuerliche Begünstigung von Körperschaften und deren Unterstützer. Insoweit ist das Gemeinnützigkeitsrecht allein Steuerrecht. Hierauf hinzuweisen ist deshalb von Bedeutung, weil die Dehnung des Gemeinnützigkeitsbegriffs über das rein Steuerrechtliche hinaus die Debatte über die Handlungsmöglichkeiten gemeinnütziger Körperschaften mit der für diese Debatte ausschließlich in steuerrechtlicher Hinsicht zuständigen Finanzverwaltung erschwert.

Gemeinnützige Zwecke

Gemäß § 52 AO verfolgt eine Körperschaft gemeinnützige Zwecke, „wenn ihre Tätigkeit darauf gerichtet ist, die Allgemeinheit auf materiellem, geistigem oder sittlichem Gebiet selbstlos zu fördern". Wer oder was „die Allgemeinheit" ist, lässt sich dem Gesetz nicht entnehmen. § 52 grenzt allein negativ ab: „Eine Förderung der Allgemeinheit ist nicht gegeben, wenn der Kreis der Personen, dem die Förderung zugute kommt, fest abgeschlossen ist, zum Beispiel Zugehörigkeit zu einer Familie oder zur Belegschaft eines Unternehmens, oder infolge seiner Abgrenzung, insbesondere nach räumlichen oder beruflichen Merkmalen, dauernd nur klein sein kann."

§ 52 (2) AO definiert allerdings positiv nominell, was als Förderung der Allgemeinheit „anzuerkennen" ist, und zwar durch eine Liste von Aktionsfeldern, die mit der in 2007 erfolgten Gesetzesänderung abgeschlossen wurde. Bis zu diesem Zeitpunkt galt die Liste als beispielhafte Aufzählung.

Die Liste selbst ist immer wieder Gegenstand grundsätzlicher Kritik („überkommen", „unsystematisch"; „den Anforderungen einer modernen Bürgergesellschaft nicht angemessen" etc.). Dabei wird regelmäßig Bezug genommen auf die Nummer 23 der Liste und das dort befindliche Sammelsurium von Einzelthemen (Tierzucht, Amateurfunken, Modellflug, Hundesport etc.). Genaueres Hinsehen zeigt allerdings, dass die Liste im Einklang mit mehr oder weniger allen vergleichbaren Gemeinnützigkeitsrechtssystemen im internationalen Vergleich steht und die wesentlichen Handlungsfelder der Organisationen des Dritten Sektors beschreibt.

So sind laut § 52 (2) AO „als Förderung der Allgemeinheit anzuerkennen:
1. die Förderung von Wissenschaft und Forschung;
2. die Förderung der Religion;
3. die Förderung des öffentlichen Gesundheitswesens und der öffentlichen Gesundheitspflege, insbesondere die Verhütung und Bekämpfung von übertragbaren Krankheiten, auch durch Krankenhäuser im Sinne des § 67, und von Tierseuchen;
4. die Förderung der Jugend- und Altenhilfe;
5. die Förderung von Kunst und Kultur;
6. die Förderung des Denkmalschutzes und der Denkmalpflege;
7. die Förderung der Erziehung, Volks- und Berufsbildung einschließlich der Studentenhilfe;
8. die Förderung des Naturschutzes und der Landschaftspflege im Sinne des Bundesnaturschutzgesetzes und der Naturschutzgesetze der Länder, des Umweltschutzes, des Küstenschutzes und des Hochwasserschutzes;
9. die Förderung des Wohlfahrtswesens, insbesondere der Zwecke der amtlich anerkannten Verbände der freien Wohlfahrtspflege (§ 23 der Umsatzsteuer-Durchführungsverordnung), ihrer Unterverbände und ihrer angeschlossenen Einrichtungen und Anstalten;
10. die Förderung der Hilfe für politisch, rassisch oder religiös Verfolgte, für Flüchtlinge, Vertriebene, Aussiedler, Spätaussiedler, Kriegsopfer, Kriegshinterbliebene, Kriegsbeschädigte und Kriegsgefangene, Zivilbeschädigte und Behinderte sowie Hilfe für Opfer von Straftaten; Förderung des Andenkens an Verfolgte, Kriegs- und Katastrophenopfer; Förderung des Suchdienstes für Vermisste;
11. die Förderung der Rettung aus Lebensgefahr;
12. die Förderung des Feuer-, Arbeits-, Katastrophen- und Zivilschutzes sowie der Unfallverhütung;
13. die Förderung internationaler Gesinnung, der Toleranz auf allen Gebieten der Kultur und des Völkerverständigungsgedankens;
14. die Förderung des Tierschutzes;
15. die Förderung der Entwicklungszusammenarbeit;
16. die Förderung von Verbraucherberatung und Verbraucherschutz;
17. die Förderung der Fürsorge für Strafgefangene und ehemalige Strafgefangene;
18. die Förderung der Gleichberechtigung von Frauen und Männern;
19. die Förderung des Schutzes von Ehe und Familie;
20. die Förderung der Kriminalprävention;
21. die Förderung des Sports (Schach gilt als Sport);
22. die Förderung der Heimatpflege und Heimatkunde;
23. die Förderung der Tierzucht, der Pflanzenzucht, der Kleingärtnerei, des traditionellen Brauchtums einschließlich des Karnevals, der Fastnacht und des Fa-

schings, der Soldaten- und Reservistenbetreuung, des Amateurfunkens, des Modellflugs und des Hundesports;
24. die allgemeine Förderung des demokratischen Staatswesens im Geltungsbereich dieses Gesetzes; hierzu gehören nicht Bestrebungen, die nur bestimmte Einzelinteressen staatsbürgerlicher Art verfolgen oder die auf den kommunalpolitischen Bereich beschränkt sind;
25. die Förderung des bürgerschaftlichen Engagements zugunsten gemeinnütziger, mildtätiger und kirchlicher Zwecke."

Die Kritik an der Liste springt regelmäßig kurz, weil sie der Auflistung keinen anderen, systematischen Ansatz gegenüberstellt, und führt folgerichtig im Regelfall lediglich dazu, dass auf das Fehlen von Zwecken hingewiesen wird, um die die Liste zu erweitern wäre (Förderung der Menschenrechte, Förderung einer gerechteren Einkommensverteilung etc.).

Die Förderung allgemeinpolitischer Zwecke zählt nach gegenwärtiger Gesetzeslage nicht zu den steuerbegünstigten Zwecken. Das Bundesfinanzministerium führt im Anwendungserlass zur Abgabenordnung (AEAO) hierzu Folgendes aus:

„Politische Zwecke (Beeinflussung der politischen Meinungsbildung, Förderung politischer Parteien u. dgl.) zählen grundsätzlich nicht zu den gemeinnützigen Zwecken i. S. d. § 52 AO."

Die Formulierungen des Anwendungserlasses zum Thema „Politische Zwecke" geben weitgehend den Stand der Rechtsprechung des Bundesfinanzhofes (BFH) wieder. In seinem Urteil vom 29.08.1984 (I R 203/81) argumentiert der BFH grundsätzlich, indem er darauf hinweist, dass im demokratischen Staat „grundsätzlich alle gesellschaftlichen Bereiche der Gestaltung und Einflussnahme durch die Politik (im weitesten Sinne) offen" stehe. Der gemeinnützigkeitsrechtliche Ausschluss jeglicher politischer Stellungnahme hätte daher zur Folge, dass „gemeinnützige Tätigkeiten fast gänzlich ausgeschlossen wären".

Allerdings sieht der BFH die Grenzen politischer Stellungnahme durch die in der jeweiligen Satzung formulierten Zwecke gesetzt. So bestätigte er in seinem Urteil vom 09.02.2011 (I R 19/10) die Aberkennung der Gemeinnützigkeit eines Vereins, der laut Satzung die internationale Gesinnung und die Toleranz auf allen Gebieten der Kultur und den Völkerverständigungsgedanken förderte. Dieser hatte auf seiner Website unter anderem Forderungen wie „Weg mit Agenda 2010 und Hartz IV", „Kein Abbau von Sozialleistungen", „Für die Einführung eines gesetzlichen Mindestlohns" platziert. Dies sah das Gericht als nicht im Einklang mit der Satzung stehend an.

Vom Grundsatz her bereits dem eher Allgemeinpolitischen zugeordnet ist die in der Liste des § 52 (2) AO aufgeführte „allgemeine Förderung des demokratischen Staatswesens im Geltungsbereich dieses Gesetzes". Der Anwendungserlass zur Abgabenordnung formuliert hierzu Folgendes:

"Eine steuerbegünstigte allgemeine Förderung des demokratischen Staatswesens ist nur dann gegeben, wenn sich die Körperschaft umfassend mit den demokratischen Grundprinzipien befasst und diese objektiv und neutral würdigt. Ist hingegen Zweck der Körperschaft die politische Bildung, der es auf der Grundlage der Normen und Vorstellungen einer rechtsstaatlichen Demokratie um die Schaffung und Förderung politischer Wahrnehmungsfähigkeit und politischen Verantwortungsbewusstseins geht, liegt Volksbildung vor. Diese muss nicht nur in theoretischer Unterweisung bestehen, sie kann auch durch den Aufruf zu konkreter Handlung ergänzt werden. Keine politische Bildung ist demgegenüber die einseitige Agitation, die unkritische Indoktrination oder die parteipolitisch motivierte Einflussnahme (BFH-Urteil vom 23.9.1999, XI R 63/98, BStBl 2000 II S. 200)."

Die „Förderung des bürgerschaftlichen Engagements", 2007 nach intensiver Debatte als Nummer 25 in die Liste der gemeinnützigen Zwecke eingefügt und im Hinblick auf die Teilnahme gemeinnütziger Körperschaften an der politischen Willensbildung im weiteren Kontext ebenfalls von öffnender Natur, wird in seiner Demokratie und Teilhabe fördernden Bedeutung durch das Bundesfinanzministerium politisch eingefangen:

„Unter dem Begriff „bürgerschaftliches Engagement" versteht man eine freiwillige, nicht auf das Erzielen eines persönlichen materiellen Gewinns gerichtete, auf die Förderung der Allgemeinheit hin orientierte, kooperative Tätigkeit. Die Anerkennung der Förderung des bürgerschaftlichen Engagements zugunsten gemeinnütziger, mildtätiger und kirchlicher Zwecke dient der Hervorhebung der Bedeutung, die ehrenamtlicher Einsatz für unsere Gesellschaft hat. Eine Erweiterung der gemeinnützigen Zwecke ist damit nicht verbunden."

Ein eigenständiger gemeinnütziger Zweck soll also nach Auffassung des Bundesfinanzministeriums durch die Gesetzesänderung nicht entstanden sein. Dabei war die Einfügung des neuen, zusätzlichen Zwecks Bestandteil des Kompromisses, der auf der anderen Seite zur Abschließung der bis zu dieser Änderung offenen Zweckliste geführt hatte. Wegen der erlassmäßigen Einhegung des bürgerschaftlichen Engagements wird Körperschaften, die das bürgerschaftliche Engagement fördern wollen, die Steuerbegünstigung nur gewährt, wenn sie ihre Satzung auf mindestens einen der anderen 24 Zwecke ausrichten. Die Förderung des bürgerschaftlichen Engagements kann dann nur im Hinblick auf den/die in der Satzung genannten Zweck(e) geschehen.

Politische Kampagnen und Gemeinnützigkeitsrecht

Die Aberkennung der Gemeinnützigkeit für den Attac Trägerverein hat die Debatte über die Beschränkungen gemeinnütziger Körperschaften hinsichtlich der Stellungnahmen und Kampagnen zu (allgemein)politischen Themen neu entfacht. Der steuerrechtliche Teil dieser Debatte wird mit Blick auf die gesetzliche Ausformulierung des Gemeinnützigkeitsrechts durch

- die Abgabenordnung,
- die Handhabung der gesetzlichen Vorschriften durch die Finanzverwaltung, dargelegt im AEAO,
- und die Rechtsprechung, insbesondere die des BFH,

geführt.

Gesetz und Verwaltungsauffassung

Die Steuerbegünstigung wird Körperschaften nur gewährt, wenn sie ihre steuerbegünstigten Zwecke (siehe oben) ausschließlich verfolgt. Ausschließlichkeit liegt gemäß § 56 AO vor, „wenn eine Körperschaft nur ihre steuerbegünstigten satzungsmäßigen Zwecke verfolgt".

Zu den gemeinnützigen Zwecken zählen nach AEAO (Abschnitt 15 zu § 52 AO) nicht „politische Zwecke (Beeinflussung der politischen Meinungsbildung, Förderung politischer Parteien u. dgl.)". Zu der aus Sicht der Finanzverwaltung dennoch gemeinnützigkeitsunschädlichen „gewisse(n) Beeinflussung der politischen Meinungsbildung" führt der zitierte Abschnitt weiter aus: „Eine politische Tätigkeit ist danach unschädlich für die Gemeinnützigkeit, wenn eine gemeinnützige Tätigkeit nach den Verhältnissen im Einzelfall zwangsläufig mit einer politischen Zielsetzung verbunden ist und die unmittelbare Einwirkung auf die politischen Parteien und die staatliche Willensbildung gegenüber der Förderung des gemeinnützigen Zwecks weit in den Hintergrund tritt. Eine Körperschaft fördert deshalb auch dann ausschließlich ihren steuerbegünstigten Zweck, wenn sie gelegentlich zu tagespolitischen Themen im Rahmen ihres Satzungszwecks Stellung nimmt. Entscheidend ist, dass die Tagespolitik nicht Mittelpunkt der Tätigkeit der Körperschaft ist oder wird, sondern der Vermittlung der steuerbegünstigten Ziele der Körperschaft dient (BFH-Urteil vom 23.11.1988, I R 11/88, BStBl 1989 II S. 391). Dagegen ist die Gemeinnützigkeit zu versagen, wenn ein politischer Zweck als alleiniger oder überwiegender Zweck in der Satzung einer Körperschaft festgelegt ist oder die Körperschaft tatsächlich ausschließlich oder überwiegend einen politischen Zweck verfolgt." (ebd.).

Die Ausführungen des Anwendungserlasses werden zu Recht als grenzziehende Einschränkung politischer Betätigung gemeinnütziger Körperschaften angesehen. Allerdings lohnt es sich, in ihnen auch die bejahenden Aspekte einer solchen Betätigung zu sehen. Danach ist die politische Betätigung dann nicht gemeinnützigkeitsschädlich, wenn die gemeinnützige Tätigkeit selbst („zwangsläufig") mit politischer Willensbildung verbunden ist. Da die einzelnen gemeinnützigen Zwecke jeweils gesellschaftspolitisch gebunden sind (Jugendhilfe, Umweltschutz, Wohlfahrtspflege etc.) und ihrerseits selbst Gegenstand staatlicher Politik sind, ist es den sie fördernden Körperschaften unter Wahrung ihres steuerbegünstigten Status möglich, im jeweiligen Handlungsfeld politisch zu agieren. Gefordert ist allerdings jeweils der Nachweis, dass die politische Intervention „nach den Verhältnissen im Einzelfall" mit der Förderung des in der Satzung formulierten gemeinnützigen Zwecks verknüpft ist.

Rechtsprechung

Wie weit dies im Einzelfall gehen kann, zeigt nicht zuletzt die Rechtsprechung des BFH:

- BFH-Urteil vom 29.08.1984 (I R 203/81)
  Gegenstand des Verfahrens war ein gemeinnütziger Verein, der sich laut Satzung „vorrangig (…) für eine kritische, öffentliche, umfassende sowie verantwortungsbewusste Information und Diskussion über Vor- und Nachteile, Bedarf, Alternativen und Risiken der Kernenergie" einsetzt. Das Finanzamt erkannte die Gemeinnützigkeit des Vereins nicht an, da dieser „bei der Verfolgung seines Satzungszwecks nach politischem Einfluss auf die staatliche Willensbildung in der Energiepolitik" strebe.
  Der BFH bestätigt die Steuerbegünstigung und stellt zunächst allgemein fest: „In der Bundesrepublik Deutschland (…) stehen – wie in jedem modernen, demokratischen Staat – grundsätzlich alle gesellschaftlichen Bereiche der Gestaltung und Einflussnahme durch die Politik (im weitesten Sinne) offen." Die Auffassung des Finanzamts, der Verein sei mit seiner umweltpolitischen Ausrichtung als „politischer Verein" anzusehen, der nicht als gemeinnütziger Verein anzuerkennen sei, da eine politische Zielsetzung nicht zugleich als gemeinnützig gewertet werden könne, hält der BFH für falsch. Diese Auffassung „hätte wegen des weiten Bereiches der Politik (…) zur Folge, dass (…) gemeinnützige Tätigkeiten fast gänzlich ausgeschlossen wären. Das kann nach dem Gemeinnützigkeitsrecht, wie es in den einschlägigen Gesetzen geregelt ist, nicht Rechtens sein."
- BFH-Urteil vom 23.11.1988 (I R 11/88)
  Das Urteil bestätigt die Förderung des Friedens als gemeinnützigen Zweck, da der Friedensbegriff im Begriff der Völkerverständigung enthalten sei. Es bestätigt ebenfalls die gemeinnützigkeitsrechtliche Unschädlichkeit gelegentlicher Stellungnahmen zu tagespolitischen Themen, soweit diese im Rahmen des verfolgten Satzungszwecks stehen: „Die Darstellung der Friedensproblematik anhand von tagespolitischen Themen ließ den Satzungszweck des Klägers weit wirksamer werden als eine abstrakte Behandlung des Problems."
- BFH-Urteil vom 23.09.1999 (XI R 63/98)
  In seinem Urteil bestätigt der BFH, dass der Begriff der Volksbildung auch die politische Bildung beinhaltet. „Bildung", so das Urteil, „muss nicht nur in theoretischer Weisung bestehen, sie kann auch durch den Aufruf zu konkreter Handlung ergänzt werden."

Die Rechtsprechung des BFH zeigt allerdings auch die nach Auffassung des Gerichts gegebenen Grenzen des im weiteren Sinne politischen Engagements gemeinnütziger Körperschaften:
- BFH-Urteil vom 09.02.2011 (I R 19/10)
Das Urteil bestätigt die Aberkennung der Gemeinnützigkeit eines Vereins, der laut Satzung die Völkerverständigung und die Kultur fördert, im Rahmen seines Internetauftritts aber auch Stellungnahmen zur Agenda 2010, zum Mindestlohn, zur Abschaffung der WTO und anderen politischen Themen veröffentlichte. Das Gericht begründet seine Ansicht dabei nicht mit dem politischen Charakter der Stellungnahmen, sondern damit, dass diese „nicht der Vermittlung der satzungsmäßigen Ziele" des Vereins dienten. Darüber hinaus geht der BFH auch in diesem ablehnenden Urteil davon aus, dass die politische Stellungnahme an sich der Anerkennung der Gemeinnützigkeit nicht im Wege steht, „sofern die Tagespolitik nicht Mittelpunkt der Tätigkeit der Körperschaft ist oder wird (...). Denn häufig ist die begünstigte Tätigkeit zwangsläufig mit einer gewissen politischen Zielsetzung verbunden."

Zusammengefasst ergibt sich also, dass nach aktueller Gesetzeslage in der Interpretation des Bundesfinanzministeriums die Förderung der Teilhabe an der politischen Willensbildung für sich gesehen kein gemeinnütziger Zweck ist und dass die Stellungnahme zu (tages)politischen Themen, insbesondere zur Politik von Regierung und Parteien, ohne Bezug zu den jeweiligen Satzungszwecken nicht als gemeinnützigkeitskonforme Handlungsform steuerbegünstigter Körperschaften angesehen wird. Da der in § 52 (2) AO formulierte Katalog der gemeinnützigen Zwecke aber nahezu sämtliche Bereiche der politischen Debatte abbildet und gemeinnützige Körperschaften in die politische Willensbildung eingreifen können, vorausgesetzt, sie greifen in den Teil der politischen Willensbildung ein, der die in ihrer jeweiligen Satzung formulierten Zwecke berührt, ergibt sich für gemeinnützige Körperschaften im Rahmen der dargestellten Eingrenzungen Raum für die politische Intervention.

Außerhalb ihrer Satzungszwecke soll die steuerbegünstigte Körperschaft nicht tätig werden, insbesondere nicht durch die Verwendung ihrer Mittel. Gesetzliche Grundlage für die genannten Einschränkungen sind in Verbindung mit § 52 AO (Gemeinnützige Zwecke) die Vorschriften
- des § 56 AO („Ausschließlichkeit liegt vor, wenn eine Körperschaft nur ihre steuerbegünstigten satzungsmäßigen Zwecke verfolgt."),
- des § 55 (1) Nr. 1 AO („Mittel der Körperschaft dürfen nur für die satzungsmäßigen Zwecke verwendet werden.") und
- des § 63 (1) AO („Die tatsächliche Geschäftsführung der Körperschaft muss auf die ausschließliche und unmittelbare Erfüllung der steuerbegünstigten Zwecke gerichtet sein (...).)".

Reformperspektiven

Reformbedarf und Reformziele

So klar die gesetzlichen Regelungen zur gemeinnützigkeitsrechtlichen Zulässigkeit der politischen Intervention gemeinnütziger Körperschaften auch zu sein scheinen, so unbefriedigend ist der Mangel an Verbindlichkeit in der Umsetzung dieser Regelungen durch die Finanzverwaltung. Auch die Rechtsprechung geht von einem eher einfachen Alltag der Geschäftsführungen steuerbegünstigter Körperschaften aus, wenn es darum geht, die Grenzen der zulässigen politischen Intervention auszuloten. Zwar ist das Steuerrecht, insbesondere das Gemeinnützigkeitsrecht, der falsche Ort auf der Suche nach einfachen Lösungen und Rechtssicherheit im Alltagshandeln. Dennoch ist es Aufgabe der Finanzverwaltung, die notwendigerweise nur im Grundsätzlichen gehaltenen gesetzlichen Regelungen für den Rechtsanwender in handhabbaren Ausführungsvorschriften aufzubereiten. Dies ist insbesondere im Falle des Abschnitts 15 zu § 52 AO des Anwendungserlasses zur Abgabenordnung nicht gelungen.

Gemeinnützige Körperschaften handeln in einem Umfeld, das sich seit Jahren zunehmend politisiert. Dabei ergreift die gesellschaftspolitische Diskussion wesentliche Bereiche der gemeinnützigen Zwecke des § 52 AO nahezu vollständig, sei es mit Bezug auf die dort gesondert genannten Zwecke oder – wie zum Beispiel bei der Förderung des Friedens und der Menschenrechte – mit Bezug auf einen oder mehrere der den genannten Zwecke subsumierten Themenbereich. Die Themenfelder der gesellschaftsweit geführten Diskussion sind dabei nicht nur jeweils einem der gemeinnützigen Zwecke zuzuordnen, sondern umfassen teilweise unterschiedliche Zweckkombinationen. Dies gilt für Fragen der Umstellung der Energieversorgung, die nicht nur umweltschutzrelevante Themen berühren, ebenso wie für Diskussionen über Handelsabkommen, die europäische Integration, die politischen Antworten auf den demografischen Wandel, den Umgang mit Flucht, Zuwanderung und Migration, aber auch Themen wie das politisch gewünschte stärkere Engagement der Bundesrepublik in weltpolitischen Fragestellungen bis hin zur Teilnahme an militärischen Auseinandersetzungen. All diese Themen berühren Handlungsfelder gemeinnütziger Körperschaften, sodass die konkrete gemeinnützigkeitsrechtliche Beurteilung konkreter Aktionen konkreter gemeinnütziger Körperschaften am Ende in der Regel auf die Frage der Länge des Fadens zwischen Aktionsfeld und Satzungszweck reduzierbar ist.

Offenkundig wird das Bedürfnis nach Teilhabe an der politischen Willensbildung für einen wachsenden Teil der Bevölkerung durch die Beteiligung an Wahlen und die Mitarbeit in politischen Parteien nicht hinreichend bedient. Soll dies nicht zu Rückzug und Entpolitisierung sowie Abkehr des/der Einzelnen vom politischen Entscheidungsprozess insgesamt führen, muss die Gesellschaft Orte des Engagements vorhalten, der Staat den entsprechenden Rechtsrahmen liefern. Die grundgesetzlich gesicherten Freiheiten der Bildung von Zusammenschlüssen und der freien Meinungsäußerung sind hierbei wichtige Säulen demokratischer Wirklichkeit Deutschlands. Die dem Einzelnen im Hinblick auf die Teilnahme an der politischen Willensbildung zugesicherten Freiheiten gelten allerdings auch für juristische Personen und dürfen bei den steuerbegünstigten Körperschaften nicht Halt machen: die Beteiligung gemeinnütziger Körperschaften am allgemeinen politischen Diskurs muss möglich sein, der Preis der Steuerbegünstigung darf nicht im verordneten Verzicht auf Meinungsäußerung bestehen, unabhängig vom jeweiligen Themenfeld. Die systematisch notwendigen Regelungen des Gemeinnützigkeitsrechts zur ausschließlich auf die jeweiligen satzungsmäßigen Zwecke gebundenen Mittelverwendung sind in dieser Hinsicht und in diesem Zusammenhang nicht zwangsläufig berührt.

Reformbedarf besteht aktuell zumindest in dreierlei Hinsicht:

1) Konkretisierung und Ergänzung des Katalogs gemeinnütziger Zwecke
Erstens ist der Katalog der gemeinnützigen Zwecke hinsichtlich derjenigen Zwecke zu konkretisieren, die bei gegenwärtiger Rechtslage bereits als Unterzwecke anerkannt sind. Statt die Förderung des Friedens bei der Förderung der Völkerverständigung unterzubringen, die Förderung der Menschenrechte bei einer ganzen Vielzahl von Zwecken (Flüchtlinge, Völkerverständigung, Bildung, Religion und andere mehr), sollten diese Zwecke gesondert genannt werden. Dies würde gleichermaßen Klarheit schaffen für die betroffenen Körperschaften und die für sie zuständigen Finanzämter. Die Aufnahme dieser Zwecke in den Katalog des § 52 AO wäre insoweit in inhaltlicher Hinsicht keine Erweiterung. Hinsichtlich der Aufnahme der Förderung der Menschenrechte in den Katalog des § 52 AO liegt bereits ein Gutachten des Wissenschaftlichen Dienstes des Bundestags vor.[2]

2) Einführung einer Nichtaufgriffsgrenze
Zweitens benötigt der Anwendungserlass hinsichtlich der Zulässigkeit der politischen Intervention gemeinnütziger Körperschaften eine weitgehende Überarbeitung. Dabei kommt es vor allem darauf an, zwischen politischer Stellungnahme und Mittelverbrauch zu unterscheiden. Das Recht zur Stellungnahme ist nicht einzugrenzen, hier gilt, dass auch steuerbegünstigte Körperschaften das Recht der freien Meinungsäußerung haben. Bei der Mittelverwendung für die jenseits der jeweiligen Satzungszwecke liegende politische Betätigung sollte eine Nichtaufgriffsgrenze gesetzt werden, die als Prozentsatz der insgesamt zur Verfügung stehenden Mittel und als betragsmäßige Obergrenze zu formulieren wäre. Gegebenenfalls könnte eine solche Grenze auch gesetzlich festgeschrieben werden, der geeignete Ort hier-

---

2 Wissenschaftliche Dienste des Bundestags, Erweiterung des Katalogs der gemeinnützigen Zwecke in § 52 Abgabenordnung (AO), 2016

für wäre § 55 (1) Nr. 1 AO (siehe oben). Gemeinnützige Körperschaften würden dabei strukturell ähnlich behandelt wie bereits jetzt die nicht-öffentlichen Berufsverbände. Ihnen ist es gemäß § 5 Körperschaftsteuergesetz (KStG) gestattet, bis zu 10 % ihrer Einnahmen „für die unmittelbare oder mittelbare Unterstützung oder Förderung politischer Parteien" zu verwenden. Systematisch wäre eine solche Nichtaufgriffsgrenze nicht außergewöhnlich. Eine solche Grenze existiert bereits in § 64 (3) AO für die nicht satzungsgemäßen wirtschaftlichen Geschäftsbetriebe.

3) Möglichkeit der Mittelbündelung
Drittens benötigen die gemeinnützigen Organisationen die Möglichkeit, ihre Mittel zur Durchführung politischer Kampagnen im Rahmen von Aktionsbündnissen zu bündeln, um gemeinsam tätig zu werden. Dies ist in den sonstigen Bereichen ihrer Tätigkeit durch Mittelübertrag gemäß § 58 AO möglich, unter anderem durch die dort aufgeführten Nummern 1 bis 3. Verbunden mit der unter zweitens genannten betraglichen Grenze und der Beschränkung dieser Begrenzung auf die eigenen, nicht gesondert zweckgebundenen Zuwendungen anderer steuerbegünstigter Körperschaften, wäre mit der Mittelbündelungsmöglichkeit die politische Handlungsfähigkeit gemeinnütziger Körperschaften erweitert, ohne die gemeinnützigkeitsrechtlich gebotene Eingrenzung der Mittelverwendung für jenseits der satzungsmäßigen Zwecke zum Tragen kommende politische Intervention aufzuheben.

Position der „Allianz ‚Rechtssicherheit für politische Willensbildung'"

Im zeitlichen und inhaltlichen Kontext der Aberkennung der Gemeinnützigkeit für den Attac Trägerverein wurde die „Allianz ‚Rechtssicherheit für politische Willensbildung'" gegründet, der sich inzwischen eine ganze Reihe steuerbegünstigter Körperschaften unterschiedlicher thematischer Ausrichtung angeschlossen hat. Die Allianz verfolgt langfristig das Ziel einer Modernisierung des Gemeinnützigkeitsrechts und ist kurzfristig auf eine Überwindung der Rechtsunsicherheit gerichtet, die sich für gemeinnützige Körperschaften mit der Teilnahme an der öffentlichen politischen Willensbildung ergibt.[3]

Das Anliegen der Allianz ist berechtigt. Ihr ist es zu verdanken, dass der beschriebenen Problematik inzwischen ein vergleichbar hohes Maß an öffentlicher Wahrnehmung zuteil wird. Tatsächlich ist die Debatte um Zulässigkeit und Grenzen der politischen Intervention gemeinnütziger Körperschaften nicht nur akademische Debatte. Eine Vielzahl von Organisationen ist aktuell wie in der Vergangenheit vom Verlust der Steuerbegünstigung bedroht, weil sie sich nach Auffassung des jeweils zuständigen Finanzamts außerhalb der oben genannten Grenzen des Anwendungserlasses zur Abgabenordnung bewegen bzw. bewegt haben.

---

3 Siehe: http://www.zivilgesellschaft-ist-gemeinnuetzig.de/

Allerdings vermengt die Allianz zu viele der im Themenzusammenhang gegebenen Aspekte. Bereits die Dachparole: „Zivilgesellschaft ist gemeinnützig" ergibt wenig Sinn. Sie missversteht Zivilgesellschaft als deren organisierte Teilbereiche und negiert den allein steuerrechtlichen Charakter der Gemeinnützigkeitskategorie. Statt den gegebenen politischen Charakter des Gemeinnützigkeitsrechts der Kritik zu öffnen (zu stark auf sozialstaatliche Hilfsfunktionen und zu wenig auf Teilhabe und gesellschaftliche Gestaltung ausgerichtet, um nur ein Feld der Kritik an der politischen Ausrichtung der § 52 AO anzusprechen), interpretiert sie die Gemeinnützigkeitskategorie als allgemeinpolitisches Qualitätsmerkmal: „Zivilgesellschaft" fördert nicht „die Allgemeinheit", sondern ist sie allenfalls selbst, und was „der Allgemeinheit nutzt" ist nicht per se „gemeinnützig": „Gemeinnützigkeit" ist eine Kategorie des Steuerrechts, und steuerrechtlich betrachtet ist „gemeinnützig", was gemäß §§ 51 ff. AO der in den entsprechenden Einzelsteuergesetzen jeweils formulierten Steuerbegünstigung zugänglich ist. Außerhalb des Steuerrechts ist die Gemeinnützigkeitskategorie unbestimmt.

Die Vorstellung der Allianz, der „Bundesminister der Finanzen (könne) mit einem ‚Federstrich' die Rechtssicherheit für zivilgesellschaftliche Organisationen deutlich erhöhen, indem er den Anwendungserlass zur Abgabenordnung (AEAO) von den Beschränkungen zur Beeinflussung der staatlichen Willensbildung befreit", übersieht, dass die Formulierungen des Anwendungserlasses im Wesentlichen nichts anderes als die Rechtsprechung des Bundesfinanzhofs referiert. Eine Streichung der einschränkenden Formulierungen würde die Grundsätze dieser Rechtsprechung und daher auch die Richtschnur für das Verwaltungshandeln der Finanzämter nicht berühren. Statt zu „streichen" müsste sich das Bundesfinanzministerium gemeinsam mit den Länderfinanzministerien dem Thema weitaus intensiver widmen und den Finanzämtern handhabbare Kriterien vorgeben. Dabei müssten sich Bundes- und Länderfinanzministerien der zivilgesellschaftlichen Fachdiskussion öffnen, um der Komplexität des Themas gerecht werden zu können. Dass dies möglich ist, zeigen die für politische Stellungnahmen und politische Kampagnen englischer und walisischer Charities herausgegebenen Richtlinien der „Charity Commission for England and Wales", in denen das Thema sehr umfangreich und sehr konkret abgehandelt wird[4]. Auch wenn die Festlegungen der Charity Commission keineswegs unumstritten und aus meiner Sicht als zu restriktiv anzusehen sind, so sind sie doch Beispiel dafür, dass es nützlich sein kann, die Finanzbehörden eher mehr als weniger in die inhaltliche Debatte zu ziehen und zu ausführlichen Richtlinien zu bewegen, statt „Federstriche" einzufordern. Gleiches gilt für die Ausführungen des Anwendungserlasses zur Frage, was aus Sicht der Finanzverwaltung unter der „allgemeinen Förderung des demokratischen Staatswesens" zu verstehen sein soll.

---

4 Siehe: The Charity Commission for England and Wales https://www.gov.uk/government/uploads/system/uploads/attachment_data/file/434427/CC9_LowInk.pdf

Weiterhin bestimmt die Allianz das kurzfristig zu erreichende Ziel zu eng: Wie oben beschrieben ist die politische Intervention gemeinnütziger Körperschaften in einem weiten Rahmen unbestritten möglich, geschieht alltäglich. Die konkreten Auseinandersetzungen mit den Finanzämtern sind gemessen am Umfang der politischen Intervention durch Wohlfahrts-, Umwelt-, Sport- und andere Verbände steuerbegünstigter Körperschaften eher selten und gehen in der Mehrzahl der Fälle zugunsten der steuerbegünstigten Körperschaften aus, vorausgesetzt, sie können den oben beschriebenen „langen Faden" zwischen Satzungszwecken und konkretem Handeln beschreiben. Worum es gehen müsste, ist die gemeinnützigkeitsrechtliche Gewährung politischer Intervention über den unmittelbaren Satzungszusammenhang hinaus. Hier sind Öffnungen und Begrenzungen gleichermaßen zu diskutieren.

Umsetzung der gesetzlichen Regelung zum gemeinnützigen Zweck „Förderung des bürgerschaftlichen Engagements"

Gänzlich ohne gesetzliche Änderung käme die sachgerechte Umsetzung der in 2007 vorgenommenen Erweiterung des Katalogs der gemeinnützigen Zwecke (§ 52 (2) AO) um die Nr. 25 („die Förderung des bürgerschaftlichen Engagements zugunsten gemeinnütziger, mildtätiger und kirchlicher Zwecke") aus.

Mit seiner einschränkenden Formulierung („Die Anerkennung der Förderung des bürgerschaftlichen Engagements zugunsten gemeinnütziger, mildtätiger und kirchlicher Zwecke dient der Hervorhebung der Bedeutung, die ehrenamtlicher Einsatz für unsere Gesellschaft hat. Eine Erweiterung der gemeinnützigen Zwecke ist damit nicht verbunden.") hebt der Anwendungserlass die Wirkung des nach jahrelanger Debatte in den Katalog aufgenommenen Zwecks auf und weist der Gesetzesänderung bloß redaktionelle Bedeutung zu. Dabei verkennt die Finanzverwaltung (wenn auch gedeckt durch die zum Abschluss des damaligen Gesetzgebungsverfahrens eingefügte Gesetzesbegründung) das erreichte Ziel der damaligen Gesetzesänderung: die Förderung des bürgerschaftliches Engagements sollte als selbständiger gemeinnütziger Zweck aufgenommen werden, um insbesondere die Infrastruktureinrichtungen des bürgerschaftlichen Engagements (Freiwilligeninitiativen, Koordinierungszentren, Netzwerke etc.), die sich gerade nicht einzelnen gemeinnützigen Zwecken widmen, in die Steuerbegünstigung einzubeziehen. Nach wie vor sind diese Einrichtungen, da sie sich nicht auf das Engagements zugunsten einzelner Zwecke beziehen, wegen der Blockade in der Gesetzesumsetzung durch das Bundesfinanzministerium in der Praxis gezwungen, entweder den gesamten Katalog des § 52 (2) AO in ihre Satzungszwecke einzubeziehen oder – im Rahmen einer unausgesprochenen Übereinkunft mit den Finanzbehörden – ihre Aktivitäten insgesamt als Bildungsaktivitäten zu deklarieren.

Da die Förderung des bürgerschaftliche Engagements auch die Förderung des Engagements im Hinblick auf gesellschaftspolitische Themen beinhaltet, wäre mit der Umsetzung der gesetzlichen Regelung durch das dafür zuständige Ministerium schon viel gewonnen, soweit sich die Aktionen der Körperschaften, die ihre Gemeinnützigkeit in der Förderung des bürgerschaftlichen Engagements begründen, auf das Gesamtfeld der steuerbegünstigten Zwecke beziehen. Förderstiftungen und -vereine, die das bürgerschaftliche Engagement fördern, könnten Mittel für solche Aktionen einwerben und sie für Aktionen anderer steuerbegünstigter Körperschaften, die ebenfalls das bürgerschaftliche Engagement fördern, zur Verfügung stellen. Dies war unter anderem das Ziel der Bundestagsabgeordneten, die die damalige Gesetzesänderung erfolgreich auf den Weg gebracht haben.

Die Förderung der Teilhabe an der politischen Willensbildung als neuer steuerbegünstigter Zweck

Eine weitere Möglichkeit, die Förderung im weiteren Sinne politischer Zwecke steuerlich zu begünstigen, bestand bis 1983. Gemäß § 5 (1) Nr. 7 des Körperschaftsteuergesetzes in der bis 1983 geltenden Fassung waren neben den politischen Parteien auch „politische Vereine" von der Körperschaftsteuer befreit, „deren Zweck nicht auf einen wirtschaftlichen Geschäftsbetrieb gerichtet ist." Die korrespondierende Vorschrift des Einkommensteuergesetzes (§ 10b (1) EStG, Spendenabzug) gewährte den Steuerabzug (Sonderausgaben) nicht nur für Ausgaben zur Förderung mildtätiger, kirchlicher, religiöser und wissenschaftlicher Zwecke, sondern auch für Ausgaben zur Förderung „staatspolitischer Zwecke". Allerdings waren nur Spenden und Mitgliedsbeiträge an bestimmte politische Vereine steuerlich abzugsfähig.

Im Zusammenhang mit der Parteispendenaffäre („Flick-Skandal") wurden nicht nur die Regelungen zur Parteienfinanzierung geändert, sondern auch die des Gemeinnützigkeits- und Spendenrechts. Der „politische Verein" ist auf Grund der Gesetzesänderung nicht mehr steuerbegünstigt, Spenden wie Mitgliedsbeiträge an „politische Vereine" sind steuerlich nicht mehr als Sonderausgaben abzugsfähig.

Zur Erläuterung des Begriffs des „politischen Vereins" zitiert der BFH in seinem Urteil vom 29.08.1984 (I R 203/81) zunächst eine Definition des BFH aus 1952 (I D 1/52 S; „politischer Verein ist jeder Verein, der eine Einwirkung auf politische Angelegenheiten bezweckt") und fährt dann fort: „Ein politischer Verein im engeren Sinne ist bezüglich seiner Tätigkeit nicht – anders eine Partei – an den Bereich des Bundes oder eines Landes gebunden, wird auch nicht – anders eine Partei – dauernd oder für längere Zeit an der Vertretung des Volkes im Deutschen Bundestag oder einem Landtag mitwirken wollen, verfügt in der Regel auch nicht über eine für die Aktivitäten im öffentlichen Leben erforderliche, gefestigte Organisation sowie über die nötigen finanziellen Mittel und ist schließlich nicht in den Rang einer verfassungsrechtlichen Institution erhoben (vgl. BVerfG-Beschluss vom 12. Juli 1960 2 BvR 373, 442/60, BVerfGE 11, 266 (273) unter II 1)."

Die Aufnahme von Körperschaften, deren Zweck die Förderung der Teilhabe an der politischen Willensbildung ist, in die Liste der laut Körperschaftsteuergesetz von der Körperschaftsteuer befreiten Körperschaften (also neben und zusätzlich zu den Körperschaften, die gemeinnützige, mildtätige oder kirchliche Zwecke verfolgen) könnte die Regelungen zur Zulässigkeit der politischen Intervention gemeinnütziger Körperschaften ergänzen. Steuerbegünstigter Zweck müsste die Förderung der politischen Teilhabe im Sinne der Teilnahme an der politischen Willensbildung einschließlich der Organisation politischer Aktionen wie Kampagnen, Demonstrationen, Petitionen, Bürgerbegehren etc. sein. Mitgliedsbeiträge und Spenden an solche Körperschaften könnten (ähnlich wie im Falle von Spenden und Mitgliedsbeiträgen an politische Parteien) in nur begrenztem Umfang bei der Einkommensteuer abzugsfähig gemacht werden. Die für Parteien gegebenen Transparenzvorschriften könnten sinngemäß übernommen, die Annahme von Unternehmensspenden ebenso verboten werden wie die Verwendung der Mittel zur Unterstützung politischer Parteien.

Gemeinnützigen Körperschaften könnte gestattet werden, die für die politische Intervention verwendbaren Mittel (siehe oben) auf die oben beschriebenen Körperschaften zweckgebunden zu übertragen.

Mit anderen Worten: der so verstandene „politische Verein" könnte zu einem begrenzt förderfähigen Instrument der politischen Teilhabe außerhalb der politischen Parteien gestaltet werden. In der Kooperation mit gemeinnützigen Körperschaften entstünde für den organisierten Teil der Zivilgesellschaft ein zusätzliches Instrument politischer Willensbildung und Willensäußerung.

Dem Einwand, die steuerliche Förderung des „politischen Vereins" wäre gegebenenfalls auch nicht demokratisch orientierten gesellschaftlichen Kräften zugänglich, ist erstens entgegenzuhalten, dass unmittelbar politisch agierende Vereine bereits jetzt (als nicht steuerlich geförderte Einrichtungen) in vielfältigen Formen und Ausrichtungen existieren und die fehlende steuerliche Förderung politische Bewegungen in deren Entwicklung substantiell noch nie behindert hat. Zweitens ist die offene demokratische Gesellschaft ohnehin unterschiedlichen politischen Strömungen offen zu halten, die normative Einengung des Zivilgesellschaftsbegriffs auf demokratiefördernde Bewegungen ist weder theoretisch tragfähig begründbar noch empirisch belegt.

Gewonnen wäre mit der Gewährung der steuerlichen Förderung für den politischen Verein im oben beschriebenen Sinn die zusätzliche Handlungs- und Kooperationsfähigkeit für gemeinnützige Körperschaften. Durch die Bündelung finanzieller Mittel und organisatorischer Kapazität wären gemeinnützige Körperschaften in der Lage, auf die gesellschaftliche Entwicklung jenseits ihrer jeweiligen Satzungszwecke Einfluss zu nehmen. Und darum sollte es bei einer Neuordnung der gesetzlichen Regelung zur politischen Intervention gemeinnütziger Körperschaften gehen.

Wolfgang Kaleck

Warum wir Whistleblower schützen müssen[1]

1. Vorbemerkung

Wer den Oscar-prämierten Dokumentarfilm „Citizenfour" anschaut, bekommt einen authentischen Einblick in das Geschehen der ersten Junitage 2013 in jenem Hotel in Hongkong, in dem Edward Snowden die von ihm zusammengestellten Daten der NSA (National Security Agency) an den Journalisten Glenn Greenwald und die Filmemacherin Laura Poitras weitergab.

Zu Recht stellen sich anlässlich des dritten Jahrestages viele die Frage: Was hat sich seitdem eigentlich getan?

2. Die Debatte um Edward Snowden

Einige sind erschlagen von den zugegebenermaßen komplexen Fakten über die massenhafte Überwachung durch Geheimdienste und globale Unternehmen. Ohnmächtig flüchten viele in Zynismus, Verschwörungstheorien und Politikverdrossenheit. Ähnlich wird mitunter auch die Situation des Auslösers der Enthüllungen beschrieben, Snowden müsse ja nun in Russland „schmoren". Entgegen anderslautender Gerüchte sitzt er aber nicht etwa in einem Straflager in Sibirien oder wird permanent von Putins Geheimdienstleuten belagert, damit er sein Wissen preisgibt. Vielmehr lebt Snowden unbehelligt in Moskau und beteiligt sich aktiv an der Diskussion, die er vor drei Jahren anstieß.

Es stimmt: In Deutschland ist es etwas ruhiger um ihn geworden. Das liegt daran, dass er den Medien und der ihn unterstützenden Zivilgesellschaft hierzulande bisher viel Aufmerksamkeit geschenkt hat, sich nunmehr aber auch in der spanischen, indischen und neuseeländischen Öffentlichkeit äußert – was viele Deutsche nicht wahrnehmen.

Um aber für einen Moment in Deutschland zu bleiben: In der hiesigen Debatte um Snowden geht es ja weniger um Asyl im technischen Sinne, als darum, ob er als Zeuge des NSA-Untersuchungsausschusses des Bundestages sicher einreisen, aussagen und ausreisen kann. Daraus ist bekanntlich nichts geworden, weil die

---
[1] Der Beitrag wurde veröffentlicht im BBE-Newsletter 12/2016. Eine Kurzversion erschien erstmals bei „Recht subversiv" auf Zeit online. In diesem Blog geht es um Rechte, um soziale Rechte, um Menschenrechte, um ihre fortwährende Verletzung überall in der Welt und um den Kampf von Aktivistinnen und Aktivisten um ihre Durchsetzung. http://blog.zeit.de/recht-subversiv/

Bundesregierung bereits vor der Arbeitsaufnahme des Ausschusses im Frühjahr 2014 mit zweifelhaften rechtlichen Begründungen in Aussicht stellte, dass sie einem solchen Vorgehen nicht zustimmen würde. Die Mehrheit des Untersuchungsausschusses brachte nicht die Courage auf, dem Aufklärungsinteresse des Parlamentes und der Öffentlichkeit Genüge zu leisten und der Bundesregierung zu widersprechen. Stattdessen sagte der Ausschussvorsitzende Patrick Sensburg (CDU) – von jeglicher Sachkenntnis ungetrübt – im März 2016 gegenüber der „Frankfurter Allgemeinen Zeitung", Snowden mache „was die russische Führung ihm sagt". Und der Chef des Bundesamtes für Verfassungsschutz, Hans-Georg Maaßen, schlug jüngst in die gleiche Kerbe. Im NSA-Untersuchungsausschuss sagte er, er halte es für „plausibel", dass Snowden für den russischen Geheimdienst arbeite.

So weit gehen nicht einmal US-Sicherheitsexperten. Dieser Tage äußerte der ehemalige US-Justizminister Eric Holder, dass Snowden der Nation einen „Public Service" geleistet, sprich: mit seinen Enthüllungen dem Gemeinwohl gedient habe. Auch ein ehemaliger hoher NSA-Vertreter stellte öffentlich klar, dass – wie aus den dokumentarischen Filmaufnahmen ebenfalls erkennbar – Russland oder China gerade nicht Snowdens erste Wahl als Zufluchtsort waren. Mit gegenteiligen Spekulationen wollen Maaßen, Sensburg und andere geheimdienstnahe Kreise also nur von ihren eigenen moralischen und politischen Verpflichtungen ablenken.

Es ist daher an der Zeit, dass die Mitgliedsstaaten der Europäischen Union die Resolution des Europaparlaments (EP) vom 29. Oktober 2015 umsetzen, dem Whistleblower aus Gewissensgründen den ihm gebührenden rechtlichen Schutz gewähren und ihn vor jeglicher Auslieferung schützen. Die EP-Entscheidung belegt, dass zumindest mit der parlamentarischen Versammlung des Europarates und dem Europaparlament sowie dem Europäischen Gerichtshof zentrale europäische Institutionen die Bedeutung des Problems begriffen und erste Lösungsvorschläge vorgelegt haben – im Gegensatz zu vielen nationalen Stellen (substanziell natürlich ohne große Bedeutung).

3. Der Schutz von Whistleblowern

Wie wichtig der Schutz von Whistleblowern auf allen Ebenen ist, belegen mindestens zwei Fälle in jüngster Zeit. John Crane, der für Anzeigen über Missstände im US-Verteidigungsministerium zuständige Beamte – genau die Art von Stelle also, an die sich Snowden und andere laut Auffassung einiger hätten richten müssen –, musste selbst zum Whistleblower werden, um die Missstände in seinem Ministerium aufzudecken. Und der couragierte UN-Beamte, der die massenhafte sexualisierte Gewalt durch französische UN-Truppen in der Zentralafrikanischen Republik anzeigte, wurde ebenfalls von seinem Posten gedrängt.

Der deutschen und europäischen Zivilgesellschaft kommt die Rolle zu, die auf innere und äußere Sicherheit fixierten nationalen Parlamente und Regierungen unter Druck zu setzen und mehr Transparenz zu erkämpfen. Dort, wo dies nicht möglich ist und wir auf Whistleblower angewiesen sind, müssen diese vor unverhältnismäßigen Reaktionen geschützt werden.

In Sachen Datenschutz und Geheimdienstkontrolle hat sich in den vergangenen drei Jahren einiges getan, etwa die Entscheidung des Europäischen Gerichtshofs zum Safe-Harbor-Abkommen und die Urteile von US-Gerichten, die die Überwachung der Telekommunikation durch US-Behörden einschränken.

4. Fazit und Ausblick

Wie wichtig die Geheimdienstkontrolle auch in Deutschland ist, belegen die aufgedeckte Überwachung durch NSA, GCHQ (Government Communications Headquarters) und BND (Bundesnachrichtendienst), aber auch der andauernde NSU-Skandal (Nationalsozialistischer Untergrund), in dem die Verstrickung des Verfassungsschutzes immer evidenter wird. Leider scheint aber noch nicht einmal die 2015 angekündigte Teilreform der Geheimdienstkontrolle in Deutschland derzeit umsetzbar. Es bedarf also noch vieler weiterer grundsätzlicher Diskussionen um die Zukunft der globalen Internetgesellschaft und konkreten politischen Drucks, damit die Kontrolle der Kontrolleure endlich möglich wird.

Länder und Kommunen

Henning von Vieregge

Bildung und Engagement

Jetzt sind die Hochschulen gefordert

1. Vorbemerkung

Nichts, aber auch gar nichts, spricht gegen die Forderung, dass nicht nur die Unternehmen, sondern alle Organisationen eine *Corporate Social Responsibility* (CSR)-Verpflichtung haben, also auch Hochschulen. In Hochschulprofilen ist gesellschaftliche Verantwortung verankert. Man spricht gern von der dritten Säule neben Forschung und Lehre. Das ist aber, gemessen an den realen Bemühungen, ein schiefes Bild.

Warum ist die dritte Säule nicht stärker? Fehlt es an Eigeninteresse? Der *CSR*-Ansatz schließt Eigeninteresse nicht aus. Mark Kramer und Michael Porter, beide Stanford, plädieren einflussreich für den *shared value*-Ansatz. Für Wirtschaftsunternehmen bedeutet dies, dass sie sich bei der *CSR*-Aufgabenstellung zwar aus dem Dunstkreis von PR-Nützlichkeitserwägungen füglich heraushalten, gleichzeitig aber aus ihrem spezifischen Kompetenz- und Interessensfeld heraus agieren sollten. Also nicht irgendwas angeblich Sinnvolles tun, sondern etwas, was ihnen in der langen Perspektive durchaus nützlich sein kann und nicht nur Zeit und Geld des Unternehmens abfordert, sondern auch dessen spezifische Kompetenz. Kein Verzicht auf Eigennutz, sondern Eigennutz in erweitertem Verständnis in Kombination mit Gemeinwohl. Hochschulen könnten diesem Ansatz folgen.

Welche gesellschaftlichen Fragestellungen sind vordringlich? Wie können Hochschulen unter Berücksichtigung ihrer besonderen Kompetenzen und Interessen darauf antworten?

2. Brückenschlag „Service Learning"

Bildung ist ein Produkt der Hochschule, Engagement eines der Zivilgesellschaft. Den Brückenschlag zwischen beidem kann *Service Learning* bieten. Es ist heute ein Nischenangebot der Hochschulen, obwohl der gesellschaftliche Nutzen durch die systematische Verbindung von Bildung und Engagement ebenso groß ist wie der hochschulbezogene Nutzen. Lehrende bekommen über ihre Student_innen gesellschaftliche Wirklichkeit in ihre Lehrveranstaltungen frei Haus geliefert. In den USA, woher dieses pädagogische Konzept kommt, ist der Nutzen für Lehrende, Lernende, Empfänger und deren Institutionen nachgewiesen. In Deutschland ist die Begleitforschung eher schwach ausgeprägt. Leider.

Im April 2015 haben sich 26 Hochschulen, die zuvor bereits einige Jahre in einem Netzwerk für *Service Learning* zusammen arbeiteten, zu einem Verein „Hochschulnetzwerk Bildung durch Verantwortung" zusammengeschlossen. Dieses Netzwerk fördert den Erfahrungsaustausch und bemüht sich, Einsteigerhochschulen zu unterstützen und eine Lobbyfunktion für *Service Learning* wahrzunehmen. An diesen und einigen weiteren Hochschulen können sich Studierende in gemeinwohlbezogenen Projekten während eines Semesters erproben und gleichzeitig ihre dabei erworbenen Erfahrungen in begleitenden Lehrveranstaltungen einbringen und damit überprüfen. Das ist *Service Learning*, Lernen durch Engagement. Übrigens gibt es auch Schulen mit diesem Konzept. Aktuell gibt es einen Akzent auf MINT-Fächer[1]. Mit Unterstützung der Siemens- und Freudenberg-Stiftung.

Hier passiert, was in den abertausenden bürgerschaftlichen Engagements bis dato viel zu wenig geschieht: Bildung und Engagement werden verkoppelt. Bildung profitiert durch Engagement und Engagement durch Bildung.

Wäre es nicht richtig, dieses Konzept in allen Hochschulen einzuführen? In Deutschland gibt es 428 Hochschulen mit 2,6 Millionen Studierenden – was für ein Potenzial für die akademisch-gerahmte Erprobung von Bürgerengagement!

Der spezifische Beitrag der Hochschulen besteht in der Möglichkeit, aus der Sicht der ganzen Disziplinenbreite, bürgerschaftliches Engagement effektiver zu machen, ohne die Spezifika Freiwilligkeit und Eigensinn zu unterminieren. Die Erkenntnisse aus dieser Beschäftigung sind wertvoll, auch für den Umbau der Lehrpläne, denn die Aufgaben von vielen Hauptamtlichen ändern sich bei verstärkter Kooperation mit Ehrenamtlichen.

---

1 Darunter werden die Fachbereiche Mathematik, Informatik, Naturwissenschaft und Technik verstanden.

3. Collective Impact

Der oben erwähnte Mark Kramer liefert in Kooperation mit John Kania ein wichtiges Stichwort für die Optimierung bürgerschaftlichen Engagements. Es heißt *Collective Impact*.[2] Die zentrale These der Autoren lautet: Zivilgesellschaft arbeitet nach dem Prinzip der isolierten Wirkung. Gesellschaftliche Veränderungen erfordern aber eine breite transsektorale Kooperation. Gelingt diese, ist das Resultat ein Schub an Ergebnisverbesserung.

Empirische Belege liefern die Autoren. Sie können hier nicht ausgebreitet werden, sind aber auf den Websites unter Collective Impact nachlesbar. Die Autoren benennen fünf Erfolgsfaktoren. Sie greifen bei Projekten von hohem Komplexitätsgrad, also bei verschiedenen Zuwendungsgebern aus Staat, Wirtschaft und Zivilgesellschaft, bezogen auf Geld und Zeit, und beim Zusammenwirken von Haupt- und Ehrenamtlichen verschiedener Organisationen. Die Idee ist, alle in ihrer Unterschiedlichkeit zu belassen, aber gleichwohl die Kräfte zu bündeln. Das bedeutet:
1. Einigung auf gemeinsame Ziele
2. Einigung auf gemeinsame Wirkungsmesssysteme
3. Gemeinsame verstärkende Aktivitäten
4. Sicherung kontinuierlicher Kommunikation
5. Die Punkte 1-4 gestützt durch eine Backstage-Organisation bei mittelfristiger Absicherung.

Insbesondere beim letzten Punkt könnten Hochschulen in die Gesellschaft wirken, indem sie diese Backstage-Organisationen gründen und die Projekte mit Begleitforschung versehen.

4. Die gesellschaftliche Reputation der Hochschulen

Die gesellschaftliche Reputation der Hochschulen steht auf dem Prüfstand. Wir leben, wenn nicht alles täuscht, einer Situation entgegen, in denen Organisationen mit Jammerei über interne Krisen und keine Ressourcen – in Verbindung mit keinem ernsthaften Veränderungsbeitrag zur Transformation der Gesamtgesellschaft – nicht mehr durchkommen werden, weder in der Öffentlichkeit noch beim Staat. Sie können im Gegenteil mit solchem Verhalten rasch und entscheidend an Zuwendung (auch Finanzen) und Reputation verlieren. Gesellschaftliches Engagement hilft im Wettbewerb untereinander dem, der liefert. Und: Wer sagt denn, dass junge Leute erst bei der Auswahl ihrer Arbeitgeber zunehmend kritisch nach ethisch fundierten Zielen und Praktiken fragen und nicht zukünftig schon bei der Auswahl der Hochschule?

---

2 Zu finden unter Stichwort Collektiv Impact, Stanford Review 2011 http://ssir.org/articles/entry/collective_impact

Zurzeit ist von diesem Wettbewerb allerdings noch nicht viel zu sehen. Wie ist das überwiegend ausgeprägte Desinteresse von Lehrenden zu verstehen? Sie springen, wenn die Wirtschaft mit Drittmitteln winkt oder sich eine Veröffentlichungschance auftut, aber bleiben sitzen, wenn sie als Staatsbürger angesprochen sind und sie gleichzeitig ihre Lehrfähigkeiten verbessern könnten. Oder trennen sie zwischen ihrem Engagement „draußen" und ihrer Arbeit „drinnen"? Und was die Führung angeht: Ist man vielerorts in den Hochschulen gelähmtes Opfer seiner eigenen Klagelitaneien geworden? Wird bei der Auswahl von Leitungspersonal Mutlosigkeit prämiert oder warum gibt es so wenige, die einfach mal was probieren, ohne alle juristische, finanzielle und datenrechtliche Bedenkenträgerei bis in die letzte Prüfecke ausgeleuchtet zu haben?

Ich möchte noch einen draufsetzen: Plädiert wird hier dafür, die älteren Studierenden von vornherein mit in den Blick zu nehmen. Das ist dann vollends Neuland.

5. Altstudierende einbinden

Es ist inzwischen empirisch gesicherte Gewissheit, dass der Spruch vom Hans, der nichts mehr lernen kann, was er als Hänschen nicht gelernt hat, definitiv falsch ist. Die renommierte Akademiegruppe Altern schreibt in ihren „Legenden zum Alter und ihre Widerlegung": „So lange der Mensch lebt und nicht durch Krankheit stark beeinträchtigt ist, kann er Neues lernen. Erwachsene lernen besonders gut, wenn sie einen konkreten Nutzen erkennen und das neue Wissen anwenden können" (Kocka und Staudinger 2009, S. 26).

Man kann also neu lernen, sich neu zum Leben justieren. Die vollen Hörsäle der Hochschulen und Volkshochschulen mit Grau- und Silberköpfen liefern den Beleg dafür, wie viele Generationsgenossen dies verstanden haben und sich auf das Abenteuer Bildung einlassen.

Man kann Ähnliches durch bürgerschaftliches Engagement, also durch tätige Praxis, erfahren. Da dies nicht im Gewand von Gelehrsamkeit, sondern durch pralles Leben erfahrbar wird – und zwar auf der gesamten breiten Palette des Engagements, vom Gesangverein bis zur Obdachlosen-Teestube, vom Einsatz für Green Gardening und Klapperstörche bis zur Flüchtlingshilfe, vom Schulpaten bis zum freiwillig tätigen Feuerwehrmann – wirken die konstruktiven Irritationen viel stärker, wissens- und gefühlsmäßig.

Altstudierende sind folglich eine interessante Ansprechgruppe. Sie können für die Hochschule mehr sein als Melkkühe, die verlässlich Studiengebühren zahlen und den Hochschulen ein schönes Sondereinkommen sichern. Das Zentrum für wissenschaftliche Weiterbildung (ZWW) hat unter seinen Studierenden an der Johannes Gutenberg-Universität 2012/2013 eine Umfrage zu Engagement im Alter durchgeführt. Dabei wurden Fragen aus der Generali Altersstudie 2013, die Allensbach verantwortete, verwendet. Die Vermutung, dass Bildungs- und Engagementbereitschaft Zwillinge seien, wurde bestätigt, wenn nicht übertroffen. 63,8 Prozent der Befragten gehören zu den Engagierten. Das sind fast doppelt so viele wie im Durchschnitt der Bevölkerung in diesem Alterssegment und deutlich mehr als in der Generali Studie. Wer im Alter studiert, gehört ergo zu den Aktivposten der Gesellschaft. Die Umfrage ergab weiter, dass diejenigen, die sich bisher noch nicht engagieren, überwiegend ansprechbar und interessiert sind. Würde das gesamte „Alt-Studierenden"-Potenzial erschlossen, wären über 90 Prozent pro Woche zwischen zwei und zehn Stunden ehrenamtlich tätig und zwar über die gesamte Palette des Engagements. Präferenzen sind außerschulische Jugendarbeit und Bildungsarbeit für Erwachsene (20,6 Prozent der Nennungen), kirchlicher und religiöser Bereich (18,5 Prozent), Umwelt, Naturschutz, Tierschutz (14,4 Prozent), Gesundheitsbereich und sozialer Bereich (12,9 Prozent) sowie Politik und Interessenvertretung (11,8 Prozent).

Zwei weitere Ergebnisse überraschten und verdienen deswegen, hervorgehoben zu werden. Erstens: Die Alt-Studierenden haben ein ausgeprägtes Zugehörigkeitsgefühl zur ihrer (Mainzer) Universität. Jeder Vierte (25,8 Prozent) betont dies. Entsprechend können sich auch zwei von drei Engagementwilligen vorstellen, dass ihr Engagement im Rahmen der Universität geschieht. Hochschulen haben dieses Potenzial bisher nicht erschlossen, höchstwahrscheinlich noch nicht einmal erahnt. Mir ist auch nicht bekannt, dass auch nur eine Hochschule die Position eines Engagementmanagers geschaffen hätte, wie es z. B. bei Wohlfahrtsverbänden mittlerweile Usus ist. Zweitens: Der meistgenannte Wunsch der Alt-Studierenden auf einer Wunschliste lautet: „Altersgemischte Freiwilligenarbeit zusammen mit Studierenden."

6. Generations-Tandems an Hochschulen

Generations-Tandems also: Im eingangs erwähnten Hochschulnetzwerk „Bildung durch Verantwortung" ist man gerade dabei, die Alt-Studierenden mit ihrem großen Erfahrungswissen als eigene wertvolle Gruppe zu entdecken. Und wo findet die Erprobung von Engagement in intergenerationellen Tandems statt, wie es sich die Älteren wünschen? Darüber lassen sich viele Aufrufe und wenige Erfahrungsberichte lesen. Die Versuche am Mainzer ZWW, eine Aktion für akademische Flüchtlinge mit diesem Zuschnitt zu starten, stecken noch in den Anfängen. Beim Studierendenwerk gibt es für ausländische Studierende zwei Aktivitäten. „Aus Fremden werden Freunde" bezieht sich auf Ältere, die als sogenannte Gastfreunde für die Zielgruppe tätig sind. Und daneben existiert ein 1:1 Netzwerk von deutschen und ausländischen Studierenden. Tandems Gleichaltriger also. Für die Zielgruppe der akademischen Flüchtlinge arbeitet Academic Experience Worldwide, gegründet an der Frankfurter Universität mit Gründungsinitiativen an anderen

Hochschulen, ebenfalls nach dem Tandemprinzip. Alle bewundernswert engagiert, aber noch weit weg von der Erweiterung um den dritten Älteren, das „Trandem". Mit der Oestricher European Business School EBS ist ein solcher Einstieg geplant, der helfen könnte, junge Studierende in Mainz für den Ansatz und das Thema akademische Flüchtlinge zu gewinnen. Die Frankfurter Universität des 3. Lebensalters (U3L) will sich mit Älteren beteiligen. An der gleichen Universität entwickelt sich eine vielversprechende *Service Learning*-Initiative mit Studierenden. Vielleicht gelingt der Projektstart eines Verbundprojekts in 2017. Die Intensivierung der Kommunikation ist bekanntlich der erste Schritt zur Praxiserprobung.

7. Fazit

Ohne Schubs gibt es keine Bewegung. Der Schubs kann von oben, unten oder von der Seite, vor allem von Stiftungen oder staatlichen Stellen, kommen. Vor der Förderung steht die Forderung. Noch steckt Vieles in den Anfängen. Da kann man mit wenig Anstrengung viel Nutzen entfalten, für sich und die anderen. Das ist die Chance der Hochschulen. Wird sie nicht ergriffen, wird mittelfristig aus der versäumten Chancenwahrnehmung ein unangenehmes Problem gesellschaftlicher Rückständigkeit.

Literatur

Kocka, Jürgen/Staudinger, Ursula M. (Hrsg.) 2009: Gewonnene Jahre. Empfehlungen der Akademiegruppe Altern in Deutschland, Bd. 9. Halle, S. 26.

Stefan Diefenbach-Trommer
Politische Debatte über das Gemeinnützigkeitsrecht[1]

1. Vorbemerkung

Gemeinnützig ist, Bäume zu pflanzen – und ebenso, gegen ihre Abholzung vorzugehen. Gemeinnützig ist, verarmten Menschen und Flüchtlingen Bildung, Essen und Obdach zu verschaffen – und ebenso, die Ursachen ihrer Ausgrenzung beseitigen zu wollen. Gemeinnützig ist, Entwicklungshilfe in benachteiligten Ländern zu fördern – und ebenso, unfaire Handelspolitik als Ursache der Benachteiligung zu brandmarken. Geht es um die Ursachen, dann geht es um politische Entscheidungen. Viele Finanzämter jedoch meinen, dass gemeinnützige Organisationen nicht auf die Politik einwirken dürfen. In diese Debatte über das Gemeinnützigkeitsrecht ist nun Bewegung gekommen, nachdem sich 60 Stiftungen und Vereine in der Allianz „Rechtssicherheit für politische Willensbildung" zusammengeschlossen haben, um mit der Politik zu sprechen.

Fast zeitgleich hat Mitte Mai 2016 die Bundestagsfraktion von Bündnis 90/Die Grünen eine Große Anfrage dazu an die Bundesregierung gestellt und hat die SPD in Hessen eine Landtagsinitiative gestartet, um das zugrunde liegende Gesetz, die Abgabenordnung, zu reformieren.

2. Unterschiedliche Herangehensweisen

Die Grünen thematisieren in ihrer Anfrage verschiedene Aspekte des organisierten Einflusses auf die politische Willensbildung. Sie erkunden, welche verschiedenen Regeln dabei für Transparenzanforderungen und steuerliche Absetzbarkeit gelten. Durch ihre 34 Fragen zieht sich die Sorge, dass manche Bürger_innen durch ihre Finanzkraft mehr Einfluss auf die politische Willensbildung haben als andere. So können etwa Unternehmen ihre Lobbytätigkeiten, ob im direkten Gespräch oder durch Öffentlichkeitskampagnen, von der Steuer absetzen, während zivilgesellschaftliche Organisationen um ihre Gemeinnützigkeit fürchten müssen, wenn sie für ihren gemeinnützigen Zweck auf die Politik einwirken. Spenden dafür sind dann nicht abzugsfähig.

---

[1] Der Beitrag wurde veröffentlicht im BBE-Newsletter 11/2016.

Die Bundestagsfraktion der Grünen fragt die Regierung unter anderem, wie sie die Forderungen der Allianz „Rechtssicherheit für politische Willensbildung" beurteilt. Sie fragt auch nach „einheitlichen Regeln zu einer öffentlichen Transparenz über Mittelverwendung und Mittelherkunft für alle Personen- und Kapitalgesellschaften sowie Vermögensmassen [...], die einen erheblichen Teil ihrer Arbeit der Beeinflussung politischer Entscheidungen widmen".

Die SPD in Hessen wird gleich konkreter und legt einen Gesetzentwurf vor, den die Landesregierung voranbringen soll. Wichtig zu wissen: In Hessen ist die SPD Opposition, während die Grünen dort an der Regierung beteiligt sind. Spannend wird, wie sich Grüne und CDU dazu positionieren, welche Gegenargumente sie vorbringen und welche anderen Lösungsvorschläge.

Mit den gesetzlichen Änderungsvorschlägen greift die SPD die beiden Hauptforderungen der Allianz „Rechtssicherheit für politische Willensbildung" auf. Einerseits sollen zusätzliche Zwecke – wie z. B. Förderung der Menschenrechte, Durchsetzung der Grundrechte, soziale Gerechtigkeit oder Gleichstellung aller Geschlechter – aufgenommen werden. Die SPD schlägt dabei einfach vor, den Zweckkatalog der Abgabenordnung zu verlängern, statt sich daran abzuarbeiten, an welcher Stelle der bisher 25 Zwecke bzw. Zweckgruppen eine Ergänzung oder kleine Änderung passen würde.

Andererseits soll – wie die Allianz fordert – in § 58 der Abgabenordnung die Klarstellung aufgenommen werden, dass die Beteiligung an der politischen Willensbildung unschädlich für die Gemeinnützigkeit ist, sofern damit keine parteipolitische Unterstützung verbunden ist. Hier schlägt die SPD noch keine konkrete Gesetzesformulierung vor. Die Abgrenzung zur parteipolitischen Unterstützung ist überflüssig, da die Abgabenordnung in § 55 bereits festlegt: „Die Körperschaft darf ihre Mittel weder für die unmittelbare noch für die mittelbare Unterstützung oder Förderung politischer Parteien verwenden."

Dieser Gesetzestext ist eigentlich so glasklar, dass die Einschränkungen im Anwendungserlass der Abgabenordnung unverständlich sind. Das Gesetz verbietet als Lehre aus der Flick-Affäre, ein in den 80er-Jahren aufgedeckter Parteispendenskandal, nicht politische Aktivitäten, sondern die Unterstützung von Parteien. Eine Unterscheidung zwischen politischen und nicht politischen Zwecken nimmt das Gesetz nicht vor. Tatsächlich kann fast jeder gemeinnützige Zweck bereits heute politisch sein: Die Gleichberechtigung von Frauen und Männern (Ziffer 18) ist immer noch eine hochpolitische Angelegenheit, die gesellschaftlich verhandelt, im Bundestag debattiert und durch Regierungshandeln beeinflusst wird. Ob die Umwelt (Ziffer 8) besser durch Atomkraftwerke oder durch deren Abschaltung geschützt wird, ist ein politischer Streit, der unter anderem mit Großdemonstrationen und massiver Öffentlichkeitsarbeit geführt wird.

Dass die Abgabenordnung politisches Handeln erlaubt, zeigt sich auch in Zweck Nummer 24, „allgemeine Förderung des demokratischen Staatswesens im Geltungsbereich dieses Gesetzes; hierzu gehören nicht Bestrebungen, die nur bestimmte Einzelinteressen staatsbürgerlicher Art verfolgen oder die auf den kommunalpolitischen Bereich beschränkt sind". Im Umkehrschuss erlaubt die Formulierung jegliches politische Engagement, soweit es in Deutschland stattfindet und nicht kommunalpolitisch ist.

Diese beiden Begrenzungen hat die hessische SPD mit ihrem Vorstoß leider noch nicht angefasst. Diese Begrenzungen behindern demokratisches Engagement: So wurde dem BUND in Hamburg vorgeworfen, mit dem Aufruf zu einem Bürgerbegehren kommunalpolitisch aktiv zu sein und so jenseits der Gemeinnützigkeit zu handeln. Das Leipziger Finanzamt stellte die Gemeinnützigkeit der Initiative „Adopt a Revolution" infrage, da diese versucht, Demokratie in Syrien zu fördern – außerhalb der räumlichen Geltung der Abgabenordnung. Die Grünen wiederum thematisieren in ihrer Großen Anfrage, dass lokale Wählergemeinschaften naturgemäß Kommunalpolitik betreiben, in ihrer Mittelverwendung aber kaum Regeln unterworfen sind, obwohl Spenden an diese Listen z. B. Parteispenden steuerlich absetzbar sind.

Ein weiterer Passus in der Abgabenordnung in § 51 wird gemeinnützigen Organisationen, die nicht nur helfen, sondern Missstände an der Wurzel packen wollen, gelegentlich zum Verhängnis: „Bei Körperschaften, die im Verfassungsschutzbericht des Bundes oder eines Landes als extremistische Organisation aufgeführt sind, ist widerlegbar davon auszugehen, dass die Voraussetzungen des Satzes 1 nicht erfüllt sind." Hier wird verfahrensrechtlich ein weiterer Akteur in das Gemeinnützigkeitsrecht geschrieben, der sich in der Vergangenheit leider nicht immer als zuverlässig erwiesen hat und der juristisch nur begrenzt kontrollierbar ist. Materiell ist die Extremismusabgrenzung sinnvoll und klar, die Finanzämter haben auch ohne den Griff zum Verfassungsschutzbericht die Möglichkeit, Verfassungsfeind_innen oder Rassist_innen die Gemeinnützigkeit zu entziehen: Ein gemeinnütziger Verein muss sich rechtstreu verhalten und darf insbesondere „keine Bestrebungen im Sinne des § 4 des Bundesverfassungsschutzgesetzes fördern und dem Gedanken der Völkerverständigung nicht zuwiderhandeln" (§ 51 AO). In der Praxis werden rechtsextreme Vereine von den Innenministerien verboten – und verlieren damit natürlich auch ihre Gemeinnützigkeit. Grundlage ist dann das Vereinsgesetz, nicht das Steuerrecht.

Europa und International

Horst Fabian

Die Umweltkrise als Katalysator vielfältiger chinesischer Umweltbewegungen[1]
Graduelle Demokratisierung, langer Marsch durch die Institutionen statt demokratischem Bruch?

1. Vorbemerkung

Die chinesische Umweltkrise ist mit ihren dramatischen Aspekten in den europäischen Medien sehr präsent. Die chinesischen Umweltbewegungen dagegen sind für die meisten Medien und damit die europäischen Bürger_innen eine Fata Morgana: sporadisch aus großer Entfernung schemenhaft sichtbar, aber ohne dauerhafte, substantielle, (be-)greifbare Existenz. Diese Fehlwahrnehmung ist umso erstaunlicher, als das Engagement chinesischer Bürger_innen für die Umwelt in den vergangenen Jahren stark zugenommen hat und die Umweltkrise, in erster Linie die Smogkrise, ein Katalysator der Umweltbewegungen ist. Die Gründe für ihre geringe Beachtung in den Medien kann man nur vermuten. Es kann jedoch nicht in der mangelnden Sichtbarkeit der diversen bürgerlichen Umweltaktivitäten begründet sein, obwohl die chinesische Zensur mit unterschiedlichem Erfolg versucht, diese zu verringern. Seit 2007 hat es mehr als 50 große, lokale Umweltkonflikte mit oft mehr als 10.000 Demonstrant_innen gegeben, über die in den chinesischen und

---

[1] Der Beitrag wurde veröffentlicht in den BBE Europa-Nachrichten 11/2015.

anglophonen Medien intensiv berichtet wurde. Eine Ausnahme war die breite Berichterstattung über das kritische Umweltvideo „Under the Dome" von Chai Jing, einer investigativen, ehemaligen CCTV-Journalistin über die urbane Smogkrise, das innerhalb von vier Tagen von mehr als 200 Mio. Chines_innen (1/3 der insgesamt ca. 600 Mio. Internetnutzer_innen) im Netz gesehen wurde. Es wäre zu hoffen, dass endlich die Akteure, Aktionen, Strategien, Ziele und Wirkungen der chinesischen Umweltbewegung in ihrem realen Kontext auf den Bildschirm der europäischen Medien auftauchen. Wie stellen sich die chinesischen Umweltbewegungen heute dar und wie haben sie sich entwickelt? Was sind ihre Ziele, Strategien und Wirkungen? Und kann das Umweltengagement der chinesischen Bürger_innen die Demokratisierung Chinas vorantreiben und, wenn ja, in welcher Weise?

Die eine, homogene, chinesische Umweltbewegung gibt es nicht, erst recht nicht als Subjekt, das vom demokratischen Weltgeist angetrieben, zielstrebig auf einen unmittelbaren demokratischen Wandel hinarbeitet. Es gibt eine Vielfalt von kontingenten, regional, sektoral, zeitlich und auch politisch-strategisch variierenden Umweltbewegungen, die sich in Bezug auf ihre Kapazitäten (Organisation, Mobilisierung, Advocacy), ihre Zyklen und ihre Wirkungen zum Teil stark unterscheiden, und die es in ihrer Verschiedenartigkeit der Entwicklungsstufen, Erfolgsbedingungen und Erfolge und ihren Unterschieden zu ihren europäischen „Geschwistern" zu verstehen gilt.

2. Entwicklungsphasen und Wellen der Umweltbewegung

Grob kann man drei Phasen der Entwicklung der Umweltbewegung und der Umwelt-Nichtregierungsorganisationen (im Folgenden U-NGOs) unterscheiden: Erstens die Einzweck-Bewegung gegen den umstrittenen Dreischluchtenstaudamm, der 1992 nur mit einer Zweidrittelmehrheit im Nationalen Volkskongress beschlossen wurde; eine zweite kleine Welle ab Mitte der 1990er mit den Foki Umwelterziehung und Biodiversitäts-Kampagnen zum Schutz einzelner Arten; eine dritte, schon größere Welle Mitte des vergangenen Jahrzehnts im Kontext der von Pan Yue, dem Vizeminister für Umwelt, initiierten sogenannten „grünen Stürme" gegen die Umweltkriminalität meist großer Staatskonzerne. Diese letzte große Welle wurde zusätzlich von den – im chinesischen Kontext – dramatischen Umweltrisiken bestimmter Unternehmen und Technologien (Petrochemie: PX; Müllverbrennungsanlagen), die seit 2007 zu einer Vielzahl von lokalen Umweltkonflikten geführt haben, gespeist, und dann durch die Smogkrise als nationaler Katalysator weiter angetrieben.

Die zweite und dritte Generation sind derzeit der organisatorische Kern der U-NGOs. Ihre geringe Zahl können sie zum Teil durch ihre strategische Weitsicht, ihre Professionalisierung, die oft in den Staat reichenden politischen Netzwerke und ihre internationale Reputation kompensieren. Eine Gruppe von ca. 20 dieser erfahrenen NGOs hat sich zu einem informellen nationalen Umweltverband zusammengeschlossen, der von Ma Tiennan, Green Cross in Xiamen koordiniert, und dem Danish Institute of Human Rights gefördert wird. Dieser kleine Kern von NGOs spielt eine zentrale Rolle bei der regionalen und nationalen Vernetzung, bei der Recherche, Generierung und Verbreitung „grünen Umwelt-Wissens" und oft auch hinter den Kulissen als „Broker" von Umweltkoalitionen mit Akteuren aus Wissenschaft, Medien, Staat und Partei, obwohl sie in den lokalen Umweltprotesten eher zurückhaltend und kaum sichtbar sind. Trotz der prinzipiell kooperativen, nicht konfrontativen Strategie der meisten NGOs sind sie erfahrene Akteure und haben sich den Spielraum für autonome strategische Entscheidungen erobert. Sie wissen, dass der Staat sie – u. a. für die Initiierung von umweltpolitischen Innovationen und zum Monitoring und zur Umsetzung der Umweltstandards – braucht und agieren nach dem Motto „die Grenzen testen". Sie bündeln ihre Kräfte, um ihre Verhandlungsposition zu stärken; sie nutzen lokale Umweltkonflikte, um sektorpolitische Lösungen voranzutreiben; sie betreiben seit einigen Jahren durchaus *policy advocacy* und streben in einer rechtlichen Grauzone durch Bildung eines nationalen Netzwerks nach einer nationale Präsenz.

Eine unmittelbare demokratische Regimetransformation steht nicht auf der Agenda der U-NGOs. Aber dennoch sind sie im Zusammenspiel mit einer breiten Koalition anderer Umweltreformer in Wirtschaft, Medien, Wissenschaft, Staat und Partei Protagonisten einer langsamen, selektiven, graduellen Demokratisierung Chinas. Auf keinen Fall sind sie reine Erfüllungsgehilfen des chinesischen Staates, auch schon deswegen, weil dieser ein hybrider Staat ist, der widersprüchliche Ziele und Strategien verfolgt und auch eine Vielzahl von Arenen für öffentliche Umwelt-Debatten und -Konflikte institutionalisiert hat, die man als enge, aber sich verbreiternde Demokratisierungspfade im Kontext eines noch dominant autoritären Staates verstehen kann (siehe unten).

3. Geografie der Umweltbewegung: ungleiche regionale Entwicklung

Die Umweltbewegungen und -NGOs sind regional sehr unterschiedlich entwickelt. Hier gibt es noch viel Raum für eine veritabel nationale Verbreitung. Bei einer kürzlichen China-Reise konnte ich in Guangdong mit einer Vielzahl von Umweltaktivist_innen sprechen: In Wuhan dagegen gab es keine sichtbare Präsenz einer nennenswerten U-NGO. Peking und Yunnan sind die Provinzen mit der größten Präsenz und Breite von U-NGOs, gefolgt von Guangdong, Sichuan und Jiangsu. Die regionalen Unterschiede dokumentieren sich, wie Fengshi Wu am Beispiel von Guangdong und Guangxi gezeigt hat (Fengshi Wu: Environmental Activism in Provincial China, in: G. Kostka/A. Mol (Ed.), Local Environmental Politics in China, 2014), in der Zahl der NGOs, in ihrer organisatorischen Reife und ihren strategischen Kapazitäten, in der Bandbreite der Portfolios und der Dichte der regionalen Netzwerke. Guangdong hat nicht nur signifikant mehr U-NGOs als Guangxi; die NGOs in Guangdong sind horizontal auch viel stärker vernetzt, sind thematisch breiter aufgestellt und bearbeiten komplexere Themenblöcke (z. B. Klimaschutz + Spezialthema).

Diese regionalen Unterschiede sind nicht nur die Folge des jeweiligen regionalen Entwicklungsstandes; sie sind auch mitgeprägt von den unterschiedlichen Kapazitäten der lokalen U-NGOs, ihre Handlungsfähigkeit durch organisatorische und professionelle Weiterentwicklung und durch die Verdichtung der regionalen Vernetzung zu erhöhen. In Guangdong werden der regionale Austausch durch Plattform-Institutionen wie u. a. das schon häufiger in seiner Existenz gefährdete Institute for Civil Society der Sun Yat-sen University in Guangzhou (Zhu Jiangang, Chan Kin Man), unterstützt durch erfahrene Themen-NGOs und Dienstleister (Ausbildung, Beratung), im Rahmen eines regionalen NGO-Clusternetzwerks forciert. In Shenzhen gibt es sogar eine breite kommunale, staatliche NGO-Plattform mit Ablegern in den Distrikten, wo den NGOs Räume zur Verfügung gestellt werden, über die fast 2.000 Projekte abgewickelt werden. Dies ist auch ein Versuch, die Entwicklung des NGO-Sektors staatlich mitzugestalten und so zu kontrollieren.

Die U-NGOs in den weniger entwickelten Provinzen sind dagegen oft Ausgründungen von Umweltaktivisten aus Peking und anderen Zentren und viel stärker auf die Unterstützung nationaler und internationaler Partner und Sponsoren angewiesen. Eine entscheidende Rolle bei der NGO-Entwicklung spielen auch die politische Reformbereitschaft und -kapazität der lokalen Politik. Dort, wo das Thema der Umweltpartizipation durch *institution building* seit ein paar Jahren forciert worden ist, wie in Guangdong, haben sich eine Vielzahl von staatlichen Umweltinstitutionen – u. a. für Umsetzung, Monitoring, Forschung und Information –, aber auch spezialisierte Umweltgerichte, herausgebildet, die als staatliche Umweltreformer an dem Know-how und der Unterstützung von lokalen Umweltaktivisten interessiert sind. Guangdong hat 16 Umweltinformationszentren und Guangxi nur vier (bei der Forschung sind es 18 zu 8). Beide Faktoren, die horizontale Vernetzung und die – je nach Thema und Zielen unterschiedliche – Kooperationsbereitschaft der lokalen Verwaltungen prägen den Aktionsspielraum der regionalen NGOs.

4. Verschiedenartigkeit der themenspezifischen („sektoralen") Umweltbewegungen

In den zurückliegenden 30 Jahren hat es eine Vielzahl von themenspezifischen Kampagnen und Umweltbewegungen in China gegeben: die Bewegung gegen Staudamm-Projekte am Yangtse und am Nu-Fluss, Biodiversitätskampagnen zum Schutz einzelner Arten, lokale Massenproteste gegen Umwelt- und Gesundheitsrisiken verschiedener Industrien sowie die Bewegung gegen den Klimawandel und vor allem zur Überwindung der Smogkrise. Allen lokalen Umweltprotestbewegungen sind drei Motive gemeinsam: der Kampf gegen die (1.) Umwelt- und (2.) Gesundheitsrisiken, aber auch (3.) das Einfordern der effektiven Umsetzung der gesetzlichen Verfahren öffentlicher Beteiligung (Offenlegen von Informationen, demokratische Einbindung in die Verfahren zur Prüfung der Umweltverträglichkeit etc.), in einigen Fällen auch der Widerstand gegen die Abwertung von Wohneigentum und Lebensbedingungen durch nahe, risikoreiche Produktionsstandorte (sogenannte NIMBY-Proteste; NIMBY steht für *not in my backyard*, d. h. nicht in meiner Nachbarschaft). Hier hören die Gemeinsamkeiten auf, da die „sektoralen" Rahmenbedingungen für die themenspezifischen Bewegungen sehr unterschiedlich sind.

Die stärksten themenspezifischen Umweltbewegungen seit dem Gründungsereignis der lokalen Protestbewegungen (PX) in Xiamen 2007 richteten sich gegen Müllverbrennungs- (ca. 24) und PX-Projekte (7), zusammen ca. 60 Prozent aller großen über 50 Massenproteste mit in der Regel mehr als 10.000 Teilnehmer_innen sowie seit 2011 gegen die Smogkrise. Jenseits der genannten Gemeinsamkeiten unterscheiden sie sich in Bezug auf die (wahrgenommene) Dringlichkeit und die Priorität des Themas auf der politischen Agenda, auf die Mobilisierungsrate, auf die soziale Breite der Betroffenen und involvierten Akteure sowie hinsichtlich der möglichen Allianzen, der Macht und Legitimität der sozialen Gegner und nicht zuletzt in Bezug auf die Grad der Übereinstimmung mit den politischen Zielen der Führung oder der Umweltkoalition in Staat und Partei.

Die breiteste Umweltbewegung und zentraler politischer Katalysator der Welle von Umweltreformen seit 2013 ist die Bewegung gegen den Smog, die mit dem ersten großen Smog-Ereignis in Peking im November 2011 durchstartete. Die Smogkrise kann man sehen und riechen. Sie betrifft fast alle städtischen Bürger_innen und ist eine existentielle Krise, die das Leben einer Vielzahl von Bürger_innen gefährdet, insbesondere der Risikogruppen der Kinder und Alten. Sie trifft daher den konfuzianischen Grundwert der Sorgepflicht der Eltern und des Staates – ein immer wiederkehrendes Motiv. Sie wird von einem breiten Bündnis von Professionals und Akteuren aus Wissenschaft, Medien, Kultur, Staat und Partei sowie der Wirtschaft (stark engagiert: Jack Ma, Alibaba) und nicht nur der Zivilgesellschaft im engen Sinn bekämpft. Wegen der nationalen Ausdehnung der urbanen Smogkrise ist sie eine nationale Krise.

Die Smogkrise hat in China viele Ursachen, weil sich verschiedene Entwicklungsphasen überlagern und verstärken. Sie ist daher nicht leicht und nur mittelfristig (in Los Angeles und im Ruhrgebiet dauerte es ca. 30 Jahre) zu bekämpfen. Außerdem hat die Bewegung gegen den Smog eine Art Brückenfunktion in Bezug auf viele andere urbane Umweltbewegungen. Sie verbindet, verdichtet und fokussiert deren Forderungen. Aufgrund dieser Merkmale unterminiert die Smogkrise die politische Legitimität auch der nationalen Führung und hat daher einen hohen

Reformdruck erzeugt und eine breite Palette von Umweltreformen bewirkt. Diese Bewegung findet in Form von Recherchen, Verbreitung von Umweltwissen, improvisierten Umfragen, Debatten und konkreten Forderungen fast ausschließlich im Internet statt (eine Ausnahme sind symbolische Protestaktionen von Künstler_innen) und hatte mit dem Video „Under the Dome" im März 2015 ihren vorläufigen Höhepunkt. Bisher gab es keine Massendemonstrationen gegen die Smogkrise – wahrscheinlich weil diese in vielen Städten eine nationale Konfrontation mit dem Staat zur Folge hätten. Das ist strategisch nicht gewollt, sondern wird von allen Seiten wegen der 100 Jahre sich wiederholender Bürgerkriege, vom Sturz des Kaiserreichs bis hin zur Kulturrevolution, gefürchtet.

Die effektivste punktuelle Umweltbewegung richtete sich gegen sogenannte PX-Projekte (PX ist ein chemisches Zwischenprodukt für die Produktion von Textilien und Plastik und wurde zur Metapher für die Risiken der chemischen Industrie im Kontext des unverantwortlichen Umweltmanagements der chinesischen petrochemischen Industrie). Sie war so wirksam, weil die Mobilisierung sich gegen fast alle neuen PX-Projekte seit 2007 richtete (im Schnitt ein Massenprotest pro Jahr). Die Massenproteste waren in den meisten Fällen in dem Sinn erfolgreich, dass das Vorhaben verlegt (Xiamen, Dalian) oder aufgeschoben und an die Bedingung einer mehrheitlichen Zustimmung der Bevölkerung im Rahmen einer angemessenen Abwicklung des gesetzlich vorgeschriebenen Beteiligungsverfahrens geknüpft wurde. In den PX-Konflikten wie in allen anderen lokalen Umweltkonflikten spielte das Motiv der *rightful resistance* (Kevin O'Brien), des Einklagens der effektiven Umsetzung bestehender Beteiligungsregeln, eine zentrale Rolle. In der Konsequenz hat dies 2015 zur Reform des Umwelt-Verträglichkeits-Prüfungs (UVP)-Verfahrens geführt, mit dem Ziel, es zu einem effektiveren Instrument öffentlicher Kontrolle und weniger anfällig für Manipulationen der etablierten Interessen zu machen.

Entscheidend für den Erfolg der PX-Bewegung war, dass deren Forderungen durch den oligopolistischen, staatskapitalistisch privilegierten, zum Teil den Staatsapparat und den bisherigen Machtblock dominierenden, und oft korrupten Charakter der beiden riesigen petrochemischen Unternehmen Sinopec und PetroChina einen unmittelbar nationalen und politischen Charakter gewannen. Da die Bewegung den geplanten Ausbau der PX-Industrie und riesige Investitionen von jeweils mehreren Milliarden US$ fast vollständig blockierte, entschied sich die nationale Führung für die ökologische Modernisierung der petrochemischen Industrie. Das Führungspersonal der Ölkonzerne und in den verwandten staatlichen Institutionen wurde durch die Anti-Korruptionskampagne (30 Prozent aller Verfahren wegen Korruption gegen die Öl-Fraktion!) ausgetauscht, striktere Umweltstandards und andere Anreize fördern den ökologischen Umbau der Petrochemie und die Überwachungsfunktion des Umweltministeriums wurde aufgewertet und mit Zähnen versehen.

Sinopec hat 2014 sein geplantes Expansionsprogramm aufgeschoben und ein umfangreiches Umweltprogramm prioritär auf den Weg gebracht. Internationale Chemie-Expert_innen bestätigen, dass sich die politische Ökonomie der chinesischen Petrochemie durch die begonnene Internalisierung der Umweltkosten grundlegend transformiert. Der Erfolg der PX-Bewegung war möglich wegen der enorm hohen Mobilisierungsrate, die am Schluss auch die lokalen Verwaltungen, die zunächst im geheimen Einverständnis mit der Petrochemie PX-Unterstützer waren, neue PX-Projekte fürchten ließen – trotz der enormen sozioökonomischen Vorteile, gemessen an Beschäftigung, Einkommen und Steuereinnahmen.

Die PX-Bewegung hat die politische Führung gezwungen, den geplanten Übergang zu einer ökologisch nachhaltigen Petrochemie vorzuziehen, zu beschleunigen und zu radikalisieren, das Risiko der Spaltung des bisher herrschenden Machtblocks gegen den bisher dominanten staatskapitalistischen, fossil-industriellen Block einzugehen und den Machtkampf mit der mächtigen Öl-Fraktion – repräsentiert an der Spitze durch Zhou Yongkang, der durch seine Führungspositionen über ein weit verzweigtes Netzwerk im Energiesektor, in den Staatsunternehmen, im Sicherheitsapparat und im Standing Committee des Zentralkomitees (ZK), dem mächtigsten Kollektivgremium (von damals neun Mitgliedern) verfügte – zu wagen. Insofern kann man eine partielle Konvergenz und bedingte Allianz der PX-Bewegung und der nationalen Staatsführung konstatieren.

Trotz ihrer enormen wirtschaftlichen (beide großen Ölkonzerne sind unter den ersten zehn der Fortune Global 500) und politischen Macht war die oligopolistische Ölindustrie paradoxerweise für die PX-Bewegung – wegen der langen Liste von Umweltkatastrophen und systematischer, illegaler Umweltverschmutzung und aufgrund ihrer insgesamt geringen Legitimität (Korruption, Inbegriff staatskapitalistischer Bereicherung und Machtwillkür) – ein relativ leichter und leicht zu stellender Gegner. Für die nationale Führung war die prioritär gegen die Öl-Fraktion gerichtete Anti-Korruptionskampagne der strategische Hebel, um die Autonomie und Legitimität des Staates gegenüber den vorwiegend fossil-industriellen Staatsunternehmen zurückzugewinnen. Trotz der geringen Zahl der PX-Konflikte (unter zehn) waren die Wirkungen der PX-Bewegung in Form von Policy-Innovationen, politischen Machtverschiebungen, öko-ökonomischen Transformationen und wahrscheinlich der Rückeroberung von Legitimität erheblich und weit verzweigt.

Dies ist bei anderen themenspezifischen Umweltbewegungen anders. Die politische Wirkung der Bewegung gegen die Müllverbrennungsanlagen war, trotz der dreifachen Zahl der Massenproteste, entschieden schwächer, weil die Mobilisierungsrate mit 10 Prozent (ca. 25 von 250) geringer war und der Gegner nicht die oligopolistische Sichtbarkeit und die geringe Legitimität der Öl-Konzerne hatte. Hinzu kam, dass die Protestbewegung und die Umweltkoalition gespalten waren in grundsätzliche Gegner der Müllverbrennungsanlagen und solche, die diese als Interimstechnologie unter zwei Bedingungen akzeptieren: wenn dies eine nachhaltige Abfallpolitik der Reduzierung und des Recycling von Abfall nicht torpediert und wenn die Anlagen sicher und, nach internationalen Standards, umweltschonend betrieben werden. Abfallpolitik ist in erster Linie ein kommunales Thema und die nationale Regierung sah sich trotz der Dringlichkeit bisher nicht gezwungen, ein alternatives Konzept einer nachhaltigen Abfallpolitik zu entwickeln und national durchzusetzen.

5. Das komplexe, widersprüchliche Verhältnis von Staat und Umweltbewegungen

Der chinesische Staat erscheint in seinem Verhältnis zur Umweltbewegung wie die Verkörperung von Foucaults Staatsbegriff, den James Jaspers in einer Debatte mit Charles Tilly so zusammengefasst hat: „For Foucault the state does not simply constrain and enable existing projects, it entices and creates new goals, new subjects, new streams of action, new types of knowledge" (2012, S. 15). In den westlichen Medien wird oft nur über die Unterdrückungsrolle des chinesischen Staates bei Umweltprotesten berichtet wie z. B. die Verhinderung von Demonstrationen, den Einsatz der Militärpolizei, die Zensur des Internets, etc. Dies sind unbestreitbare Tatsachen, aber das Verhältnis des chinesischen Staates zu den chinesischen Umweltbewegungen ist komplexer und nicht immer einfach nachzuvollziehen, da voller Ambivalenzen und Widersprüche.

Der chinesische Staat ist Förderer, Antreiber, Entwickler, Bündnispartner, Kontrolleur und (partieller) Unterdrücker der Umweltbewegung zugleich. Mit seinen sogenannten „grünen Stürmen" hat der Vize-Umweltminister Pan Yue die Umweltbewegung wesentlich beflügelt. Der Staat versucht diese Bewegungen nach dem Motto „den Tiger reiten" zu kontrollieren und zu nutzen, aber nicht in toto zu unterdrücken. Zhou Yongkang, Kopf der Ölfraktion und ehemaliger Sicherheitsminister, wurde Objekt der Anti-Korruptionskampagne, kurz nachdem und weil er im Mai 2013 den PX-Massenprotest in Chengdu durch sein Netzwerk vor Ort mit Orwellschen Maßnahmen präventiv und umfassend unterdrücken ließ. Die neue Parteiführung hat dagegen die Umweltbewegungen durch die Übernahme ihres Kampfslogans „Krieg der Umweltverschmutzung" durch Li Keqiang prinzipiell politisch legitimiert.

Die chinesische Umweltbewegung ist also keine reine Basisbewegung. Sie ist ein breites soziales Netzwerk in Zivilgesellschaft, Wirtschaft, Wissenschaft und Medien, das auch politisch in Partei und staatlichen Institutionen, mit dem Umweltministerium als Zentrum, präsent ist. Nationalstaat und Umweltbewegungen sind mal Bündnispartner und mal Konfliktparteien. Viele chinesische Umweltaktivist_innen verfolgen die der deutschen Umweltbewegung sehr bekannte Strategie des „Marsches durch die Institutionen" (ein sinngemäßes Zitat aus dem Gespräch mit Hao Xin, Green Zhejiang, der größten U-NGO in der Provinz Zhejiang). Die oben beschriebene Transformationswirkung der PX-Bewegung sowie die Durchsetzung des neuen, weitaus schärferen Umweltgesetzes von 2014 sind Teilerfolge, die diese Strategie realistisch erscheinen lassen.

Der Staat unterdrückt die Option eines unmittelbaren, demokratischen Regimewechsels mit der ungeheuren, ihm verfügbaren repressiven Gewalt (die Kosten des Überwachungsstaates übersteigen seit kurzem die Kosten des Militärhaushalts) gegen alle konfrontativen, systemischen Demokratisierungsstrategien wie z. B. der Bürgerrechtsbewegung. Gleichzeitig hat er in den vergangenen 20 Jahren selektiv begrenzte institutionelle Teilhaberechte in öffentlichen Arenen umweltpolitischer Debatten und Konflikte geschaffen. Angetrieben von diesen Debatten und Konflikten fungieren diese Arenen als Demokratisierungspfade, wo die sozialen und politischen Lernprozesse nicht nur Umweltinnovationen befördern, sondern auch die Chance der Verbreiterung dieser Demokratisierungspfade in zunehmend besser befahrbare Straßen der Demokratisierung, wie z. B. bei der kürzlichen Reform des UVP-Verfahrens (UVP = Umweltverträglichkeits-Prüfung).

Dies ist jedoch nicht so zu verstehen, dass der Staat in seiner Gesamtheit ohne Widerstände und Widersprüche daran interessiert und fähig ist, in Analogie zum schnellen Ausbau z. B. der Eisenbahninfrastruktur in China, von oben ein schnelles Straßennetz der graduellen Demokratisierung zu bauen. Die Debatten in den und ausgehend von den rechtlich verankerten Arenen öffentlicher Beteiligung sind oft sehr kontrovers und führen häufig zu umwelt- und demokratiepolitischen Konflikten und Massenprotesten. Die Teilnehmer_innen, z. B. in den lokalen Umweltprotesten, beziehen sich dabei wesentlich auf den Widerspruch von Rechtsanspruch und Rechtswirklichkeit von Verfahren öffentlicher Beteiligung. Wie in anderen Ländern auch hinkt die Rechtswirklichkeit den rechtlich verankerten Beteiligungsverfahren hinterher. Gleichzeitig verinnerlichen die Bürger_innen ihre Rechtsansprüche und die soziale Norm der Bürgerbeteiligung, beziehen sich in ihrem lokalen Umweltengagement auf diese rechtlich fixierten Beteiligungsverfahren und klagen diese ein. Die lokalen Umweltproteste beziehen aus diesen ihren Rechtsanspruch und ihre politische Legitimität und wären daher nur um den Preis einer Legitimitätskrise zu unterdrücken. Das chinesische Volk konstituiert sich zunehmend als Gesellschaft, die sich ihrer Bürgerrechte bewusst ist. In diesem Sinn lässt sich auch von Umwelt-Bürger_innen sprechen.

In dem Maße wie andere Legitimitätsgründe, z. B. das wirtschaftliche Wachstum, an Bedeutung verlieren, wird sich auch der chinesische Staat noch stärker durch bedeutungsvolle Verfahren öffentlicher Beteiligung legitimieren müssen und diese werden dann die Achsen der Demokratisierungsprozesse und -konflikte.

Das Gesetz zur Offenlegung und des freien, inklusiven Zugangs zu Informationen von 2008 als Voraussetzung einer wirksamen Bürgerbeteiligung ist dafür ein gutes Beispiel. Es wurde 2011 in der ersten Phase der Anti-Smog-Bewegung zur stärksten Waffe im Kampf um die öffentliche Berichtspflicht über alle Schadstoffe, inklusive der bisher geheimgehaltenen PM2.5-Werte; es führte dann ab 2012 zu einem effektiven Monitoring- und Informationssystem in allen großen städtischen Kommunen, Anfang 2015 zur Berichtspflicht der großen Umweltverschmutzer in Echtzeit und dient heute der Strategie des *naming and shaming* der Umweltverschmutzer_innen durch die kombinierten Aktivitäten des Umweltministeriums und mehrerer NGOs (u. a. Institute of Public & Environment Affairs (IPE)/Syntao). Alle relevanten Daten zur Luftverschmutzung sind nun durch eine „Air Pollution Data"-App von IPE leicht zugänglich. Diese sukzessive Umsetzung des Rechts auf freie und inklusive Information zur Luftverschmutzung entsprach in seinen Sequenzen dem strategischen Plan von Ma Jun, IPE.

Die demokratischen Reformer_innen in Partei und Staat verfolgen daher eine „Strategie der inkrementellen Demokratisierung" (Yu Keping), d. h. den schrittweisen Ausbau und die Vernetzung dieser Demokratie-Bausteine, unterstützt durch rechtliche Absicherung in Form konstitutionell geschützter Bürgerrechte, um so Schritt für Schritt das institutionelle Fundament einer Demokratie chinesischer Prägung zu entwickeln. Das Kalkül ist auch, der zukünftigen chinesischen Demokratie ein tragfähiges institutionelles und kulturelles Fundament zu verleihen und diese so auf sichere Füße zu stellen. Nach den mehrfachen Fehlversuchen des zurückliegenden Jahrhunderts kann sich China keinen weiteren Fehlversuch leisten.

Bereits heute finden wir in der chinesischen Umweltbewegung und Umweltpolitik, in mehr oder weniger starken Ansätzen, das von Pierre Rosanvallon (La contre-democratie, Paris 2006) für die Mehrparteien- und Wahldemokratien des Westens diagnostizierte, die demokratischen Verfahren erweiternde Aktionsrepertoire: erstens das Widerspruch und Veto einlegende Volk (in den lokalen Massenprotesten stark entwickelt), zweitens das die Rechtsinstrumente in Form von *public environmental litigation* nutzende Volk (bisher noch schwach, aber durch das neue Umweltgesetz von 2014 und den Ausbau der Umweltgerichte gestärkt) und drittens das die Umweltstandards überwachende Volk (international vorbildlich nach Einschätzung nicht nur von US-amerikanischen Expert_innen die Pflicht zur Veröffentlichung der Umweltdaten in Echtzeit durch die 15.000 größten umweltverschmutzenden Unternehmen, die ca. 70 Prozent der gesamten Umweltverschmutzung ausmachen).

6. Ausblick

Die bisherigen Erwartungen und Fantasien der westlichen Öffentlichkeit an die chinesische Umweltbewegung richten sich vorwiegend – nach dem Modell einiger osteuropäischer Länder – auf den relativ kurzen Zeitraum des Big Bangs der demokratischen Regimetransformation. Afghanistan und Irak haben gezeigt, dass der demokratische Übergang scheitert, wenn er nicht von binnengesellschaftlichen, breiten, tiefen und langfristigen Demokratisierungsprozessen in Staat, Wirtschaft und

Kultur getragen wird. Wäre es nicht – angesichts der diagnostizierten Konstellation – sinnvoll, dass die europäische Öffentlichkeit ihre Maßstäbe überdenkt, das Potenzial der faktisch laufenden Prozesse der graduellen, selektiven Demokratisierung Chinas durch die Umweltbewegung wahrnimmt und die europäische Zivilgesellschaft die vorhandenen Kooperationspotenziale in der nächsten Zeit prioritär entlang der Achse des auch für China zentralen Themas der nachhaltigen Entwicklung identifiziert und nutzt?

Bisher benutzt die europäische Öffentlichkeit die chinesische Umweltbewegung oft als Projektionsfläche für den (verständlichen) Wunsch eines schnellen demokratischen Wandels in China, obwohl in China Eliten und auch das Volk nach einer anderen Musik (eine sich wandelnde Mischung aus chinesischen Traditionen und den demokratischen Traditionen des Westens) und auf einer anderen Bühne singen und tanzen. Ein Kooperations-Projekt, das die Handlungsbedingungen und die Motive des Anderen nicht kennt und berücksichtigt, kann nur scheitern. Wir sollten versuchen, unter Berücksichtigung der andersartigen Rhythmik und Melodik der chinesischen Musik, die gemeinsamen Melodien der nachhaltigen Entwicklung und der Demokratisierung in einem dialogischen Duett, das von vielen relevanten chinesischen Akteur_innen mit Nachdruck gesucht wird, weil es für sie ein Projekt der Hoffnung ist, weiterzuentwickeln. Das wäre authentische, kosmopolitische „world music" und eine gute, bessere Voraussetzung für das Gelingen des anspruchsvollen „Tanzes" der Nachhaltigkeitskooperation.

Literatur

Jaspers, James M. 2012: Introduction. In: Goodwin, Jeff/Jaspers, James M.: Contention in Context. Stanford.

Ulrike Lunacek

Lieben ohne Angst für alle![1]

Alltäglicher Diskriminierung von LGBTI-Menschen in der EU endlich ein Ende setzen

1. Vorbemerkung

Europa ist unser Zuhause, und ich betone: Unser aller Zuhause. 20, 21, 23 – diese Artikel in der EU-Grundrechtecharta schreiben den Gleichheitsgrundsatz und das Diskriminierungsverbot für alle EU-Bürgerinnen und -Bürger fest. Dennoch sind Lesben, Schwule, Bisexuelle, Transgender und Intersex-Personen (LGBTI) in Europa nach wie vor massiver Benachteiligung, Mobbing und Gewalt ausgesetzt – in Schulen, am Arbeitsplatz und in ihrem alltäglichen Lebensumfeld, wo immer wieder Angst vorherrscht. In einer von der EU-Grundrechteagentur durchgeführten Umfrage gab rund die Hälfte aller Teilnehmer_innen an, persönliche Diskriminierung oder Belästigung in Bezug auf ihre sexuelle Orientierung zu erleben. 2/3 der Befragten gaben an, auf der Straße Angst davor zu haben, mit ihrem/ihrer Liebsten Hand in Hand zu gehen. Mindestens 60 Prozent erfuhren aufgrund ihres Lesbisch- oder Schwulseins negative Kommentare oder Behandlung in der Schule. 35 Prozent der befragten Transgender-Personen wurden innerhalb eines Jahres entweder angegriffen oder mit Gewalt bedroht.

Diese Zahlen zeigen, dass wir nicht einfach zur Tagesordnung übergehen können. Jetzt sind Taten gefragt. Es muss unser Ziel sein, dass Lesben, Schwule, Bisexuelle, Transgender und Intersex-Personen in Freiheit und ohne Angst leben können. Die EU gründet auf den Werten der Gleichheit und des Respekts. Unter der Europaflagge müssen alle Menschen geschützt sein. Das Europäische Parlament und besonders wir in der LGBT-Intergroup verstehen uns dezidiert als Watchdog und Unterstützer_in für die Umsetzung von LGBT-Rechten, damit Lesben, Schwule, Bisexuelle und Transgender in Freiheit und ohne Angst leben können – in der EU wie in anderen Teilen der Welt, wo die Lage ja oft noch viel dramatischer ist.

---

1 Der Beitrag wurde veröffentlicht in den BBE Europa-Nachrichten 9/2015.

2. EU-Fahrplan zur „Bekämpfung von Homophobie und Diskriminierung aus Gründen der sexuellen Orientierung und der Geschlechtsidentität"

Kulminiert ist dieser Kampf für ein Europa, in dem Homophobie nicht mehr länger geduldet wird, in meinem am 4. Februar 2014 von einer guten Mehrheit des Europaparlaments angenommenen Bericht für eine „EU-Roadmap gegen Homophobie und Diskriminierung aufgrund der sexuellen Orientierung und Geschlechtsidentität"[2].

Der Inhalt dieses Fahrplans ist sehr detailliert und praxisorientiert. Um nur ein paar Forderungen zu zitieren: Die Kommission sollte sich bemühen, dass Themen im Zusammenhang mit den Grundrechten lesbischer, schwuler, bi-, trans- und intersexueller Personen bei sämtlichen relevanten Arbeiten einbezogen werden – beispielsweise beim Entwurf künftiger politischer Maßnahmen und Vorschläge oder bei der Überwachung der Umsetzung von EU-Recht; oder: Die Kommission und die Mitgliedsstaaten sollten angehalten werden, relevante und vergleichbare Daten zu der Situation von LGBTI-Personen in der EU zu erheben; oder: Kommission und die Mitgliedsstaaten sollten gemeinsam mit den einschlägigen Einrichtungen darauf hinwirken, die Bevölkerung für die Rechte von LGBTI-Personen zu sensibilisieren; oder: Die Kommission sollte mit all ihren Jugend- und Bildungsprogrammen die Gleichbehandlung aller Menschen fördern und Diskriminierung aus Gründen der sexuellen Orientierung und der Geschlechtsidentität bekämpfen.

Zusammengefasst fordert dieser Bericht eine Vielzahl von systematischen Initiativen zum Kampf gegen Diskriminierung aufgrund sexueller Orientierung und Geschlechtsidentität.

Klingt nach etwas Selbstverständlichem – und sollte es im 21. Jahrhundert auch sein. Aber weit gefehlt. Das riesige Medieninteresse rund um den „Lunacek-Bericht" und vor allem die im Vorfeld lancierten Gegen-Kampagnen von religiös- und nationalistisch-fundamentalistischen Gruppen haben eine Selbstverständlichkeit zu einem Kultur- und Ideologiekampf hochstilisiert: Mehr als 40.000 E-Mails innerhalb weniger Tage in meiner Mailbox, meine gehackte Website und persönliche Hass-Mails waren eindeutige Beweise dafür.

Wer die bewussten Fehlinformationen, die von diesen Gruppierungen verbreitet wurden, gelesen und geglaubt hat, musste denken, wir Lesben und Schwule greifen um die EU- wenn nicht sogar die Weltherrschaft! Doch die Mehrheit der Abgeordneten dachte so wie wir Grüne und stimmte für die Selbstverständlichkeit, Homophobie zu ächten und auch auf europäischer Ebene institutionell zu be-

---

2 http://www.europarl.europa.eu/sides/getDoc.do?pubRef=-//EP//TEXT+TA+P7-TA-2014-0062+0+DOC+XML+V0//DE

kämpfen. Dass trotz dieser massiven Anti-Kampagnen der Bericht über die politischen Lager hinweg eine Mehrheit gefunden hat, war für mich jedenfalls ein ermutigendes Zeichen und hat mir wieder einmal bewiesen, dass homophobe Positionen in Europa an Boden verlieren und die Mehrheit in Europa diese intoleranten Auswüchse nicht mehr hinnehmen will. Homophobe Gesetze wie homophobe Praxis sind inakzeptabel und werden in Europa nicht mehr geduldet. Wir im Europaparlament werden jedenfalls auch weiterhin nicht ruhen, bis Lesben, Schwule und Transgender überall ohne Angst leben können.

Dieser Bericht hat auf zehn ähnliche Vorstöße seitens des Europaparlaments in den drei Jahren zuvor aufgebaut. Die Kommission wurde damit also bereits zum vierten Mal aufgefordert, hier endlich konkrete wie kohärente Schritte gegen diese alltägliche Verachtung europäischer Werte zu setzen. Und über ein Jahr nach dieser Abstimmung kann ich berichten, dass jetzt endlich Bewegung in die Sache kommt: Vor wenigen Wochen hatte ich ein Treffen mit Kommissions-Vizepräsident Frans Timmermans und der für Justiz, Verbraucherschutz und Gleichstellung zuständigen EU-Kommissarin Věra Jourová, in dem sich beide zusammen erstmals positiv zu diesem Bericht und zum Ziel einer Roadmap geäußert haben. Für mich und uns steht jedenfalls fest, dass die EU-Kommission diesem Auftrag des Parlaments jetzt endlich unverzüglich nachkommen muss – und da werden wir nicht lockerlassen und dranbleiben, bis das tatsächlich passiert.

Als zuständige Berichterstatterin für die „Equality Directive" im Europaparlament möchte ich auch noch kurz auf dieses andere wichtige europäische Gleichbehandlungsgesetz eingehen. Von Kritiker_innen wird regelmäßig im Zusammenhang mit dieser Direktive eine angeblich damit einhergehende „Umerziehung der Gesellschaft" und der Verlust von Freiheit kritisiert.

Aber vor welcher „Umerziehung" wird hier eigentlich gewarnt? Es geht um einen in breiten Teilen der Bevölkerung schon Einzug gehaltenen Bewusstseinswandel, der sich auch in konkreten Gesetzen niederschlägt: Dass nämlich Gleichbehandlung nicht das Privileg Gleicherer ist, sondern für alle gilt! Und welche Freiheit soll hier verteidigt werden? Ausschließlich die Freiheit ohne rechtliche Konsequenzen diskriminieren zu dürfen! Das ist eine falsch verstandene Freiheit!

Und es stimmt auch nicht, dass diese Regelung auf EU-Ebene seit Jahren keinen Konsens findet. Keinen Konsens gibt es im Rat – also zwischen den Regierungen der Mitgliedsstaaten: Ginge es nach Kommission und Europaparlament wäre diese Richtlinie zum Schutz vor Diskriminierung außerhalb der Arbeitswelt seit 2009 (!) auf Schiene, und Diskriminierungen aus Gründen der Religion oder der Weltanschauung, einer Behinderung, des Alters oder der sexuellen Orientierung könnte – so wie jetzt schon im Fall von Rassismus – auch juristisch Einhalt geboten werden. Gemeinsam mit der bereits genannten und auch für diesen Bereich zuständigen EU-Kommissarin Jourová haben wir im Europaparlament einen neuen Anlauf dafür gestartet. Wenn wir Erfolg haben – und davon gehe ich aus – ist das ein Riesenschritt zur Durchsetzung des in der Grundrechte-Charta verankerten Gleichheitsgrundsatzes.

3. Fazit

Abschließen möchte ich diesen Beitrag mit einem zugegeben symbolischen, aber für mich nichtsdestotrotz wichtigen Erfolg für unsere Bewegung und unsere Anliegen. Ich spreche vom Sieg von Conchita Wurst beim Eurovision Song Contest 2014 – ein großartiges Zeichen für Offenheit und Nicht-Diskriminierung, das gezeigt hat, dass die Menschen in Europa schon längst weiter sind als die Politik. Jetzt ist diese gefordert, um gesetzliche und gesellschaftliche Rahmenbedingungen zu schaffen, damit Leben und Lieben ohne Angst auch für LGBTI-Menschen zur Selbstverständlichkeit wird. Oder wie es Conchita auf den Punkt gebracht hat: We are unstoppable!

Schwerpunkt-
thema

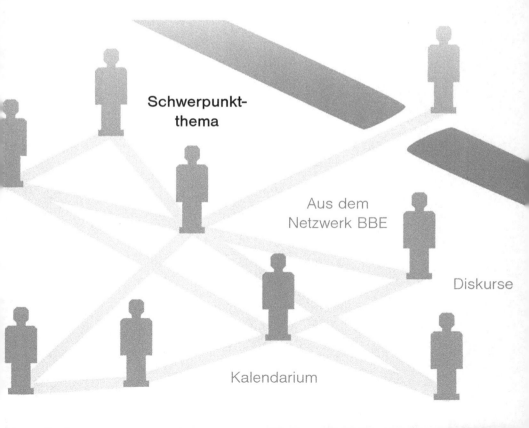

Schwerpunkt-
thema

Katharina Boele-Woelki, Meike Matthias, Judith Büschleb, Franziska Adelmann

Rechtliche Rahmenbedingungen des Engagements für und mit Geflüchteten

1. Vorbemerkung

Die große Zahl von Menschen aus Kriegs- und Krisengebieten, die derzeit in Deutschland Schutz suchen, geht einher mit einer beeindruckenden Welle der Hilfsbereitschaft. Im Vordergrund steht der Wunsch unkompliziert, effektiv und insbesondere schnell zu helfen.

Die Frage nach den rechtlichen Rahmenbedingungen des eigenen Handelns tritt hierbei oft in den Hintergrund. Anhand des Beispiels der studentischen Initiative We.Inform der Bucerius Law School, Hochschule für Rechtswissenschaften in Hamburg, soll daher im Folgenden dargestellt werden, welche Rechtsbeziehungen und welche Haftungsrisiken im Rahmen des Engagements für und mit Geflüchteten bestehen. Der Fokus des Beitrages ist auf Spontanengagement außerhalb der traditionellen organisatorischen und rechtlichen Rahmen von Vereinen und Stiftungen gerichtet, da gerade diese neue Form des Engagements die derzeitige Flüchtlingshilfe prägt und hier die Rechtsunsicherheit besonders groß ist. Dabei wird unter bürgerschaftlichem Engagement – in Anlehnung an die Kernelemente einer möglichen Legaldefinition von Serge Embacher – jedes aktive, freiwillige und unentgeltliche Handeln mit Gemeinwohlbezug verstanden, das gemeinschaftlich und im öffentlichen Interesse erfolgt (Embacher 2016, S. 33 f.).

Das Pilotprojekt We.Inform (Welcome Information for Refugees and Immigrants) wurde 2015 von Studierenden zusammen mit Geflüchteten aus Syrien und Afghanistan als Reaktion auf ein erhebliches Informationsdefizit unter den Geflüchteten in Hamburg ins Leben gerufen. Damit die Informationen die Geflüchteten tatsächlich erreichen, setzt das Konzept von We.Inform auf eine Kombination von Onlineinformationen auf einer mehrsprachigen Website zu Themen wie Asyl, Arbeit oder Freizeitangebote, und persönlicher Informationsvermittlung durch geschulte Ehrenamtliche (sogenannte Informationguides) in den Flüchtlingsunterkünften. We.Inform will neue Wege aufzeigen, wie eine zielgruppenorientierte Aufklärung von geflüchteten Menschen gelingen kann, die Voraussetzung für Integration und eine aktive Teilhabe am gesellschaftlichen, kulturellen und wirtschaftlichen Leben in Deutschland ist.[1]

---

1 Weitere Informationen über das Projekt auf http://we-inform.de.

2. Engagementgesetz: Fehlanzeige

Eine detaillierte Beurteilung der rechtlichen Rahmenbedingungen des Engagements für und mit Geflüchteten schneidet diverse Rechtsgebiete wie das Sozial-, Arbeits- oder Schuldrecht an, in denen man zum Teil lediglich auf die dortigen Grundsätze zurückgreifen kann. Explizite Bestimmungen lassen sich nur vereinzelt finden, vorwiegend im Bereich des Steuerrechts für gemeinnützige Organisationen (Vgl. Bornemann und Klene 2016, 521 ff.). Ausgangspunkt einer rechtlichen Betrachtung ist daher zunächst die Frage, welche rechtlichen Beziehungen zwischen den Beteiligten bestehen. Bei We.Inform steht insbesondere die Beziehung zwischen dem Informationguide – der in die Unterkunft geht – und dem Geflüchteten – der Informationen erhält – im Zentrum.

3. Rechtliche Beziehung zwischen dem Engagierten und dem „Hilfeempfänger"

Ein Ehrenamt wird in der Regel übernommen, ohne ausdrücklich einen Vertrag mit demjenigen, der die Hilfe in Anspruch nimmt, zu schließen. Für die Beurteilung, ob gegenseitige Rechte und Pflichten zwischen dem Helfenden und dem Hilfeempfänger bestehen – also ob ein Rechtsverhältnis begründet wurde – kommt es daher auf eine Auslegung der Situation im Einzelfall an. Das Abgrenzungskriterium ist dabei der sogenannte Rechtsbindungswille. Ein Rechtsverhältnis liegt vor, wenn der Rechtsverkehr der Erklärung oder dem Verhalten einer Person entnimmt, dass diese sich rechtlich binden will. Ist ein derartiger Wille nicht festzustellen, ist ein Gefälligkeitsverhältnis anzunehmen, aus dem die Parteien keine rechtlichen Pflichten herleiten können.

Der Ehrenamtliche hat grundsätzlich ein Interesse daran, möglichst risikolos zu helfen und keine rechtliche Bindung einzugehen. Wenn man lediglich auf seine Position abstellt, so würde stets nur ein Gefälligkeitsverhältnis bestehen. Annehmbar wäre dies für den Fall, dass jemand einen Geflüchteten zu seiner neuen Unterkunft begleitet und ihm lediglich den Weg durch die fremde Stadt zeigt. Anders könnte es sich aber dann verhalten, wenn beispielsweise eine (regelmäßige) Begleitung zur Behörde stattfindet und der Freiwillige dort für den Geflüchteten Anträge ausfüllt. In dieser Konstellation tritt der Helfende gegenüber Dritten in Erscheinung und der Geflüchtete vertraut darauf, dass der Freiwillige sich nach seinem besten Gewissen für ihn einsetzt und den Antrag richtig ausfüllt. Würde man hier keine rechtlichen Bindungen annehmen, könnte der Helfende sehr leicht und freigiebig in negativer Weise auf die Interessen des Geflüchteten einwirken. Dieser bedarf dann besonderen Schutzes. Ein Rechtsverhältnis ist deswegen grundsätzlich immer in den Fällen anzunehmen, in denen ein wesentliches Vermögens- oder Integritätsinteresse des Geflüchteten betroffen ist (Vgl. Petzschke 2004, S. 34). Auch bei der

Informationsvermittlung durch einen Informationguide wird es oft um solche Hilfestellungen gehen, die die Interessen des Geflüchteten so weitreichend betreffen, dass nicht mehr nur eine Gefälligkeit vorliegt, sondern ein Rechtverhältnis mit Schutz- und Rücksichtnahmepflichten entsteht.

4. Haftungsrisiken

In der Praxis sind damit Nachteile für den Ehrenamtlichen verbunden. Bei einem Gefälligkeitsverhältnis würde der Informationguide gegenüber dem Hilfeempfänger ausschließlich nach den allgemeinen Regelungen des Deliktsrechts haften, die generell zwischen allen Personen anwendbar sind, unabhängig davon ob diese bereits zuvor in einer Beziehung zueinander standen. Liegt ein Rechtsverhältnis vor, ergeben sich zusätzliche Schadensersatzansprüche, die im Ergebnis auf eine umfassendere Haftung hinauslaufen. Es bestehen weniger Entlastungsmöglichkeiten für den Schädiger, durch die er eine Schadensersatzpflicht verhindern kann. Außerdem entfallen die weiteren Vorteile der deliktischen Haftung, die darin liegen, dass die Beweislast in einem gerichtlichen Prozess beim Verletzten liegt und reine Vermögensschäden nur ausnahmsweise ersatzfähig sind. In der Konsequenz ist es wichtig, zu wissen, wie eine solche Haftung aufgefangen oder vermieden werden kann.

5. Haftpflichtversicherung

Zunächst ist dabei an Versicherungen zu denken. Vom Helfer an fremden Personen oder Sachen verursachte Schäden können durch eine private Haftpflichtversicherung abgefangen werden. Neben dem Nachteil, dass jeder Ehrenamtliche die Versicherungsprämien für eine solche Versicherung selbst zu tragen hat, enthalten einige Versicherungsbedingungen jedoch eine Klausel, die im Rahmen einer ehrenamtlichen Tätigkeit entstandene Schäden vom Versicherungsschutz ausschließt (Dickmann 2016, S. 489). Solche Klauseln sind nach der Rechtsprechung wirksam (BGH NJW – RR 91, S. 668f.; Dickmann 2016, S. 490). Jeder, der sich ehrenamtlich engagiert, sollte daher in seiner Haftpflichtversicherung nachsehen, welche konkreten Schäden übernommen werden. Subsidiär zu der Privathaftpflichtversicherung haben die Bundesländer Sammelversicherungen für Ehrenamtliche abgeschlossen, um gerade solche Versicherungslücken zu schließen (Vgl. m.w.N. die Übersicht bei Dickmann 2016, S. 493).

6. Haftungsausschlüsse

Neben einem Schutz durch Versicherungen, der eingreift, nachdem Schadensersatzansprüche entstanden sind, kann an einen vorherigen Haftungsausschluss gedacht werden. Ein solcher ist grundsätzlich möglich, soweit die Haftung für Vorsatz bestehen bleibt. Er kann ausdrücklich vereinbart werden und auf diese Weise sogar grobe Fahrlässigkeit ausschließen (Unberath 2011, § 276, Rn. 54). Allerdings wird dies, aufgrund des meist spontanen Engagements ohne ausdrückliche vorherige Absprachen und wegen der diversen Sprachbarrieren in der Flüchtlingshilfe, selten der Fall sein. Beispielsweise wäre es lebensfremd, anzunehmen, dass ein Informationguide vor einem Informationsgespräch jedem Interessenten erklären kann, dass ein Haftungsausschluss für grob fahrlässige Informationsfehler besteht.

Stattdessen ist es möglich, ohne gesonderte Absprache in Bezug auf leichte Fahrlässigkeit, einen (sogenannten konkludenten) Haftungsausschluss allein aus den der Tätigkeit zugrunde liegenden Umständen anzunehmen (BGH NJW 1959, S. 1221; BGH NJW 1996, S. 715; Unberath 2011, § 276, Rn. 54). Ein Kriterium, das für einen konkludenten Ausschluss spricht, kann dabei insbesondere das unentgeltliche Tätigwerden sein (Petzschke 2004, S. 75). Sofern allerdings eine Haftpflichtversicherung des Ehrenamtlichen besteht, ist davon auszugehen, dass kein Haftungsausschluss vereinbart wurde (Stadler 2015, § 276 Rn. 55).

Neben einem Haftungsausschluss ist bei ehrenamtlichem Engagement, das als Ziel hat, Geflüchtete mit Informationen zu versorgen, zu beachten, dass keine Rechtsberatung stattfindet, für deren Konsequenzen die Ehrenamtlichen bei falscher Beratung einstehen müssten. Insbesondere bei den oft bestehenden Fragen der Geflüchteten über das Asylverfahren ist es wichtig, dass Ehrenamtliche ohne entsprechende juristische Ausbildung und Berufshaftpflichtversicherung darauf achten, nicht rechtsberatend tätig zu werden. Das Haftungsrisiko in Bezug auf Fehlinformationen lässt sich vermeiden, indem der Ehrenamtliche nur eine „Verweisberatung" vornimmt und an die richtigen Beratungsstellen weiter vermittelt. Bei We.Inform ist der Leitsatz zum Schutz der Ehrenamtlichen und der Geflüchteten daher: „Wir verweisen und beraten nicht".

7. Besonderheiten bei Geflüchteten als Ehrenamtliche

In vielen Initiativen sind Geflüchtete selbst ehrenamtlich aktiv. Ihre Sprachkenntnisse, ihr Erfahrungsschatz und ihre kulturelle Expertise machen manche Hilfsprojekte überhaupt erst möglich. Bei We.Inform sind Geflüchtete z. B. als Informationguide und Übersetzer_innen tätig. Hier ist zu betrachten, inwieweit sich Geflüchtete überhaupt ehrenamtlich betätigen dürfen und wie es sich in ihrem Fall mit Versicherungen verhält.

7.1 Ehrenamtliche Betätigung

Der ehrenamtliche Einsatz von Geflüchteten könnte problematisch sein, wenn es diesen aufgrund ihres Aufenthaltsstatus nicht gestattet ist, zu arbeiten. Fraglich ist, ob von dem Verbot der Beschäftigung auch ehrenamtliches Engagement umfasst ist. Ein Merkmal der Beschäftigung, wie sie im Sinne des Aufenthaltsgesetzes verstanden wird, ist, dass eine Tätigkeit nach Weisungen stattfindet und eine Eingliederung in die Arbeitsorganisation des Weisungsgebers besteht (Vgl. § 2 Abs. 2 AufenthG i. V.m § 7 SGV IV). Meistens wird eine solche Tätigkeit wohl gleichzeitig ein arbeitsrechtliches Arbeitsverhältnis sein (Vgl. Rittweger 2016, § 7 Rn. 4). Für eine solche Auslegung spricht zudem, dass die Beschäftigungsverordnung, in der die näheren Regelungen zur Erwerbstätigkeit von Geflüchteten enthalten sind, ihren Zweck – dem Wortlaut nach – ausdrücklich auf die Zulassung von Geflüchteten zum „Arbeitsmarkt" beschränkt. Ein Arbeitnehmer ist, wer aufgrund eines privatrechtlichen Vertrags im Dienste eines anderen zur Leistung weisungsgebundener, fremdbestimmter Arbeit in persönlicher Abhängigkeit verpflichtet ist (BAG 14. 3. 2007 –5 AZR 499/06 – Rn. 13 mwN). Entscheidendes Kriterium des bürgerschaftlichen Ehrenamtes ist aber die Freiwilligkeit (Embacher 2016, S. 33) und die prinzipielle Unentgeltlichkeit (Dickmann 2016, S. 490; Igl 2002, S. 48, 50 f.). Konsequent weitergedacht, geht mit diesen Merkmalen zugleich das Fehlen der Verpflichtung zur Leistung weisungsgebundener, fremdbestimmter Arbeit in persönlicher Abhängigkeit einher. Die Beteiligung an gesellschaftlichen Projekten als ehrenamtliches Engagement sollte also, insbesondere wenn sie ohne Aufwandsentschädigungen stattfindet, nicht unter den Begriff der „Arbeit" im Sinne der Beschäftigungsverordnung fallen (Vgl. BAG NJW-Spezial 2013, S. 18; Vgl. Bender et al. 2016, § 2 AufenthG Rn. 6) und daher für Geflüchtete ohne Arbeitserlaubnis möglich sein.[2] Ein solches Ergebnis entspricht der Regelung des § 22 Abs. 3 Mindestlohngesetz, wonach ehrenamtliche Tätigkeiten vom Mindestlohn ausgenommen sind. Nicht zuletzt mit Blick auf das grundrechtlich gewährleistete Recht zur freien Entfaltung der Persönlichkeit sowie der Gewissens- und Glaubensfreiheit, muss eine ehrenamtliche Tätigkeit zugunsten von Bedürftigen auch für Menschen ohne Arbeitserlaubnis möglich sein.

7.2 Versicherung

Im Gegensatz zu vielen deutschen Bürger_innen haben Geflüchtete in der Regel keine Haftpflichtversicherung. In einigen Kommunen wird über die Einrichtung einer Sammel-Haftpflichtversicherung, die von der Kommune getragen wird und die Schäden auffängt, die durch Geflüchtete ohne Haftpflichtversicherung verursacht werden, diskutiert.[3] Deutschlandweit ist das Bestehen einer solchen Versicherung bisher die Ausnahme. Allerdings müssten Geflüchtete, die sich in Hilfspro-

---

2 So im Ergebnis auch Kraus (2005, S. 259, 266). Dies entspricht ebenso dem Sinn des § 14 Abs. 1 BeschV, der eine Ausnahme sogar für bezahlte gemeinnützige Beschäftigungen aufstellt.
3 So Landkreis Miesbach in Oberbayern, Vgl. dpa/acr/LTO-Redaktion (29.03.2016). Haftpflicht für Asylbewerber – Streit über Versicherungsschutz für Flüchtlinge. In: http://www.lto.de/recht/ nachrichten/n/fluechtlinge-versicherung-haftpflicht-gemeinden-unfall-gesetzgeber/ (28.06.2016).

jekten engagieren, wie jeder andere Ehrenamtliche von der Haftpflichtversicherung für Ehrenamtliche der Bundesländer (Vgl. BAG NJW-Spezial 2013, S. 18; Vgl. Bender et al. 2016, § 2 AufenthG Rn. 6) umfasst sein. Nachprüfen lässt sich dies mangels öffentlich einsehbarer Versicherungsbedingungen leider nicht. Als alternative Lösungsmöglichkeit bliebe sonst nur, dass auf ein spontanes Engagement verzichtet und stattdessen für das Projekt bewusst eine Organisationsform wie der Verein gewählt wird, der dann wiederum eine Vereinsversicherung abschließt, die jedes Vereinsmitglied unabhängig vom Aufenthaltsstatus umfasst.

8. Fazit und Ausblick

Aus den bestehenden rechtlichen Grundsätzen und allgemeinen Regelungen lässt sich die haftungsrechtliche Situation zwischen dem Ehrenamtlichen und dem Geflüchteten ableiten. Jedoch ergibt sich vieles nicht auf den ersten Blick, wodurch vermeidbare Risiken von den Ehrenamtlichen wohl immer wieder unbewusst in Kauf genommen werden. Wünschenswert wäre daher die Erarbeitung und Veröffentlichung eines juristisch fundierten und dennoch übersichtlichen „Praxisleitfadens Spontanengagement" und eines entsprechenden Formularhandbuchs. Inhaltlich sollten dabei die wichtigsten rechtlichen Regelungen für den fachlich nicht versierten Ehrenamtlichen verständlich zusammenstellt und klare Handlungsempfehlungen gegeben werden. Der Leitfaden müsste, neben den Haftungsverhältnissen zwischen dem Ehrenamtlichen und dem Geflüchteten, die Haftungsverhältnisse zwischen den Ehrenamtlichen, die sich gemeinsam in einem Projekt engagieren, erörtern. Dabei wäre ferner zu klären, ab wann das Bestehen einer BGB-Gesellschaft mit zusätzlichen Pflichten – im Gegensatz zu einem unverbindlichen Zusammenschluss von Helfenden – anzunehmen ist. Des Weiteren ergeben sich Fragen bezüglich des Datenschutzes, wenn Daten von Geflüchteten oder Ehrenamtlichen gespeichert und verarbeitet werden, oder bezüglich des Urheberrechts, sofern ein Projekt Logos oder andere Werke erstellt. Denn all dies gehört auch zu den rechtlichen Rahmenbedingungen des Engagements für und mit Geflüchteten. Hier könnte mehr Handlungssicherheit für Ehrenamtliche geschaffen werden.

Literatur

Bender, Dominik/Welge, Ines/Keßler, Stefan 2016: Hofmann, NomosKommentar zum Ausländerrecht, 2. Auflage 2016. Baden-Baden.
Bornemann, Elias/Klene, Victor 2016: Steuerbegünstigungen für gemeinnützige Körperschaften. In: Juristische Ausbildung, 5/2016. Berlin, S. 521-528.
Dickmann, Roman 2016: Versicherungsschutz und Haftung für ehrenamtliche Tätigkeit. In: Zeitschrift für Versicherungsrecht, Haftungs- und Schadensrecht, 8/2016. Karlsruhe, S. 489-496.

Embacher, Serge 2016: Vom „unbestimmten Rechtsbegriff" zur politischen Größe. In: Klein, Ansgar/Sprengel, Rainer/Neuling, Johanna (Hrsg.): Jahrbuch Engagementpolitik 2016. Schwalbach/Ts., S. 30-34.

Igl, Gerhard 2002: Rechtliche Rahmenbedingungen bürgerschaftlichen Engagements. Opladen.

Kraus, Rudolf 2005: Bericht der Beauftragten der Bundesregierung für Migration, Flüchtlinge und Integration (6. Bericht über die Lage der Ausländerinnen und Ausländer). In: Zeitschrift für Ausländerrecht und Ausländerpolitik, 8/9/2005. Baden-Baden, S. 259-270.

Petzschke, Lydia 2004: Ehrenamt und Rechtsordnung. Berlin.

Stadler, Astrid 2015: Jauernig, Kommentar zum BGB, 16. Auflage 2015. München.

Unberath, Hannes 2011: Bamberger/Roth, Beck'scher Online-Kommentar zum BGB, 39. Edition, Stand 01.03.2011. München.

Rittweger, Stephan 2016: Rolfs/Giesen/Kreikebohm/Udsching, Beck'scher Online-Kommentar Sozialrecht, 41. Edition, Stand 01.04.2016. München.

Ansgar Klein

Bedarfe der Engagementförderung in der Flüchtlingshilfe[1]

1. Vorbemerkung

Die folgenden Überlegungen reagieren auf die bedeutende Rolle, die bürgerschaftliches Engagement im Rahmen der Flüchtlingshilfe einnimmt. Vor dem Hintergrund der im Bundesnetzwerk Bürgerschaftliches Engagement (BBE) bereits seit langem geführten Debatte um die Unterstützungsbedarfe des Engagements wird hier eine erste Bedarfsanalyse zum Engagement in der Flüchtlingshilfe durchgeführt. Die vorgestellte Agenda sollte jedoch im Lichte von Erfahrungen und Bedarfen der Praxis, etwa im Rahmen eines dazu durchgeführten Nationalen Forums, weiter entwickelt werden. Im BBE gibt es zu diesen Fragen bislang noch keine abgestimmte Position.

2. Zur Ausgangslage

In Europa ist eine solidarische Flüchtlingspolitik noch in weiter Ferne. Ihre energische Umsetzung als Folge eines gemeinsamen Werteverständnisses, in dem die Europäische Menschenrechtskonvention und das damit verbundene universelle Menschenrechtsverständnis die Grundlagen bilden, erfordert die Realisation von Schutzansprüchen für Flüchtlinge. In diesem Sinne hat sich auch Bundeskanzlerin Merkel sehr klar geäußert. Zu klären sind die Standards des Asyl- und Verfassungsrechts, darunter auch die Rolle sozialer Menschen- und Bürgerrechte in Deutschland und Europa. Diese Klärungen allein können auf Dauer verhindern, dass rechtspopulistische und -extremistische Parteien zu den Gewinnern einer von sozialen Ängsten getriebenen Fremden- und Menschenfeindlichkeit werden.

Abzusichern ist ein frühzeitiger Zugang zu Gesundheit, Bildung, Arbeit und Zivilgesellschaft. Der Präsident des Deutschen Caritasverbandes (DCV), Peter Neher, kritisiert das aktuell geplante Arbeitsverbot für Menschen, die nur geduldet in Deutschland leben und nicht abgeschoben werden können, wenn beispielsweise die Staatsangehörigkeit nicht geklärt werden kann oder sie falsche Angaben gemacht haben. Aber auch dann gilt: „Wer jahrelang nur geduldet in unserem Land lebt, nicht arbeiten darf und keinen Zugang zu Bildung hat, lebt in völliger Pers-

---

[1] Der Beitrag wurde veröffentlicht im BBE-Newsletter 20/2015.

pektivlosigkeit. Das ist schrecklich für die Betroffenen und unvernünftig mit Blick auf das Leben in der Gesellschaft", so Neher.

Die Aufnahme, Begleitung und Betreuung von Flüchtlingen in Deutschland ist eine große Gemeinschaftsaufgabe von Bund, Ländern und Kommunen. Mittlerweile ist die gemeinsame Abstimmung eröffnet. Doch in den Kommunen geht vieles nicht ohne die Zivilgesellschaft. In Situationen großer Herausforderungen ist das Spontanengagement groß. Das zeigt auch die Flüchtlingshilfe: Vielerorts sind selbstorganisierte Hilfeleistungen zu beobachten. Und es ist ebenfalls überall zu beobachten, dass es Bedarfe der besseren Unterstützung vor Ort gibt. Ohne eine begleitende hauptamtliche Infrastruktur der Engagementförderung wird es nicht gehen. Es kommt also darauf an, engagementpolitische Antworten für die Herausforderungen der Flüchtlingshilfe zu finden. Auch diese sollten den Status einer Gemeinschaftsaufgabe erhalten und damit nachhaltig abgesichert werden.

Das Bundesministerium für Familie, Senioren, Frauen und Jugend (BMFSFJ) setzt 50 Millionen Euro für den Einsatz von 10.000 Bundesfreiwilligen in der Flüchtlingshilfe ein. Das ist natürlich als klares Signal der Unterstützung zu werten. Doch es stellt sich auch die Frage nach den Hauptamtlichen und Infrastrukturen, die diese 10.000 für längere Zeit zur Verfügung stehenden Menschen begleiten, sie informieren, beraten, fortbilden, unterstützen und vernetzen.

Dieser Problemhorizont bildet den Hintergrund der im Folgenden vorgestellten Bedarfe der Infrastrukturen in Bund, Ländern und Kommunen in der Engagementförderung. Entstanden ist diese Agenda im dichten und kooperativen Diskurs von 60 Expertinnen und Experten aus der Praxis und aus der Flüchtlingshilfe. Der Deutsche Verein für öffentliche und private Fürsorge und das BBE haben am 17. September 2015 in Berlin einen bundesweiten Fachworkshop zur „Rolle des Engagements in zivilgesellschaftlichen Willkommensbündnissen" durchgeführt.[2] An mehreren Runden Tischen wurden dabei die Bedarfe der Engagementpraxis in der Flüchtlingshilfe gemeinsam beraten. Die zentralen Ergebnisse stelle ich hier in einer persönlichen Aneignung vor.

3. Zentrale Ergebnisse

3.1 Bedarfe der Engagementförderung für die Flüchtlingshilfe auf Bundesebene

Von vielen Seiten besteht große Unterstützungsbereitschaft. Staat, Unternehmen und Stiftungen, aber auch viele spendenbereite Bürgerinnen und Bürger sind hier

---

2 Ich danke Petra Fuchs vom Deutschen Verein für die partnerschaftliche Planung und Durchführung des gemeinsamen Workshops. Die hier vorgestellten Ergebnisse sind gemeinsame Ergebnisse. Lisa Schönsee sowie Elisabeth Schönrock von der BBE-Geschäftsstelle danke ich für ihre wertvolle Unterstützung beim gemeinsamen Fachworkshop und seiner Auswertung.

zu nennen. Doch noch fehlt das Instrument, um all diese Unterstützungen systematisch zu bündeln und die Umsetzung zu ermöglichen für eine zwischen Bund, Ländern und Kommunen und mit Zivilgesellschaft und Wirtschaft gut abgestimmte Engagementpolitik. Eine Deutsche Engagementstiftung mit kompetenten Beiratsstrukturen könnte als eine ihrer ersten Aufgaben einen Bundesfonds für die Engagementförderung in der Flüchtlingshilfe (Infrastruktur für Engagement in der Flüchtlingshilfe) gründen und die Unterstützungsströme bündeln. So könnten die Bedarfe der Engagementförderung in der Flüchtlingshilfe koordiniert und systematisch gelöst werden.

Verbessert werden muss die Bund-Länder-Koordination: Auf Bundesebene braucht es eine Querschnittskoordination für die Bereiche Bildung, Wohnen, Gesundheit etc. Diese Funktion könnte das BMFSFJ übernehmen. Zudem gilt es den Wissenstransfer und Erfahrungsaustausch zu verdichten: Tagungen von BMFSFJ/ BBE mit den zuständigen Landesverwaltungen/Landesnetzwerken der Engagementförderung und den Infrastruktureinrichtungsverbänden in der Engagementförderung gilt es regelmäßig durchzuführen. Die Landesnetzwerktagung könnte wie bisher bereits durch das BBE organisiert werden. Das BBE führt bereits am 2./3. November 2015 in Frankfurt/M.eine solche Netzwerktagung durch, bei der die Flüchtlingshilfe eine zentrale Rolle spielt.

Neben Wohlfahrtsverbänden und Hilfsorganisationen sollten auch die Akteure der Engagementförderung sowie Unternehmen in den Flüchtlingsgipfel einbezogen werden.

Eine besondere Bedeutung haben die Lotsen, Paten und Mentoren in der Flüchtlingshilfe. Es bedarf eines bundesweiten Kongresses um die Unterstützungsbedarfe von Lotsen, Paten und Mentoren in der Flüchtlingshilfe zu klären. Ebenso gilt es zu klären, inwiefern der freiwillige Einsatz von Hartz IV–Beziehenden in der Flüchtlingshilfe möglich ist. Dies wäre eine zentrale Voraussetzung, um inklusive Zugänge ins Engagement der Flüchtlingshilfe zu schaffen. In Hinblick auf die Förderung des Spracherwerbs sollte neben Deutsch auch die jeweilige Muttersprache berücksichtigt werden.

Zudem sind die Migrantenorganisationen, insbesondere die mit sprachlichen Zugängen zu wichtigen Flüchtlingsgruppen, stärker einzubeziehen und dabei zu begleiten und zu unterstützen, wo es nötig ist. Migrantenorganisationen sollten gestärkt und mit ihrem Wissen und ihrer Erfahrung in die Flüchtlingshilfe einbezogen werden. Es sollten auch mehrsprachige Informationsangebote entwickelt werden.

Zu beantworten sind Fortbildungsbedarfe der Infrastruktureinrichtungen vor Ort. Diese sollten kontinuierlich ermittelt und die Informationen über bestehende Angebote in die Breite getragen werden. Die Finanzierung der Angebote sollte durch den Bund langfristig gesichert werden, z. B. über eine Verlängerung der Fortbildungsförderung (5 Mio. in 2015) durch die Integrationsbeauftragte der Bundesregierung.

Den ankommenden erwachsenen Flüchtlingen sollte der rasche Zugang zu Fortbildungsmaßnahmen rechtlich ermöglicht werden. Es herrscht dringender Klärungsbedarf angesichts der Frage, inwiefern Personen, die sich in der Flüchtlingshilfe engagieren, versichert sind. Das gilt auch für Geflüchtete, die sich engagieren oder ein Praktikum machen möchten.

Der Bund müsste sich verstärkt für eine solidarische Flüchtlingspolitik in Europa einsetzen. Es gilt zudem, die Bevölkerung über die Ursachen und Gründe für Flucht aufzuklären, z. B. durch gezielte Medienberichterstattung. Die Ursachen für Flucht gilt es aktiv zu bekämpfen.

3.2 Bedarfe der Engagementförderung für die Flüchtlingshilfe auf Länderebene

Die Länder haben die Aufgabe, Kommunen und Landkreise zu koordinieren. Dies gilt auch für die Engagementförderung im Rahmen der Flüchtlingshilfe. Dabei sind Unterbringung, Gesundheit, Bildung/Fortbildung, Zugang zu Erwerbsarbeit zentrale Aufgaben. Engagement ist in all diesen Bereichen zu finden und es bedarf einer eigenen Querschnitts-Koordinierung der Bedarfe im Rahmen moderner Engagementpolitik. Die Aufnahme, Versorgung und Integration Geflüchteter ist eine langfristige Aufgabe der Länder. Dafür sollten Strategien entwickelt und dauerhaft weiteres Personal und Ressourcen zur Verfügung gestellt werden. Bei der Koordinierung des Engagements in der Flüchtlingshilfe und der Abstimmung der Bedarfe nehmen die Länder eine besondere Rolle ein. Es gilt, einen Überblick über das bestehende Engagement zu schaffen, dieses Engagement zu koordinieren und den Wissenstransfer (z. B. in Hinblick auf Bedarfe) zu organisieren. Dafür sollten Ressourcen zur Verfügung gestellt werden.

Die Fördermittelvergabe (z. B. aus dem oben genannten Bundesfonds) sollte möglichst unkompliziert gestaltet werden. Es braucht langfristige finanzielle Unterstützungsstrukturen. In Anbetracht des Engagements im Bereich der beruflichen Bildung und als Unterstützung bei der Gestaltung des Übergangs von der Schule in den Beruf können die Länder eine Initiativfunktion übernehmen, indem sie verstärkt für Patenschaftsmodelle werben.

Verantwortlichkeiten sollten geklärt und ein Schnittstellen-Management etabliert werden, um Parallelstrukturen entgegenzuwirken. Konflikte zwischen Ehrenamtlichen und Hauptamtlichen müssen ernst genommen und moderiert werden. Auf die zum Teil hohe Auslastung der Hauptamtlichen muss reagiert werden. Auch sie benötigen Fortbildungen und Begleitung sowie weitere (finanzielle und personelle) Ressourcen.

Engagierte müssen qualifiziert werden, auch um Überlastung vorzubeugen Es braucht ein Curriculum für die gute Praxis von Willkommenskultur und es braucht auch regionale Plattformen/Runde Tische und eine Planungspraxis, die

Kommune, Wirtschaft und Zivilgesellschaft zusammenführt (Zukunftswerkstätten ...). Wo noch nicht geschehen, sollten die Länder ihre Engagementförderung ressortübergreifend und mit Bund und Ländern koordinieren, etwa über eine/n Engagementbeauftragte/n in den Ländern. Für die Praxis von Beratung und Planung sollten – wie auch im Bund – Migrantenorganisationen einbezogen werden.

3.3 Bedarfe der Engagementförderung für die Flüchtlingshilfe der Kommunen

In den Kommunen stellen sich die Anforderungen einer gut koordinierten und vernetzten Engagementförderung in besonderem Maße. Hier werden alle ungelösten Integrations- und Inklusionsprobleme direkt erfahren. Daher gilt es, die kommunale Koordination der Engagementförderung – ob direkt bei der Verwaltung angesiedelt oder aber durch kompetente zivilgesellschaftliche Infrastruktureinrichtungen in enger Partnerschaft erbracht – zu gewährleisten und deren Profil und Kompetenzen systematisch zu entwickeln.

Das hoch willkommene Spontanengagement und auch die zu erwartenden 10.000 Bundesfreiwilligendienstleistenden müssen durch hauptamtliche Strukturen entsprechend begleitet und unterstützt werden. Sie dürfen dabei nicht überfordert werden. Kommunen, Koordinationsstellen, Freiwilligenagenturen, Wohlfahrtsverbände etc. sollten einerseits die spontane Hilfsbereitschaft aufgreifen und andererseits auch Wege finden, diese spontane Hilfe in langfristiges Engagement für Geflüchtete zu überführen.

Die Bedürfnisse der Flüchtlinge müssen ermittelt werden, um nicht am Bedarf vorbei zu arbeiten. Gleichzeitig sollten die Potenziale der Geflüchteten einbezogen werden, um die Selbsthilfe und Selbstständigkeit zu fördern. Es gilt, die Augenhöhe mit den Geflüchteten herzustellen und zu halten.

Erforderlich ist der energische Ausbau der Koordinationsstrukturen: Es braucht Kümmerer vor Ort, die (spontane) Hilfsbereitschaft begleiten. Vielerorts gibt es dafür bereits gute Beispiele und Erfahrungen (z. B. Austausch mit Ehrenamtsbeauftragten an Runden Tischen, Helferkreise in Gemeinschaftsunterkünften ...). Bereits vorhandene Koordinierungsstrukturen sollten ausgebaut und stabilisiert werden. Die zusätzlichen 10.000 Bundesfreiwilligendienst-Plätze in der Flüchtlingshilfe benötigen eine professionelle Begleitung und Unterstützung.

Es gilt zu klären, welche Voraussetzungen (z. B. Polizeiliches Führungszeugnis, Basisqualifikationen) Engagierte mitbringen müssen. Dabei sollten Abstufungen zwischen spontanem Engagement (Soforthilfe) und kontinuierlichem Engagement (z. B. Paten, Lotsen, Willkommensbündnisse, Helferkreise) gemacht und ein entsprechendes Stufenmodell geschaffen werden. Die Zugangsrechte der Flüchtlinge zu den Angeboten aus der Zivilgesellschaft sollten verbindlich abgesichert werden.

Erforderlich ist ein professionelles Profil der engagementfördernden Infrastruktureinrichtungen, in dem die Kompetenzen der Information, Beratung, Fortbildung, Vermittlung und Vernetzung mit den Partnern (von Verwaltung, Kirchen, Wohlfahrtsverbänden, Wohnungsbaugesellschaften, Migrantenorganisationen, Sport, Schule und Kitas bis zum Gesundheitswesen, natürlich auch Unternehmen) vorgehalten werden.

Erforderlich sind in der Fläche entsprechende Curricula der Fortbildung, in denen die Anforderungen an Engagement- und Partizipationsförderung, gegen unziviles Handeln, für Mittlerfunktion mit Migrantenorganisationen oder mit Migranten- und Flüchtlingsorganisationen gleichermaßen zu vermitteln sind. Auch die Onlinekommunikation ist dabei mit ihren Unterstützungsbedarfen zu beachten.

Um dies zu realisieren und entsprechende Angebote vorzuhalten, müssen die Volkshochschulen, die Träger der außerschulischen Erwachsenenbildung, der politischen Bildung, aber auch die Vertreter der Schulen, Kitas und Universitäten, also die jeweiligen Vertretungen der lokalen „Bildungslandschaften", eine mit den Trägern und Einrichtungen des Engagements und deren Infrastrukturen abgestimmte Angebotsentwicklung betreiben.

3.3.1 Bedarfe zivilgesellschaftlicher Willkommensbündnisse

Die bestehende Hilfs- und Engagementbereitschaft muss unter Wahrnehmung der Professionalität der Willkommensbündnisse strukturiert und koordiniert werden. Die Engagementbündnisse sollten bestehende Infrastruktureinrichtungen in Ort und Region wie auch auf Ebene von Ländern und Bund systematisch einbeziehen und ihre Bedarfe austauschen. Zudem gilt es die Selbstständigkeit der geflüchteten Menschen zu fördern und deren Hilfe anzunehmen.

Es braucht Lenkungsgruppen für Engagement in der Flüchtlingshilfe auf Landes-, auf kommunaler- und ggf. auf Ortsebene, um Bedarfe besser ermitteln und Hilfsbereitschaft besser organisieren zu können. Für diese Aufgabe müssen natürlich auch die Migrantenorganisationen und die Breite der Willkommensinitiativen mitgedacht werden.

Erforderlich ist zudem ein Fortbildungsbudget, das einen schnellen, unbürokratischen Zugang zu finanziellen Mitteln (z. B. für den Einsatz von Dolmetscherinnen und Dolmetschern) ermöglicht. Es sollte ein Unterstützungsangebot für Engagierte (z. B. Coaching/Supervision) geschaffen werden. Eine Handreichung bzw. ein Leitfaden für Engagement in der Flüchtlingshilfe kann eine sinnvolle Orientierungshilfe für Engagierte und andere Akteure sein. Erforderlich ist auch die Klärung des Versicherungsschutzes der Engagierten. In diesem Zusammenhang sollte auch überlegt werden, was angemessene Standards (z. B. Führungszeugnis, Schulungen) wären.

Für alle diese Bedarfe erforderlich ist eine unbürokratische (finanzielle) Hilfestellung (siehe oben die Überlegungen zu einem „Bundesfonds für Engagementförderung in der Flüchtlingshilfe"). Die Organisationen vor Ort sollten eingebunden und zu Partnern gemacht werden. Der Gewinn für beide Seiten (z. B. neue Mitglieder im Sportverein) sollte deutlich gemacht werden. Diese Partnerschaften sind zentral, weil sie Begegnungsmöglichkeiten schaffen. Der Schutz (z. B. allgemeine Gesundheit, „Burnout-Prävention") der Engagierten ist wichtig und muss gewährleistet werden.

Um die Voraussetzungen für eine Gestaltungs- und Kooperationskultur zu schaffen, muss Willkommenskultur auch in die Amtsstuben gebracht werden. Dafür sind Schulungen zur Sensibilisierung von Mitarbeiterinnen und Mitarbeitern der Verwaltung nötig. In allen Kommunen sollten Integrationskonzepte entwickelt werden, die mittel- und langfristige Ziele sowie entsprechende Handlungsmaßnahmen enthalten.

3.3.2 Bedarfe der Engagementförderung für den strukturschwachen ländlichen Raum

Eine ganz zentrale Herausforderung im strukturschwachen ländlichen Raum ist die Aktivierung und Koordination von Engagement. Ähnlich wie in urbanen Räumen besteht auch auf dem Land eine große Welle der Hilfsbereitschaft und des Interesses seitens der Bevölkerung. Damit dieses langfristig für Willkommens- und Integrationsinitiativen gewonnen werden kann, bedarf es jedoch deutlich verbesserter Rahmenbedingungen.

Eine besondere Herausforderung stellt sich dabei in einer sehr viel intensiveren synergiefördernden Kooperation von Kommunen/Landkreis mit Zivilgesellschaft und Unternehmen, aber auch zwischen den zivilgesellschaftlichen Akteuren selbst. Unter Bedingungen von struktureller Ressourcenknappheit kommt den Netzwerken, Knotenpunkten und Infrastrukturen in der Engagementförderung des ländlichen Raumes eine ganz besondere Bedeutung zu.

Festzustellen ist eine erhebliche Diskrepanz zwischen den Möglichkeiten ehrenamtlichen Engagements und den Bedarfen der Flüchtlinge: Ehrenamtliches Engagement kann vieles leisten, solange es um weiche Faktoren geht (Willkommenskultur, Integration in lokale Zivilgesellschaft, ...), stößt aber darüber hinaus oft an Grenzen (Beratung in rechtlichen Fragen, Zugang zum Wohnungs- und Arbeitsmarkt, ärztliche Versorgung, Sprachkurse, ...). Hier bedarf es professioneller Strukturen und klarer Schnittstellen zwischen Haupt- und Ehrenamt.

Besondere Anforderungen bzgl. der Integration stellen sich angesichts einer zuweilen zahlenmäßigen Diskrepanz zwischen Einheimischen und zugezogenen Geflüchteten. Ängste in der einheimischen Bevölkerung hinsichtlich möglicher Verdrängungsprozesse u. a. sind ernst zu nehmen und die gemeinsamen Chancen solidarischen Handelns deutlich zu machen.

Besondere Bedarfe im ländlichen Raum seitens der untergebrachten Geflüchteten liegen in der Mobilität: Aufgrund des stark eingeschränkten öffentlichen Nahverkehrs sind Flüchtlinge vor allem auf Fahrdienste durch Ehrenamtliche angewiesen. Anlaufstellen liegen oft außerhalb eines per Fuß oder Fahrrad bewältigbaren Radius: ärztliche Versorgung, Einkauf, Kitas, Schulen, Ämter und Behörden. Lokale Mobilitätskonzepte und Vergünstigungen sollten aber in jedem Fall allen Bewohnern (auch Rentnern oder Sozialhilfeempfängern) zugutekommen.

Die Nutzung vorhandener Infrastruktur birgt die Gefahr von Verdrängungstendenzen (Jugendtreffs, Tafeln u. a.). Vor Ort werden zusätzliche Angebote benötigt, um unterschiedlichen Nutzergruppen gerecht zu werden. Es gibt zudem kaum Dolmetscher_innen und der Zugang zu Sprachkursen ist oft nicht einfach.

4. Die Herausforderungen von Gewalt und Rechtsextremismus

Nationalismus, Rechtsradikalismus und Rechtspopulismus versuchen aus den Ängsten der Bevölkerung politischen Gewinn zu ziehen. Sie schüren Menschenfeindlichkeit und Aggression bis zur offenen Gewalt. Daher ist das Engagement in der Flüchtlingshilfe immer auch ein Engagement gegen unziviles Handeln. Im Dialog müssen Haltung und Grenzen gezeigt und gleichzeitig die Sorgen und Ängste der Menschen wahrgenommen werden. Es muss deutlich gemacht werden, dass Flüchtlinge nicht für die Entstehung bestimmter sozialer Situationen (z. B. knapper werdender Wohnraum) verantwortlich sind. Die Instrumentalisierung Betroffener muss verhindert werden.

Stimmungen können präventiv beeinflusst werden. Anstatt Angebote explizit für Geflüchtete zu schaffen, könnten beispielsweise Angebote für alle (z. B. Fahrradwerkstatt, in der jeder sein Fahrrad reparieren kann) geschaffen werden. Dies wäre zugleich ein deutliches Zeichen gegen menschenfeindliche Haltungen und Propaganda. Erfahrungen gemeinsamer Arbeit, gemeinsamen Engagements oder auch die Vermittlung kultureller Bildung sind zugleich wichtige Beiträge zur Prävention.

Zivilgesellschaftliche Willkommensbündnisse sollten mit Blick etwa auf die Anforderung der Sicherheit rund um Flüchtlingsunterkünfte in Kooperation mit der Polizei ein Sicherheitskonzept erarbeiten.

Konrad Hummel
Die Reifeprüfung der Zivilgesellschaft[1]

1. Einleitung

Wie ein Tsunami zog im Herbst 2015 eine Flüchtlingswelle über Deutschland, die das Land nachhaltig veränderte und – infolge der ersten Krisen – noch mehr verändern wird. Es reicht von einer Willkommenskultur bis zur wählbaren Fremdenfeindlichkeit.

Das seit 20 Jahren beschworene neue Verhältnis von Staat, Zivilgesellschaft und Wirtschaft – sowie der von Michael Bürsch (ehemaliger Vorsitzender der Enquete-Kommission) geforderte neue Vertrag zwischen Bürger und Staat – sind sichtbar geworden. Die viel diskutierte Individualisierung und Transformation vom Ehrenamt zum bürgerschaftlichen Engagement hat stattgefunden.

Der politikwissenschaftliche Diskus um *Governance* statt *Government*, also die veränderte Rolle des Staats- und Verwaltungsapparates, ist – angesichts der unmittelbar überwältigenden Wirkung von Weltpolitik auf den kommenden Alltag – so offensichtlich geworden, dass es vielen Wissenschaftler_innen erst einmal die Sprache verschlagen hat und den Medien die üblichen Feindbilder.

2. Die Bewältigung Flüchtlingswelle

Zwischen September und Oktober 2015 wurden in schlecht abgestimmten Verfahren von Außen-, Innen-, Bundes- und Landespolitik fast zwei Millionen Flüchtlinge irgendwie und irgendwo beherbergt. Behörden wie das Karlsruher Regierungspräsidium – um dies am baden-württembergischen Beispiel von Mannheim zu skizzieren – wurden innerhalb von Tagen zu Vollzugsinstitutionen, die sieben Tage in der Woche Aufträge für Catering, Sozialfirmen mit technischen Maßnahmen im Volumen vieler Hunderttausend Euro ohne Haushaltsplan in Gang zu setzen hatten.

Staatliche Hochbauämter haben ihren Dienst wegen Überlastung einfach „eingestellt", Hunderte von Handwerkern arbeiteten in Nachtschichten in den Stadtwerken und improvisierten in Kasernen, die dem Bund gehören, mit den Wasser- und Wärmeanschlüssen. Wochenlang drohte die Belegung mit Flüchtlingen anderweitige Wohnbaumaßnahmen zu blockieren. Dazu zählt bspw. das Konversions-

---

1 Der Beitrag wurde veröffentlicht im BBE-Newsletter 22/2015 und ist nachträglich aktualisiert worden.

projekt FRANKLIN Mannheim mit 4.000 Wohneinheiten. Langfristig geschah das Gegenteil dessen, was eine Flüchtlingswelle in der zweiten Runde der Integration in die Wohnungsmärkte benötigt (die „Frankfurter Allgemeine Zeitung" berichtete am 26.09.2015 unter der Überschrift „Clausewitz" darüber).

Eine Registrierung durch die Behörden fand monatelang nicht statt. Wohlfahrts- und Katastrophenverbände – jahrelang im Windschatten der Entwicklung – wurden zu unverzichtbaren Partnern, die eines haben, was Staat nicht hat: ein großes Potenzial von Helfer_innen.

Daneben ereignete sich das, was man die Reifeprüfung der deutschen Zivilgesellschaft nennen kann. Das vermeintlich individualistische Bürgerengagement drängte zur Tat und mindestens 20 zentrale und dezentrale Initiativen – allein in Mannheim – tauchten auf und übernahmen die Führung. Die Vielfalt der jetzigen Stadtgesellschaften zeigte erstmals „die Früchte" der Integration und ihrer unmittelbaren Ressourcen. Die einen erinnern sich an die Heimatvertreibung, andere an ihre eigene Jugoslawienflucht, dritte an den Wohlstandsüberfluss im Kleiderschrank und eine weitere Gruppe stellte ihre berufliche Kompetenz im Vorruhestand zur Verfügung als Ärzt_innen, Pfleger_innen oder Sozialarbeiter_innen. Der Not gehorchend wurde in einem Lager eine Kleiderkammer organisiert, im anderen eine Kinderspielgruppe. Moralisch bewegt schwelgte die Seele bei Hunderten von Freiwilligen zwischen Helfen und Empörung (über das Organisationschaos), zwischen Irritation und Ohnmacht angesichts völliger Intransparenz darüber, wer jetzt wo warum zuständig sei.

Jahrelang wurde über die Infrastruktur des Engagements geredet, noch Anfang des Jahres ein Symposium des Bundesfamilienministeriums wieder auf den Weg geschickt. Hier wäre eine gute Infrastruktur notwendiger denn je gewesen. Es liefen viele Initiativen völlig an Freiwilligenzentren o. ä. vorbei und vieles parallel. Was fehlte, ist die selbstverständliche Schnittstelle zwischen Stadt, Kommunalverwaltung, Verbänden, Spontaninitiativen und Unternehmen. Spät wurden Krisenstäbe eingerichtet, (außerhalb von THW und Feuerwehr ungewohnt) in strenger Krisenhierarchie und ohne Sensibilität für das, was Bürgerengagement braucht. Die einen okkupieren ihre Helfer_innen als ihr Helferpotenzial („denen sagen wir, wo es lang geht") oder misstrauen den anderen (wer weiß, wer da kommt). Ansatzweise lernen Verbände wieder die „Ansprache" nicht verbandsgebundener Freiwilliger, während sie die vergangenen zehn Jahre eigentlich zu Dienstleistungsverbänden mutierten. Ihre Freiwilligen waren jahrelang nicht mehr so wichtig wie ihre Dienstleistungsmitarbeiter_innen.

Die vielen Freiwilligen erleben sich im Strudel der Ereignisse. Niemand erklärt ihnen, warum wer wo Flüchtlinge verteilt, ob Flüchtlingen erklärt wird, was jetzt auf sie zukommt: Essen von Staatswegen, Kleider aus Spenden der Zivilgesellschaft, Angebote von Unternehmen, ein Lauftraining vom Sportgeschäft und ein Handwerkereinsatz umsonst. Wer ist in der Lage Herrn x aus dem Sudan oder Familie y aus Syrien die Zivilgesellschaft zu erklären? Muss man das und – wenn man es nicht tut – welche Missverständnisse sind die Folge?

Die Flüchtlinge erlebten eine differenzierte arbeitsteilige Gesellschaft: Bahnunternehmen, Polizei, Hilfsdienste, private Sicherheitsdienste, Kommunalpolitiker_innen, Brandschutzbeauftragte, Freiwillige, Sozialverbände, Caterer, Ärzt_innen der privaten und der amtsärztlichen offiziellen Art, Journalist_innen und – möglicherweise – auch Demonstrant_innen gegen sie und ihre Anwesenheit. Die deutsche Zivilgesellschaft tritt in ihrer vollen Blüte auf den Plan, übervoll mit Emotionen und Ressourcen. Alles zusammen eigentlich miserabel organisiert, aber erträglich, weil sie immer noch aus dem Überfluss schöpft.

Rechtsberatung soll Flüchtlingen angeboten werden bevor sie überhaupt registriert sind. Regelwerke stehen auf dem Prüfstand. Soll Schwarzfahren z. B. in den öffentlichen Verkehrsmitteln geduldet werden oder geahndet werden, aber mit welchen, absehbar unwirksamen Folgen?

Soll pressekritisch über sexuelle Anmache berichtet werden oder soll dies, um jedem Anflug von rechtem Populismus nicht anheim zu fallen, alles kleingeredet werden? Das war bis zu den Kölner Ereignissen die Frage. Die Medien und ihre Vertreter_innen waren verunsichert. Die „BILD", die Griechenland vor Monaten aus dem Euro werfen wollte, lobte die Helfer_innen. Der Freiwilligenstrom hatte auch die öffentliche Meinung verändert. Mit millionenschwerem Aufwand veranstaltete die ARD ein Open-Air-Konzert in München, um den Helfer_innen zu danken, sozusagen Anerkennungskultur vom Feinsten. Allerdings waren nur 10 Prozent der Gäste Flüchtlinge. Die Zivilgesellschaft Deutschlands übt ihre Performanz, und viele der gut ausgebildeten Ausländer_innen im eigenen Land wirkten stolz am „freundlichen Deutschland" mit. Was sich in den Überschwemmungskatastrophen an Oder und Neiße angebahnt hat, bahnt sich jetzt den Weg. Fast überall dort, wo rechte Fremdenhasser ihre Pegidas demonstrieren, lassen sich Gegendemonstrant_innen finden.

Es geht offensichtlich darum, etwas für dieses Leben und dieses Land zu tun, das man so offen haben will, wie es nur geht.

Schwieriger ist es bei den Verlierer_innen der modernisierten Demokratie. Sozial Schwächere ahnen, dass da Konkurrent_innen auf Wohn- und Arbeitsmärkten kommen und viele Migrant_innen sehen sich links überholt, weil nun „wirklich" arabisch sprechende Aktive kommen, die nicht hedonistische Abgrenzung demonstrieren.

Manche, die bis hier etwa als russlanddeutsche Aussiedler Heimat gesucht haben, wehren sich gegen die Vielen, die ungeordnet Heimat suchen. Viele, die überhaupt die Gebaren dieser Gutmenschen „da oben" (angefangen von der Bundeskanzlerin) doof finden, gehen auf die Straße („Wir sind das Volk", Pegida) und wählen die AfD (sechs Monate nach den Flüchtlingen) mit 10 bis 20 Prozent. Einige zünden Unterkünfte an. Auch hier, auf dieser Seite der Zivilgesellschaft, findet Mobilisierung statt.

Diese Reifeprüfung, so habe ich es in „Demokratie in den Städten" (Nomos 2015) beschrieben, spaltet die Demokratie. Zum einen in die, für die eine offene Lebensvielfalt „gelebte Demokratie" ist und die, die sich ohne Grenzen und sozialstaatliche Sicherheiten nicht mehr vertreten fühlen: Politiker_innen als „Lügenpack", „Wahlen und wir gehen nicht hin".

3. Zusammenfassung und Ausblick

So manifestiert dieser Moment – als einer der beeindrucktesten Momente der aktiven Zivilgesellschaft – die Spaltung der repräsentativen Demokratie und die Verwerfungen effektiver Zusammenarbeit von Verwaltungsapparaten, politischem System und Initiativen. Es ist dringend notwendig, soziale Rollen auch für die „Modernisierungsverlierer" zu finden!

Jetzt müsste manche „Ehrenamtsdebatte" wieder vom Kopf auf die Füße gestellt werden. Statt Anerkennungskultur, Schulung oder strikter Freiwilligkeit sollte es *Social Responsiveness* geben. Einen Apparat, der hochflexibel auf die Initiativen reagiert, sie richtig einsetzt, unterstützt, die Wege freiräumt, sozusagen das „schwere Gerät" mitbringt, mit dem die Freiwilligen effektiv werden können. Hier einen Raum für Sprachkurse, dort einige Busse, hier rasch verlegte Wasserleitungen, dort Holz für Selbstbauweise, hier eine Feuerwehr, die Lichtleitungen legt, dort Hauptamtliche, die sich zurückziehen, wenn andere da sind. Volksparteien, die ausgleichend und integrierend wirken, anstatt zu spalten, zu bewerten oder zu instrumentalisieren.

Eine Subsidiarität, die nicht auf Verbände sondern auf Initiativenpotenzial setzt, eine Soziallehre à la Nell-Breuning, wiederbelebt für die moderne Krisenbewältigung.

In vielen Fällen bedeutet das, Risiken zu übernehmen, Vorschriften von Unfall-Brandschutz-Hygiene etc. ernst zu nehmen, aber nicht zum Hindernis werden zu lassen, Gewaltprävention, Konflikte und Massenhysterie schneller zu erkennen und kooperativ zu üben, Vertrauen zwischen Institutionen und Initiativen schaffen. Keine Zweifel aufkommen zu lassen, dass Engagement auch Polizei und Rechtsstaat braucht.

Darin läge die Reife des Moments: Den Fokus zu verschieben von einer Bürgerbeteiligungsdebatte, die ewig Gleiche um die Wohlstandsfragen herum versammelt, hin zu einer Teilhabedebatte um eine komplexe, offene Demokratie, die nur aus der Kooperation gestärkt hervorgeht und die dafür klügere Organisation benötigt, quasi smart Networking der Zivilgesellschaft mit Staatsapparat, Wirtschaft und Politik.

Rudolf Speth

Die Zivilgesellschaft im Einwanderungsland Deutschland

1. Vorbemerkung

Das explorative Forschungsprojekt „Zivilgesellschaftliche Akteure und die Betreuung geflüchteter Menschen in deutschen Kommunen" fand folgende Ausgangslage vor: Die bürgerschaftlich Engagierten in den Helfergruppen und den vielen anderen zivilgesellschaftlichen Organisationsformen haben in den Monaten seit September 2015 einen unersetzlichen Beitrag geleistet, die Geflüchteten willkommen zu heißen und aufzunehmen. Die staatlichen Stellen waren vielfach überfordert und nicht in der Lage, schnell und angemessen auf den Anstieg der Zahl der Geflüchteten zu reagieren. In der konkreten Hilfe für die Geflüchteten und der Zusammenarbeit mit staatlichen Stellen zeigte sich eine neue Qualität der Zivilgesellschaft. Das Engagement der vielen Freiwilligen und die Tätigkeit der zivilgesellschaftlichen Organisationen bleiben auch für die Zukunft wichtig, denn es wird in den nächsten Jahren darum gehen, die Geflüchteten mit einer stabilen Bleibeperspektive in die Gesellschaft zu integrieren. „Wir sind Lotsen in die Gesellschaft", so beschrieben die Helfergruppen ihre Tätigkeit selbst. Solche Lotsendienste werden wichtiger, weil wir damit rechnen müssen, dass weiter Menschen aus verschiedenen Regionen der Welt nach Deutschland kommen und weil die Integration in die Gesellschaft eine schwierige und langwierige Aufgabe sein wird.

Dies sind einige der Ergebnisse einer Studie des Maecenata Instituts in Kooperation mit dem Deutschen Institut für Urbanistik. In der Studie wird danach gefragt, wie sich die Zusammenarbeit der zivilgesellschaftlichen Gruppen mit den staatlichen Akteuren bei der Hilfe für Geflüchtete in deutschen Kommunen gestaltet.

Deutschland ist ein Einwanderungsland. Bis dieser Satz von den politischen Eliten und der Gesellschaft anerkannt wurde, hat es lange gedauert. Dieser lange Prozess ist umso verwunderlicher, als die Fakten in den zurückliegenden Jahrzehnten eigentlich schon längst hätten dazu führen müssen, sich diese Tatsache einzugestehen. Heute haben 20 Prozent der Menschen, die in Deutschland leben, einen Migrationshintergrund. Die Bundesrepublik ist seit ihrer Gründung 1949 immer schon ein Einwanderungsland gewesen: Den Anfang machten 12 Mio. Vertriebene, in den 1960er-Jahren kamen die „Gastarbeiter" und in den 1990er-Jahren Spätaussiedler aus Russland und anderen osteuropäischen Staaten; im Gefolge des Zerfalls von Jugoslawien kamen viele aus diesen Bürgerkriegsregionen. Im vergangenen Jahr stieg die Zahl der Geflüchteten aus Syrien, Afghanistan und anderen Bürgerkriegsregionen stark an. Schätzungsweise kamen im Jahr 2015 mehr als 1 Mio. Geflüchtete nach Deutschland. Der steile Anstieg der Zahl der Geflüchteten war vor allem in der zweiten Hälfte des Jahres 2015 zu verzeichnen.

Allerdings entbrannte auch um den Zuzug von Geflüchteten ein heftiger Streit, weil sich Teile der Gesellschaft gegen den Zuzug von Menschen aus fremden – vor allem aus islamischen – Kulturen wehrten. In diesem Zusammenhang wurden Unterkünfte von Geflüchteten angegriffen und mit Pegida formierte sich eine xenophobe und islamfeindliche Bewegung. Ihr Ziel war (und ist es noch immer), die politischen Entscheidungsträger zu einer restriktiveren Asylpolitik zu bewegen. Dieser Sachverhalt war in der Perspektive des explorativen Forschungsprojektes von besonderer Bedeutung, weil deutlich wurde, dass das Engagement der zivilgesellschaftlichen Helfergruppen neben der sozialen (konkrete Hilfen und Unterstützung der Geflüchteten) auch eine politische Dimension (Öffentlichkeit) hat. Die Helfergruppen, die sich in den Orten gebildet haben, in denen Geflüchtete erwartet wurden, fungierten auch als Schutzschilde, weil sie das Meinungsklima in der Bevölkerung beeinflussten und den – teilweise militanten – Gegnern kaum Möglichkeiten der Artikulation ließen. Gerade in den Landkreisen Bayerns haben die Landrät_innen, zusammen mit den Bürgermeister_innen, die Gründung von Helfergruppen in den Orten angeregt, in denen bald Unterkünfte für Geflüchtete eröffnet werden sollten. Damit wurde ein erster Schritt für eine Willkommenskultur geschaffen und ferner wurden alle diejenigen in die Schranken verwiesen, die gegen Flüchtlingsunterkünfte mobilisieren wollten.

2. Die Kommunen

Die Kommunen sind der wichtigste Ort, wenn es um die Aufnahm und die Integration von Geflüchteten geht. Die Aufnahme der Geflüchteten, die rechtliche Regelung und die Verteilung in der Republik ist zwar Aufgabe des Bundes und damit des Staates, doch die Aufnahme und die konkrete Arbeit vollzieht sich vor Ort. Die Bundesrepublik zollt damit auf der einen Seite ihrer föderalen Struktur Rechnung und sichert auf der anderen Seite ein bundeseinheitliches Vorgehen im Umgang mit Geflüchteten. Aus der zivilgesellschaftlichen Perspektive sind die Kommunen der wichtigste Raum für das bürgerschaftliche Engagement, denn 80 Prozent des Engagements finden im sozialen Nahraum statt. Es war daher naheliegend, die zivilgesellschaftlichen Hilfeleistungen für Geflüchtete in ausgewählten Kommunen zu untersuchen.

Das Projekt war explorativ angelegt: Es ging darum, erste empirisch belastbare Ergebnisse zu gewinnen, die die Grundlage für eine weitere vertiefende Untersuchung bilden können. Ziel war es, unterschiedliche Umgangsweisen mit Geflüchteten herauszubekommen.

Letztlich wurden folgende Orte ausgewählt, die näher untersucht werden sollten: Berlin, Mannheim und Starnberg (Bayern). Berlin wurde ausgewählt, weil es als Stadtstaat eine zweigliedrige Verwaltungsstruktur hat und die Zivilgesellschaft politisierter ist. Als Großstadt wurde Mannheim gewählt, weil sich die Geflüchteten übergangsweise aufhalten und die Stadt selbst bereits durch die Landesaufnahmestelle für Geflüchtete und drei Erstaufnahmeeinrichtungen für das Land Baden-Württemberg einen wichtigen Anteil bei den Hilfen für Geflüchtete leistet. Der Landkreis Starnberg wurde gewählt, weil sich die Siedlungsstruktur und die ökonomischen Bedingungen sehr stark von einer Großstadt wie Berlin unterscheiden.

3. Zwei Phasen

In dem Projekt wurde davon ausgegangen, dass zwei zeitlich ausgedehnte und inhaltlich bestimmte Phasen in der Hilfe für die Geflüchteten identifiziert werden können. Die erste Phase kann grob als Phase der Nothilfe bezeichnet werden. Sie erstreckte sich von etwa September 2015 bis März 2016. In ihr ging es darum, die große Zahl der Geflüchteten zu versorgen, unterzubringen und zu registrieren.

Die zweite Phase, die Phase der Integration, wurde zum Zeitpunkt der Untersuchung kaum in Angriff genommen. Sie begann in der ersten Hälfte des Jahres 2016, nachdem eine große Zahl der Geflüchteten einen Aufenthaltstitel bekommen hat und eine Bleibeperspektive entwickeln konnte. Dies lag auch daran, dass die staatlichen Stellen, gerade das Bundesamt für Migration und Flüchtlinge (BAMF) kaum in der Lage war, den Stau von Asylanträgen schnell abzuarbeiten. Es zeigte sich aber, dass in allen untersuchten Orten die zivilgesellschaftlichen Gruppen über die einfache Nothilfe hinausgingen. Dies hängt auch damit zusammen, dass für viele der Kontakt zu den Geflüchteten enger und persönlicher wurde und sich damit auch die Frage stellte, welche Möglichkeiten es für sie gibt, einen Platz in der Gesellschaft zu finden.

4. Fünf Akteure

Das Erkenntnisinteresse des Forschungsprojektes richtete sich auf die Formen und Intensitäten der Zusammenarbeit zwischen verschiedenen Akteuren. Das Projekt ging davon aus, dass die Hilfen für Geflüchtete nicht allein von staatlichen Stellen erbracht werden können. Vielmehr zeigte sich gerade hier die gewachsene Bedeutung der Zivilgesellschaft. Ohne die Leistungen der Helfergruppen und der etablierten Akteure aus der Zivilgesellschaft hätte die Aufnahme der Geflüchteten nicht erfolgen können.

Ein genauerer Blick zeigt allerdings, dass zwischen fünf Akteuren mit unterschiedlichen Handlungslogiken differenziert werden muss und es gerade auf ihre Zusammenarbeit ankommt. Diese Formen der Zusammenarbeit waren unterschiedlich ausgeprägt und ihre Intensität und Art hing von der jeweiligen lokalen und politischen Kultur ab. In einer Großstadt wie Berlin war sie ganz anders als in einem kleinstädtisch geprägten Landkreis wie Starnberg, wo vieles durch persönliche Beziehungen geprägt ist.

Die Akteure des Staates haben vielleicht die wichtigste Position, weil sie – auf der Ebene des Bundes – die Regeln festlegen und den gesetzlichen Rahmen bereitstellen. Das BAMF gehört zu dieser Gruppe, weil alle Geflüchteten durch das Nadelöhr des Asylrechts müssen. Im kommunalen Raum sind es die Landratsämter, die Kreisverwaltungsbehörden und in Berlin das Landesamt für Gesundheit und Soziales (LAGeSo), die für die Geflüchteten zuständig sind. Seit dem 1. März 2016 sind – für Geflüchtete mit einer Anerkennung als Asylsuchende – die Jobcenter zuständig. Durch diese Behörden werden Unterkunft, Integration in den Arbeitsmarkt, Beschulung der Kinder, Gesundheitsversorgung und andere wichtige Dinge organisiert. Diese Akteure, deren Handeln durch rechtliche Vorgaben strukturiert wird, sind für die zivilgesellschaftlichen Akteure, besonders die spontanen Helfergruppen, die wichtigsten Ansprechpartner. Sie sind auch die Vertragspartner der etablierten zivilgesellschaftlichen Akteure, die in der Regel die Unterkünfte für die Geflüchteten betreiben.

Neben dem Bund und den Ländern sind die Kommunen (Städte, Landkreise, Gemeinden) weitere wichtige Akteure. Denn die Unterbringung der Geflüchteten wird zwar von staatlichen Akteuren (Bund, Länder, Landratsämter in ihrer Funktion als staatliche Akteure) organisiert, doch die konkreten Liegenschaften können vielfach nur mit Unterstützung der Bürgermeister_innen und Kommunen bereitgestellt werden. Die Gemeinden haben zwar formalrechtlich keine Möglichkeit der Mitwirkung, doch ohne ihr informelles Mitwirken sind konkrete Hilfen für Geflüchtete kaum möglich. Diese Dimension gewinnt – gerade vor dem Hintergrund der lokalen Bindung des zivilgesellschaftlichen Engagements – besonderes Gewicht.

Eine dritte Gruppe der Akteure bei den Hilfen für Geflüchtete bilden die etablierten Akteure der Zivilgesellschaft. Diese Gruppe besteht vor allem aus den Wohlfahrtsverbänden, die mit anderen sozialen Unternehmen die Unterkünfte für die Geflüchteten betreiben. Als Betreiber der Unterkünfte organisieren und binden diese Akteure zivilgesellschaftliche Hilfsbereitschaft, teilweise indem sie ein eigenes Freiwilligenmanagement betreiben oder den Helfergruppen Zugang zu ihren Einrichtungen gewähren. Diese Akteure sind mit ihrer Handlungslogik den staatlichen Akteuren sehr nah, weil sie Teil der Wohlfahrtsstaatsbürokratie sind. Sie haben aber auch Verbindungen zur Zivilgesellschaft oder kommen sogar aus diesem Bereich.

Die Helfergruppen, die sich fast an allen Orten spontan gebildet haben, sind eine weitere wichtige Gruppe. Es kann beinahe von einer Erweckungsbewegung gesprochen werden. Jedenfalls sind die zahlreichen Helfergruppen und die enorme Hilfsbereits Zeugnis einer neuen Qualität der Zivilgesellschaft und des Engagements. Diese Gruppen haben sich in der Regel spontan gebildet. Sie sind locker organisiert und die große Frage ist, ob sie sich auf die Dauer stabilisieren können. Denn vielfach sind es Engagierte, die ihren Urlaub für die Hilfen für Geflüchtete verwendeten. Hinzu kommt, dass die Arbeit mit Menschen aus fremden Kulturkreisen, deren Sprachen in der Regel nicht beherrscht werden, extrem fordernd ist. Nach einigen Monaten zeigte sich bereits, dass die Freiwilligen Unterstützung in Form von Coaching, Fallbesprechung, Supervision und anderen professionellen Formen aus dem Alltag der Psychologen und Sozialarbeiter benötigen. Dies ist die eine Ebene der vielen Herausforderungen für diese Helfergruppen. Eine weitere besteht in ihrem Mangel an Ressourcen. Sie sind mit viel Elan und Engagement gestartet, doch es fehlt vielfach an stabilisierenden Strukturen, an Zeitbudgets, an verlässlichen Absprachen und vielen anderen Dingen. Denn vielfach fordern die Betreiber der Unterkünfte, die an Helfergruppen angedockt sind, Verlässlichkeit in Form von rigiden Zeitplänen, einen verantwortlichen Umgang mit den Geflüchteten sowie professionelles Verhalten. Es gibt auch Helfergruppen, die ihre Hilfen selbst organisieren, weil sie weniger eng an die Betreiber von Unterkünften angegliedert sind. In allen Formen leisten diese Gruppen wertvolle Hilfen, weil sie mit ihrer Fürsorge ethnische und sprachliche Grenzen überwinden. Einige Gruppen sind bereits dazu übergegangen, die schwierige und langwierige Aufgabe der Integration anzupacken. Hier stehen an erster Stelle der Spracherwerb und der Zugang und die Teilnahme am Arbeitsmarkt. So hat sich im Landkreis Starnberg eine Gruppe aus den örtlichen Helfergruppen gebildet, die versucht, den Zugang zum Arbeitsmarkt für die Geflüchteten zu organisieren. Mit der neuen Zuständigkeit der Jobcenter wird dies noch einmal herausfordernder, denn die Jobcenter haben bislang keine Erfahrung im Umgang mit Freiwilligen und zivilgesellschaftlichen Akteuren.

Die Geflüchteten bilden eine weitere wichtige Gruppe, denn sie sind nicht allein Objekte der Hilfen und der staatlichen Maßnahmen. Sie haben sich vielfach noch nicht selbst organisiert, doch an einigen Stellen übernehmen Geflüchtete wichtige Aufgaben. In Berlin arbeiten Geflüchtete bei „Moabit Hilft" am LAGeSo mit und machen dort beinahe die Hälfte der Aktiven aus. Vielfach betätigen sich Geflüchtete auch als Sprachmittler_innen und als Helfer_innen bei den alltäglichen Dingen. In Zukunft wird es darauf ankommen, diese Gruppe stärker zu Wort kommen zu lassen und sie nach ihren Vorstellungen, Wünschen und Absichten zu fragen. Ihre Stimme und ihre Aktivität werden benötigt, wenn Integration gelingen soll.

5. Weitere Perspektiven

Die begrenzten Mittel des Forschungsprojektes erlaubten nur einen zeitlich engen Blick auf die Zusammenarbeit der fünf relevanten Gruppen. Trotzdem wurde die neue Qualität zivilgesellschaftlichen Engagements bei dem wichtigen Thema der Hilfe für Geflüchtete Menschen deutlich.

Begrenzt waren nicht nur die Mittel, sondern auch die zeitliche Perspektive. Die nun beginnende Phase der Integration wird – ohne die Tätigkeit der zivilgesellschaftlichen Akteure – nicht auskommen. Es wird auf der einen Seite um die Integration in die formalisierten Systeme der Gesellschaft (Recht, Bildung, Arbeitsmarkt, Gesundheit) gehen und auf der andern Seite um die Integration in die Gesellschaft selbst. In der ersten Dimension kommt es vor allem auf die politischen Institutionen an, während die Integration in die Gesellschaft die primäre Aufgabe der Zivilgesellschaft ist. Doch auch der Zugang zum Arbeitsmarkt ist nicht nur etwas, was durch die Jobcenter geregelt werden kann; hier kommt es auch darauf an, die Beherrschung der Sprache zu verbessern und interethnische Kontakte zu vermehren. Darüber hinaus geht es auch darum, die Geflüchteten mit Bleibeperspektive mit den fundamentalen Werten der Gesellschaft und der politischen Ordnung vertraut zu machen. Dazu gehören z. B. auch das veränderte Geschlechterrollenverständnis sowie die Selbstbestimmung und Selbstständigkeit der Frauen – in ökonomischer, sexueller, kultureller und politischer Hinsicht.

Dieser Perspektive sollte in einem weiterführenden Forschungsprojekt vertiefend nachgegangen werden. Denn die Integration, ein Prozess, der sich über mehr als ein Jahrzehnt erstrecken kann, kann nur gelingen, wenn auch die Zivilgesellschaft daran mitwirkt.

Weitere Informationen zum Projekt

Bericht: http://jom3.rudolf-speth.de/images/pdf/Bericht.pdf
Policy Paper: http://jom3.rudolf-speth.de/images/pdf/Policy-Paper.pdf

Frank Gesemann, Roland Roth

Bürgerschaftliches Engagement in der kommunalen Flüchtlings- und Integrationspolitik[1]

Ergebnisse einer Umfrage bei Städten, Landkreisen und Gemeinden

1. Einleitung

Die enorme Zuwanderung von Flüchtlingen ist seit dem Sommer 2015 in vielen Orten zur zentralen kommunalpolitischen Herausforderung geworden. Niemand kann heute sagen, wie sich die Flüchtlingsbewegungen nach der – vorübergehenden – Schließung der Balkanroute entwickeln werden. Das DESI – Institut für Demokratische Entwicklung und Soziale Integration hat mit einer Umfrage[2] erhoben, wo Städte, Landkreise und Gemeinden aktuell zentrale Aufgaben und Herausforderungen, wichtige Ressourcen und besondere Unterstützungsbedarfe bei der Aufnahme und Integration von Flüchtlingen sehen.

Die Umfrage richtete sich an die Verantwortlichen für die lokale Flüchtlings- und Integrationspolitik. An ihr haben sich im Erhebungszeitraum vom 25. Januar 2016 bis zum 5. März 2016 insgesamt 270 Städte, Landkreise und Gemeinden beteiligt. Der Rücklauf aus den ostdeutschen Kommunen war eher bescheiden. Da größere Städte und Landkreise stärker vertreten waren, repräsentieren die in der Umfrage vertretenen Kommunen nahezu die Hälfte der bundesdeutschen Bevölkerung. Die Erhebung wurde mit den kommunalen Spitzenverbänden abgestimmt und von der Beauftragten der Bundesregierung für Migration, Flüchtlinge und Integration unterstützt.

Jenseits des politisch brisanten Flüchtlingsthemas dürften einige der zentralen Befragungsergebnisse auch für die allgemeine Engagementdebatte von Interesse sein.

2. Bürgerschaftliches Engagement als zentrale Ressource

Auch in den ersten Monaten des Jahres 2016 sehen Kommunen im starken freiwilligen Engagement der Bevölkerung die zentrale Ressource für die Bewältigung der

---
1 Der Beitrag wurde veröffentlicht im BBE-Newsletter 12/2016.
2 Die Studie kann von der DESI-Website (www.desi-sozialforschung-berlin.de) heruntergeladen werden.

aktuellen Herausforderungen bei der Aufnahme und Integration von Flüchtlingen[3]. Dies betonen nahezu 90 Prozent aller befragten Kommunen. Drei von vier Kommunen verweisen zudem auf aktive Willkommens- bzw. Flüchtlingsinitiativen und heben die Offenheit und das Engagement ihrer Vereine hervor. Kirchen, Wohlfahrtsverbände und zivilgesellschaftliche Einrichtungen sind vielerorts zu Anlaufstellen einer engagierten Bürgerschaft geworden.

Diese Aussagen widersprechen populären Einschätzungen, wonach das spontane Engagement im vergangenen Herbst bereits abgeebbt und in Enttäuschung umgeschlagen sei. Offensichtlich ging es vielen Engagierten nicht nur um schnelle Nothilfe, sondern sie zeigen auch Bereitschaft zum dauerhaften Engagement. Das überraschend intensive und anhaltende freiwillige Engagement zeigt zudem, dass die Befunde der Freiwilligensurveys zu einer generell angewachsenen Bereitschaft zum Engagement in der Bevölkerung belastbar sind. Bei entsprechenden Herausforderungen engagieren sich offensichtlich Menschen, die bisher keinen Anlass oder keine Gelegenheit für sich gesehen haben. Und sie tun dies nicht in erster Linie aus geselligen, beruflichen oder gemeinschaftlichen Motiven im Nahbereich, denn Engagement für Flüchtlinge setzt Empathie und Verständnis für „Fremde", d. h. für Menschen aus fernen Kulturen und Ländern voraus. Die Auseinandersetzung mit den unterschiedlichen Motivlagen der – in großer Zahl erstmals – Engagierten dürfte einen wichtigen Schlüssel für eine künftige Engagementförderung bieten. Für zivilgesellschaftliche Organisationen, lokale Freiwilligenagenturen und andere Mittlereinrichtungen wird es darauf ankommen, aus diesen Erfahrungen zu lernen. Waren und sind sie offen genug für spontanes und neues Engagement? Gelingt es ihnen, die nötigen Koordinations-, Vernetzungs- und Unterstützungsleistungen zu erbringen? Wie müssten sie ausgestattet sein, um dies zu leisten?

---

3 Die überragende Bedeutung der Ressource bürgerschaftliches Engagement wird auch in anderen Studien bestätigt. „Dies war und ist die Stunde des bürgerschaftlichen Engagements" (Speth und Becker 2016, S. 4). Allensbach berichtet, dass für 86 Prozent der Landkreise und Kommunen die ehrenamtliche Unterstützung „sehr wichtig" und für 14 Prozent „wichtig" ist (2016, S. 38). Nach Kienbaum (S. 8) benennen 83 Prozent der Kommunen das bürgerschaftliche Engagement als wichtige Ressource zur Lösung der Integrationsaufgaben. In einer vhw-Studie können 83,4 Prozent der befragten Kommunen auf ein aktives ehrenamtliches Engagement für Flüchtlinge verweisen; 73,4 Prozent berichten von neu gegründeten Flüchtlingsinitiativen, aber auch Kirchen (74,4 Prozent), alteingesessene Initiativen (64,3 Prozent), soziale Träger und Wohlfahrtsverbände (64,3 Prozent) sind in der Flüchtlingshilfe aktiv (vhw 2016, S. 11). Während ehrenamtlich tätige Einzelpersonen, Kirchen, neue und alteingesessene Initiativen in allen Ortsgrößen stark vertreten sind, nimmt das Engagement von sozialen Trägern und Wohlfahrtsverbänden, Unternehmen und ihren Verbänden, Moscheevereinen und Migrantenorganisationen mit der Gemeindegröße deutlich zu (Ebd., S. 11).

3. Kommunen sind im Integrationsmodus angelangt

Die große Mehrzahl der Kommunen stellt sich bereits der Aufgabe, die Geflüchteten und Zugewanderten zu integrieren. Die Integration vor Ort hat längst begonnen und wird von Städten, Landkreisen und Gemeinden nicht als Aufgabe angesehen, der man sich erst in Zukunft widmen wird[4]. Kommunen sind dabei in einer Vielzahl von Handlungsfeldern gefordert, damit Integration gelingt. Dezentrale Unterbringung, Sprache und Bildung sowie Information, Engagement und Beteiligung der Bevölkerung werden dabei von den Kommunen als die wichtigsten Aufgaben angesehen. In all diesen Handlungsfeldern spielt bürgerschaftliches Engagement eine wichtige Rolle.

4. Integration von Flüchtlingen als lokale Gemeinschaftsaufgabe

Gute Kooperationsbeziehungen in der Kommune sowie die Koordination und Unterstützung des ehrenamtlichen Engagements durch die Verwaltung rangieren an zweiter Stelle bei der Frage nach den wichtigsten kommunalen Ressourcen. Dies bestätigen vier von fünf bzw. mehr als zwei Drittel der Kommunen. Mehr als 80 Prozent der Kommunen sehen in der Information und Einbindung der Bevölkerung eine zentrale Aufgabe. Dass lokale Flüchtlingsnetzwerke sowohl als vorhandene Ressource angesehen, aber auch als Gestaltungsauftrag begriffen werden, verweist auf einen dringenden Handlungsbedarf. Schließlich geht es engagementpolitisch darum, neue Initiativen, alteingesessene Vereine, Wohlfahrtsverbände, Kirchen, Migrantenorganisationen, Moscheegemeinden und andere zivilgesellschaftliche Akteure mehr gemeinsam mit lokalen Unternehmen, Politik und Kommunalverwaltung dauerhaft in produktive Netzwerke jenseits des üblichen lokalen Korporatismus einzubinden[5].

Mit der Flüchtlings- und Integrationspolitik beginnt sich offensichtlich ein lokales Handlungsfeld zu entwickeln, das zentral auf gleichberechtigte Kooperations-

---

4 Dabei stehen Kommunen jedoch vor sehr unterschiedlichen Herausforderungen, wie eine Allensbach-Befragung im Dezember 2015/Januar 2016 ergeben hat: „Während sich die großen Städte auf einen Zuzug, vielfach auf einen starken Zuzug einstellen, sind die ländlichen Kreise und Kommunen mit überwältigender Mehrheit überzeugt, dass viele der Flüchtlinge ihre Region wieder verlassen werden" (Allensbach 2016, S. 64 f.). Ein ähnliches Erwartungsgefälle besteht zwischen west- und ostdeutschen Kommunen und Kreisen. „Während sich in Westdeutschland vier von zehn Kommunen und Kreisen auf einen Zuzug einstellen, gilt dies nur für jeden fünften Kreis oder Kommune in Ostdeutschland. Zwei Drittel der ostdeutschen Kreise und Kommunen gehen davon aus, dass viele Flüchtlinge nur vorübergehend bei ihnen leben werden" (Ebd., S. 65).

5 Eine Vorstellung von der enormen Vielfalt, aber auch der Entwicklungsaufgaben existierender lokaler Flüchtlingsnetzwerke vermittelt eine Dokumentation des Förderprojekts „Gemeinsam in Vielfalt" des Landes Baden-Württemberg, in dem sich 68 Kommunen präsentieren (Ministerium Baden-Württemberg 2016).

beziehungen zwischen Politik, Verwaltung und engagierter Bürgerschaft setzt. Das ehrenamtliche Engagement wird nicht (nur) als Notnagel betrachtet, der in besseren Zeiten professionell ersetzt werden kann. Vielmehr werden produktive Kooperationsbeziehungen mit den zivilgesellschaftlichen Akteuren vor Ort und die Einbindung der Bevölkerung insgesamt als wichtige Gestaltungsaufgaben kommunaler Integrationspolitik angesehen. Entsprechend unterstützen mehr als zwei Drittel aller Kommunen Flüchtlings- und Willkommensinitiativen oder fördern Lotsen-, Mentoren- und Patenprojekte.

5. Noch immer große Offenheit für Flüchtlinge

Mehr als zwei Drittel der Kommunen sprechen auch in den ersten Monaten des Jahres 2016 von einer positiven Grundstimmung und einer ausgeprägten Offenheit in der lokalen Bevölkerung. Bei der Frage nach den zentralen kommunalen Aufgaben bei der Aufnahme und Integration von Flüchtlingen landet das Thema fremdenfeindliche Proteste auf dem letzten Platz. Weniger als die Hälfte aller Kommunen sehen deren Einhegung als vordringlich an.

Negative Schlagzeilen, Anschläge auf Flüchtlingsunterkünfte und fremdenfeindlich Übergriffe erzeugen zuweilen ein Zerrbild, das durch anmaßende rechtspopulistische Mobilisierungen bekräftig wird („Wir sind das Volk!"). Von einigen Regionen und Orten abgesehen, sind flüchtlings- und fremdenfeindliche Stimmungen und Mobilisierungen keineswegs dominant[6]. Aber sie sind ein Thema, das in der kommunalen Integrationspolitik durchaus beachtet wird. In der öffentlichen Debatte wird die Gewichtung von Offenheit und Abwehr gegenüber Flüchtlingen in der lokalen Bevölkerung nicht selten ins Gegenteil verkehrt.

6. „Wir können Integration"

Kommunen verfügen nicht nur über eigene integrationspolitische Erfahrungen, sondern haben in der Vergangenheit in großer Zahl Grundstrukturen für eine erfolgreiche Integrationspolitik entwickelt. Drei von vier Kommunen messen der Integration der Zugewanderten einen hohen Stellenwert bei und fast die Hälfte sieht in einer strategisch ausgerichteten Integrationspolitik eine wichtige Ressource. Dazu gehört für zwei von drei Kommunen die Verankerung von Integration als Querschnittsaufgabe und ein kommunales Integrationskonzept[7]. Mehr als die

---

6 Schließlich berichten Kommunen auch von offener Ablehnung gegenüber Flüchtlingen. Die repräsentative Allensbach-Befragung zeichnet folgendes Bild. In Ostdeutschland sind dies 69 Prozent der Kommunen, in Westdeutschland nur 23 Prozent. Auch die sozialräumlichen Unterschiede sind erheblich: 28 Prozent der kreisfreien Großstädte berichten von offener Ablehnung, von den ländlichen Kreisen und Kommunen sind dies immerhin 43 Prozent (Allensbach 2016, S. 44).
7 Die konzeptionellen Voraussetzungen fallen jedoch je nach Ortsgröße, wie die vhw-Studie bestätigt, sehr unterschiedlich aus. So verfügen 65,9 Prozent der Großstädte über 100.000 Einwohner

Hälfte der befragten Kommunen sprechen sich für ein Konzept bzw. Leitbild zur Integration von Flüchtlingen aus. Der Grad der Vernetzung zentraler integrationspolitischer Akteure in der Kommune wird von mehr als der Hälfte der befragten Kommunen mit sehr gut oder gut bewertet. In öffentlichen Debatten wird zuweilen fälschlich der Eindruck vermittelt, als wäre mit der verstärkten Zuwanderung von Flüchtlingen in der zweiten Hälfte des Vorjahres eine gänzlich neue und unbekannte Herausforderung für die Kommunen entstanden. Integration ist für Kommunen kein *terra incognita*. Sie verfügen mehrheitlich über die Erfahrungen und das Wissen, wie Integration vor Ort gelingen kann, auch wenn die großen Zahlen der zurückliegenden Monate eine besondere Herausforderung darstellen. Strategische Integrationskonzepte hat die kommunale Ebene bereits für den Nationalen Integrationsplan (2007) und den Nationalen Aktionsplan Integration (2011) mit breiter Resonanz ausgearbeitet. Kommunen können in der aktuellen Situation vielerorts auf etablierte Netzwerke, professionelle Einrichtungen und Kooperationen mit der lokalen Zivilgesellschaft (Flüchtlingsräte, Migrantenorganisationen, Wohlfahrtsverbände, Kirchen und Vereine) zurückgreifen. Neue Initiativen haben sich in den vergangenen Monaten spontan gebildet. Sie einzubinden und von den Erfahrungen der Engagierten zu lernen, stellt eine wichtige Herausforderung für die Stärkung der kommunalen Handlungsfähigkeit dar.

7. Kommunen benötigen dringend zusätzliche und verlässliche Ressourcen

Dezentrale Unterbringung, Gemeinschaftsunterkünfte, Sprachkurse, Betreuungs- und Bildungseinrichtungen, Qualifizierungsangebote, Zugänge zum Arbeits- und Ausbildungsmarkt, gesundheitliche und psychosoziale Betreuung, die Sorge für unbegleitete minderjährige Flüchtlinge werden von den Kommunen als zentrale Herausforderungen benannt. Für diese klassischen Handlungsfelder kommunaler Integrationspolitik sind zusätzliches Personal und eine erweiterte finanzielle Unterstützung unabdingbar. Mehr als 90 Prozent der befragten Kommunen sehen in der verbesserten Kostenerstattung durch Bund und Länder eine zentrale Gelingensbedingung ihrer kommunalen Integrationsanstrengungen. Sie signalisieren zudem Unterstützungsbedarf bei Sprach- und Integrationskursen, beim Ausbau von Betreuungs-, Bildungs- und Erziehungseinrichtungen, bei der Stärkung der Arbeitsmarktintegration und der Ausweitung des sozialen Wohnungsbaus. Rund 70 Pro-

---

über ein eigenes aktuelles Integrationskonzept. In der nächsten Größenklasse (50-100 Tsd. Einwohner) sind es nur noch 31,6 Prozent und bei Gemeinden unter 10.000 Einwohner sinkt die Zahl auf 5,1 Prozent. Auffällig sind auch die regionalen Unterschiede: 31,4 Prozent der Kommunen im Süden, aber nur 13,6 Prozent der Kommunen im Osten verfügen über Integrationskonzepte (vhw 2016, S. 14).

zent fordern eine Entlastung bei den Kosten für die Gesundheitsversorgung. Drei von vier Kommunen melden an, dass zusätzliches Personal in der Kommunalverwaltung erforderlich ist.

Auch wenn die Finanzlage in den Kommunen ebenso unterschiedlich ist wie ihre Ausstattung mit zentralen integrationspolitischen Ressourcen (Wohnungen, Arbeitsplätzen, Sozial- und Bildungseinrichtungen etc.), signalisieren die Rückmeldungen aus den Kommunen, dass sie die Integration der Neuankommenden über die akute Nothilfe hinaus als eine Daueraufgabe begreifen, die nur gelingen kann, wenn sie dafür die nötige Unterstützung durch Bund und Länder erfahren. Das vielfältige Engagement der örtlichen Gemeinschaft ist zwar eine zentrale Ressource, aber sie allein kann diesen Unterstützungsbedarf für professionelle Strukturen und Einrichtungen nicht dauerhaft kompensieren.

8. Integration von Flüchtlingen als föderale Gemeinschaftsaufgabe

Mehr als 90 Prozent aller befragten Kommunen sehen in der verbesserten Koordination der Flüchtlingspolitik im Bundesstaat eine große Herausforderung. Zudem erwarten mehr als drei Viertel aller Kommunen Initiativen von Bund und Ländern zur Stärkung der kommunalen Flüchtlings- und Integrationspolitik. Dabei sind sie durchaus bereit, ihre besondere Rolle als lokale Integrationsmotoren wahrzunehmen. Fast zwei Drittel der Kommunen sprechen sich sogar für eine Verankerung von Integration als kommunaler Regelaufgabe aus.

Offensichtlich klafft zwischen dem wohlfeilen bundes- und landespolitischen Bekenntnis „Integration findet vor Ort statt" und der Bereitschaft, die Kommunen im föderalen Gefüge mit den dafür notwendigen Kompetenzen und Ressourcen auszustatten, eine erhebliche Lücke. Sie ist durch die aktuellen Herausforderungen der Flüchtlingspolitik noch größer geworden.

Literatur

Institut für Demoskopie Allensbach 2016: Situation und Strategien in den Kommunen. Zum Umgang mit der aktuellen Zuwanderung von Asylsuchenden (17.02.2016).
Ministerium für Arbeit und Sozialordnung, Familie, Frauen und Senioren Baden-Württemberg (Hrsg.) 2016: Gemeinsam in Vielfalt. Projekte stellen sich vor. Stuttgart.
Speth, Rudolf/Becker, Elke 2016: Zivilgesellschaftliche Akteure und die Betreuung geflüchteter Menschen in deutschen Kommunen. Berlin: Maecenata Institut in Zusammenarbeit mit dem Deutschen Institut für Urbanistik.
vhw – Bundesverband für Wohnen und Stadtentwicklung e.V. 2016: Kommunalbefragung 2016. Herausforderungen „Flüchtlingskrise vor Ort". Berlin (28.04.2016).

Elisabeth Schönrock, Andreas Pautzke
Bürgerschaftliches Engagement gegen Rechtsextremismus

1. Einleitung

Die Ankunft so vieler Geflüchteter in Deutschland hat eine beeindruckende Welle an Engagement, Solidarität und Unterstützung ausgelöst und gleichzeitig dem unzivilen Engagement Aufschwung verliehen: Rechtspopulist_innen vergiften mitunter das Klima vor Ort, rassistisch motivierte Bedrohungen und Übergriffe bis hin zu Brandanschlägen auf Flüchtlingswohnheime haben in den vergangenen zwei Jahren drastisch zugenommen. Doch anders als zu Beginn der 1990er-Jahre reagiert die Zivilgesellschaft beherzt: Immer mehr engagierte Bürger_innen sind sensibilisiert und bereit, sich Rassismus und Rechtsextremismus entgegenzustellen. Sie heißen geflüchtete Menschen willkommen und tragen mit ihrem Engagement dazu bei, Barrieren in den Köpfen zu überwinden und gesellschaftliche Teilhabe zu fördern.

Vielerorts sind Strukturen entstanden, in denen sich Akteure aus Verwaltung, Politik und Zivilgesellschaft gemeinsam und kontinuierlich für die Entwicklung eines demokratischen Gemeinwesens vor Ort engagieren. Darunter geschätzte neun Millionen Menschen, die sich für Geflüchtete einsetzen.[1]

Es lohnt daher einen Blick darauf zu werfen, mit welchen Erscheinungen des Rechtsextremismus sie sich dabei auseinandersetzen müssen, aber auch welche Strategien und Handlungsansätze sich zu seiner Zurückdrängung bewährt haben.

2. Aktuelle Erscheinungsformen des Rechtsextremismus – ein Lagebild

Die Zahl rechtsextremer Straftaten ist in 2015 deutlich gestiegen. Nach Angaben des Bundesministeriums des Innern registrierte die Polizei insgesamt 22.960 rechtsextrem motivierte Straftaten – ein Anstieg um 34 Prozent im Vergleich zum Vorjahr. Besonders besorgniserregend sind der Anstieg rechtsextremer Gewalttaten um 44 Prozent auf 1.485 (2014: 1.029)[2] sowie die Verfünffachung der Straftaten gegen Flüchtlingsunterkünfte auf 1.031 (2014: 199)[3].

---

[1] http://www.deutschlandradiokultur.de/aggressionen-gegen-fluechtlingshelfer-damit-die-richtig.1001.de.html?dram:article_id=354912 (26.05.2016).
[2] https://www.tagesschau.de/inland/rechtsextremismus-gewalt-101.html (26.05.2016).
[3] http://www.bmi.bund.de/SharedDocs/Pressemitteilungen/DE/2016/05/pks-und-pmk-2015.html; jsessionid=3E0ABF682ED4EA26F54F45807ED0D454.2_cid364 (26.05.2016).

Diese Steigerung ist dramatisch und macht deutlich, wie gefährlich die Hemmschwelle für Gewalt gesunken ist. Während die Zahl gewaltorientierter Rechtsextremist_innen 2015 um mehr als 1.000 Personen auf über 11.500 angewachsen ist[4], kommen Angriffe zunehmend auch aus der Mitte der Gesellschaft. Zwar gelten 90 Prozent der Straftaten gegen Flüchtlingsunterkünfte als rechts motiviert, doch lediglich ein Drittel der Täter entstammt eindeutig der rechtsextremen Szene.

Der Zuzug Geflüchteter hat in großen Teilen der Gesellschaft zu Veränderungen geführt. Während sich viele spontan solidarisch zeigen und in Willkommensinitiativen engagieren, reagiert ein Teil der Bevölkerung mit Verunsicherung und einige mit offener Ablehnung. Bereits seit Jahren nimmt das Phänomen der gruppenbezogenen Menschenfeindlichkeit zu, ebenso wie die Akzeptanz von Gewalt zur Lösung von Problemen. Studien des Instituts für Interdisziplinäre Konflikt- und Gewaltforschung der Universität Bielefeld haben ergeben, dass 44 Prozent der Deutschen Vorurteile gegen Geflüchtete haben. Diese Werte zeigen die weite Verbreitung rassistischer, antisemitischer oder menschenfeindlicher Einstellungen, die wiederum wesentlicher Bestandteil rechtsextremer Identitäten sind. Was zunächst als harmloser Stammtischspruch oder vermeintliche Sorge daherkommt, kann sich leicht verfestigen und bietet Rechtsextremen Nährboden sowie willkommene Anknüpfungspunkte, um Vorurteile zu schüren und mit simplen Phrasen ein Klima der Ablehnung zu befeuern. Erscheinungen wie Pegida und auch die Alternative für Deutschland (AfD) profitieren von den Entwicklungen – ihr kalkuliertes grenzüberschreitendes Auftreten bei gleichzeitiger (gefühlter) medialer Omnipräsenz trägt dazu bei, rechtsextreme Haltungen salonfähig zu machen. Die Hemmschwelle, sich öffentlich an Debatten und Protesten zu beteiligen oder gar Gewalt anzuwenden, sinkt.

3. Mobilisierung vor Ort: Proteste gegen Flüchtlingsunterkünfte

Bereits seit Jahren ist rassistische Hetze gegen Geflüchtete und Asylsuchende ein zentrales Thema der extremen Rechten, von neonazistischen Zusammenschlüssen und rechtspopulistischen Akteuren. So bot die Planung und Einrichtung zahlreicher Unterkünfte für Geflüchtete im vergangenen Jahr die günstige Gelegenheit eines Brückenschlags in die Mitte der Gesellschaft. So massiv wie lange nicht initiierten Rechtsextreme Protest vor Ort oder versuchten bereits vorhandene Bürgerinitiativen zu unterwandern und für ihre Zwecke zu instrumentalisieren. Bürgerversammlungen, die über Pläne und Unterbringungen informieren wollten, wurden gestört und ablehnende Stimmen verstärkt. Im Anschluss folgten Mahn-

---

4 http://www.tagesspiegel.de/politik/rechtsextremismus-in-deutschland-die-gewaltbereitschaft-der-rechten-steigt/12874496.html (26.05.2016).

wachen, Plakatierungen, das Streuen von Gerüchten oder die Mobilisierung von Demonstrationen. Damit verbunden: Bürgerwehren, Pöbeleien, Drohungen und Übergriffe gegen Geflüchtete und ihre Unterstützer_innen.

Alles, um zu spalten, die Stimmung vor Ort zu kippen, um sich als wahrer Kümmerer der „kleinen Leute" hinzustellen und sich gegenseitig in der Richtigkeit und Unausweichlichkeit des eigenen Handelns zu bestärken. Vielerorts, wo der Versuch der Einflussnahme über Hartz-IV-Beratung, Jugendfreizeiten und Nachbarschaftshilfe noch nicht gelungen war, bot sich endlich die Gelegenheit Fuß zu fassen und Einfluss zu nehmen.

4. Resonanzraum Internet

Diese Entwicklung fand vorbereitend und parallel auch im virtuellen Raum statt. Dort eröffnen sich Aktivist_innen wie Interessierten weitgehend ungestörte Räume für Organisation und Vernetzung, wobei insbesondere die sozialen Netzwerke eine große Rolle spielen. Ein Beispiel dafür sind die vielen Nein-zum-Heim-Gruppen, die überwiegend auf Facebook entstanden. Oft angeleitet von polizeibekannten Neonazis, scharrten sie Gleichgesinnte um sich, um im Anschluss ihren virtuellen Rückzugsraum zu verlassen und vor Ort aktiv zu werden. So werden im Internet Hindernisse überwunden/Distanzen verringert, die im realen Leben bestehen: Verhaltenskodexe in der Dorfgemeinschaft bzw. zwischen Akteuren vor Ort.

Populistische und menschenfeindliche Kommentare prägen schon länger die Diskurse im Netz und eine laute Minderheit dominiert mit ihrer Hasssprache die Debattenkultur. Versteckt hinter Pseudonymen hetzen Nutzer_innen gegen Minderheiten und Andersdenkende (Amadeu Antonio Stiftung 2015).

Problematisch ist, dass sie sich dabei zunehmend in ihren eigenen Filterblasen bewegen: in Gruppen, in denen die eigene Meinung vorherrschend ist, zuverlässig beklatscht wird und – sei sie auch noch so drastisch – keinen Widerspruch erzeugt. Verstärkt wird diese Wirkung durch die Algorithmen der sozialen Netzwerke und Suchmaschinen, die überwiegend Ergebnisse ausgeben, die der eigenen Haltung entsprechen. So entsteht schnell der Eindruck, selbst die wirklich vorherrschende Meinung zu vertreten, während alle anderen die Wahrheit verdrehen („Lügenpresse"). Mit Argumenten sind diese User_innen kaum mehr zu erreichen.

Dazu kommt die besorgniserregende und voranschreitende Verrohung der Sprache und des Umgangs. Sprachliche Enthemmung bereitet den Boden für Gewalt, und immer offener wird im Internet gegen alle gehetzt, die andere Ansichten vertreten, einer anderen Religion angehören oder eine andere Hautfarbe haben. Ins Visier Rechtsextremer geraten damit auch leicht Menschen, die sich für Geflüchtete engagieren. Wüste Beschimpfungen, Drohungen, das Veröffentlichen der Privatadresse und Aufrufe zu Gewalt zielen auf die Einschüchterung der Betroffenen und letztlich darauf, sie von ihrem Engagement abzubringen. Die Strafverfolgung ist nicht immer einfach, u. a. weil viele nicht unter ihren Klarnamen schreiben und sich die Server oft nicht in Deutschland befinden. Doch nicht nur online wird gehetzt.

5. Bedrohung von Engagierten

Neben den Geflüchteten selbst, denen mit Abstand die meisten verbalen und körperlichen Übergriffe gelten, werden auch haupt- und ehrenamtliche Helfer_innen, (Lokal-)Politiker_innen, Verwaltungsmitarbeitende, Journalist_innen, Unterkunftsbetreibende, Wachleute und andere beleidigt, bedroht und angegriffen. Allein zwischen Januar und September 2015 kam es zu mindestens 183 Vorfällen (Report Mainz 2015), deren Häufigkeit im Laufe des Jahres erheblich zunahm. Während im Januar und Februar zwölf Vorfälle gemeldet wurden, waren es im Juli und August bereits 60.

Das Spektrum der Einschüchterungen und Gewaltdrohungen ist vielfältig und reicht von verbalen und schriftlichen Pöbeleien, über Schmierereien an Hauswänden und Autos, aggressive Demonstrationen vor Privathäusern, gesprengte Briefkästen, eingeworfene Fensterscheiben bis hin zu Morddrohungen, fiktiven Todesanzeigen, gelösten Radmuttern und Brandanschlägen.

Auch wenn sich viele Betroffene umso entschlossener zeigen: Spurlos gehen die Angriffe an den Wenigsten vorbei. Wenn der Druck auch auf das familiäre und soziale Umfeld zu groß und Angst zum ständigen Begleiter wird, ziehen sich manche von ihrem Engagement zurück.

6. Was tun?

Spätestens wenn Menschen bedroht werden und vor Ort ein Klima der Einschüchterung und der Gewalt entsteht, gilt es zu handeln.

6.1 Solidarisieren und Schutz organisieren

Opfer solcher Einschüchterungsversuche und von Gewalt brauchen Unterstützung und Solidarität. Sie dürfen nicht allein bleiben mit ihren Ängsten und Erfahrungen, die zu einer großen psychischen Belastung werden können. Beistand und Ermutigung aus dem Familien- und Freundeskreis sind wichtig, Rückhalt in der Gemeinde entlastet und setzt wichtige Zeichen, dass die Betroffenen vor Ort nicht allein sind. Auch der Schutz durch Polizei oder Sicherheitsdienste muss bei Bedarf sichergestellt sein. Betroffenen steht zudem professionelle Begleitung durch Opferberatungsstellen zur Verfügung, die u. a. in rechtlichen Fragen beraten. Auf Anfrage informieren sie Engagierte auch ohne konkreten Bedrohungsanlass darüber, was helfen kann, wenn man in den Fokus Rechtsextremer gerät. Solche Unterstützung von außen ist auch dann hilfreich, wenn das Problembewusstsein vor Ort wenig ausgeprägt ist.

6.2 Offen ansprechen und sensibilisieren

Mitunter bedarf es auch einer Sensibilisierung der politisch Verantwortlichen und wichtiger Akteure vor Ort. Gerade in ländlichen Gemeinwesen werden unbequeme Themen und Konflikte ungern angesprochen, sorgt man sich – durch die räumliche und soziale Nähe – doch verstärkt um ein harmonisches Klima vor Ort. Doch gerade dann ist es notwendig, bestehende Probleme zu thematisieren und auf die Tagesordnung zu bringen. So sehr jedes Gemeinwesen seine eigenen Konfliktlösungswege haben mag, so sehr ist dennoch eine offensive Auseinandersetzung mit solchen Herausforderungen notwendig. Auch wenn es im ersten Moment als der beschwerlichere, unberechenbarere Weg erscheinen mag, so zeigt sich doch, dass gerade dort, wo Fragen rund um die Unterbringung und Integration Geflüchteter gemeinsam vor Ort diskutiert werden, eine höhere Akzeptanz und zivile Engagementbereitschaft bestehen.

6.3 Haltung zeigen und Kräfte bündeln

Auch der vermeintlich gute Ruf einer Kommune begründet sich mehr in der aktiven, konstruktiven Aushandlung vor Ort und einer klaren Haltung politisch Verantwortlicher, als im Versuch, Unbequemes totzuschweigen. Hier sind lokal deutungsmächtige Akteure wie Bürgermeister_innen und Lokalpolitiker_innen, Pfarrer_innen, Vereinsvorstände, Fußballtrainer_innen, die freiwillige Feuerwehr und viele mehr gefragt. Gehen sie mit einer klaren Haltung und Offenheit voran, prägen sie das Klima vor Ort entscheidend positiv (Akademie für Sozialpädagogik und Sozialarbeit und BBE 2015).

Damit bereiten sie den Boden, auf dem gemeinsames und ziviles Handeln gedeihen kann. Denn: Allein geht im ländlichen Raum nix! Um zu guten, nachhaltigen Lösungen zu gelangen und die demokratische Kultur vor Ort langfristig zu stärken, bedarf es eines vernetzten Denkens und der sektorenübergreifenden Zusammenarbeit. Jede der lokalen Akteursgruppen bringt wichtige Aspekte ein, aus denen – mithilfe lebendiger Vernetzung – Synergien erwachsen und passgenaue Strategien entwickelt werden können. Das geht allerdings nicht von allein – eine sachkundige Koordination sollte die Fäden in der Hand halten und den organisatorischen Rahmen setzen. Dieser wird so individuell sein, wie die jeweilige Situation und Konstellation vor Ort. Und weil es keine Universalrezepte gibt, wäre es wünschenswert, dass die notwendige öffentliche Förderung von EU, Bund und Ländern so flexibel ist, dass sie an den lokalen Erfordernissen orientierte Lösungen ermöglicht. Als Ermutigung für die Ermutigenden.

Literatur

Akademie für Sozialpädagogik und Sozialarbeit e. V. und BBE 2015: Gemeinsam handeln: für Demokratie in unserem Gemeinwesen!

Amadeu Antonio Stiftung 2015: Geh sterben! Umgang mit Hate Speech und Kommentaren im Internet.

Report Mainz 2015: Rechter Hass gegen Flüchtlingshelfer, Online: http://www.swr.de/report/rechte-bedrohung-fluechtlingshelfer-und-politiker-in-angst/15/-/id=233454/did=15944836/mpdid=16152548/nid=233454/xuoxdo/index.html (23.05.2016).

Burkhart Veigel
Fluchthelfer versus Schlepper und Schleuser?[1]

1. Einleitung

Ich mag Vergleiche. Sie geben – im Gegensatz zur political correctness – Denkanstöße, provozieren, klären auf: Nationalsozialismus und Kommunismus, Fluchthelfer versus Schlepper und Schleuser, Gutmenschen, die von einer Willkommenskultur schwärmen, und ängstliche oder rechtschaffene Mauerbauer. Vergleiche sind immer gut, Gleichsetzungen selten.

In einer Zeit, in der Millionen von Menschen auf der Flucht sind, viele von ihnen nach Europa, sind wieder Helfer gefragt. Wurden sie früher Fluchthelfer genannt, die anderen bei ihrer Flucht halfen – schon von der Wortwahl her positiv besetzt –, bezeichnet man sie heute als Schlepper und Schleuser, die „Opfer", Minderwertige, über eine Grenze schleppen oder sie dort durchschleusen – negativ besetzt (mit „Schleuser" hetzte schon die DDR gegen mich).

2. Helfer damals und heute: Unterschiede und Gemeinsamkeiten

Worin unterscheiden sich die Helfer damals und heute, dass es zu so unterschiedlichen Konnotationen kommt? Was ist das Gemeinsame? Welchen Unterschied macht die Situation, in der sie jeweils agier(t)en?

Der gemeinsame Nenner ist, dass Menschen in Not heimlich über Grenzen gebracht werden. Der Unterschied: Ich brachte Menschen aus einem Land, aus dem sie nicht heraus durften, in ein Land, in das sie gern hinein durften. Die heutigen Schleuser dagegen bringen Menschen aus Ländern, aus denen sie meist ohne Probleme heraus dürfen, in Länder, in die sie nicht hinein dürfen.

„Meine" Flüchtlinge waren in ihrer neuen Heimat willkommen, sprachen eine zumindest ähnliche Sprache, konnten sich rasch integrieren. Sie waren nicht auf weitere Betreuung angewiesen, durften und konnten allerdings auch sofort arbeiten. Die heutigen Flüchtlinge sind nicht überall willkommen, werden häufig sogar als Eindringlinge angesehen. Bereits zu einer simplen Anpassung an den bundesrepublikanischen Alltag müssen sie sehr viel lernen, und zu einer Integration in Deutschland ist es ein weiter Weg.

---

[1] Der Beitrag wurde veröffentlicht im BBE-Newsletter 21/2015.

Ich habe „meine" Flüchtlinge vor und während der Flucht intensiv betreut; mit einigen Flüchtlingen haben sich daraus jahrzehntelange Freundschaften entwickelt. Schleuser sind im Allgemeinen nur für einen Teilabschnitt einer Flucht verantwortlich, lernen ihre „Klienten" kaum kennen und lassen sie oft sogar im Stich, wenn Gefahr droht. „Ihre" Flüchtlinge benötigen nach der Flucht weitere Hilfe, die sie aber anderen Menschen überlassen, die sie quasi zu humanitärem Handeln zwingen.

Ich wurde zwar ebenfalls kriminalisiert – was auf eine Gemeinsamkeit schließen lassen könnte –, allerdings „in Maßen": Während der Passierscheinverhandlungen 1963 wurde ich dringend gebeten, von meinem Tun abzulassen, um den Fortgang der Gespräche nicht zu stören. Aber weil die Verhandlungen weitergingen und zum Erfolg führten – obwohl kein einziger Fluchthelfer aufgehört hatte –, entzog man mir zwar das Wohlwollen und die moralische Unterstützung, aber ich musste nicht ernstlich mit einer Bestrafung rechnen. Die heutigen Schleuser dagegen werden ohne Ausnahme als Kriminelle behandelt und bestraft.

Das Gemeinsame: Damals wie heute offenbart sich eine Unfähigkeit der Politik, der Justiz, der Presse und der Bevölkerung, zu differenzieren. 1963 stellte der Berliner Senat fest, was von der Öffentlichkeit nur allzu gern übernommen wurde: Ein guter Fluchthelfer ist einer, der kein Geld nimmt; wer Geld für seine Hilfe nimmt, ist ein „Ganove".

Diese Aufteilung war und ist aber völlig untauglich. Das wichtigste Kriterium für eine Differenzierung ist die Professionalität eines Helfers, d. h. ob er seine Schützlinge sicher an das gewünschte Ziel bringt. Wenn ihm das gelingt, ist sein Handeln ehrenvoll, auch wenn er Geld dafür verlangt (auch Ärzte oder Rechtsanwälte helfen anderen Menschen gegen Bezahlung). Wenn ein Helfer sein Handwerk dagegen nicht ausreichend beherrscht, wenn seine Schutzbefohlenen ins Gefängnis kommen, ertrinken oder ersticken, dann erst, in einer zweiten Instanz, muss man nach ethischen Gesichtspunkten differenzieren, einen idealistischen Menschenfreund daran hindern, weiterzuarbeiten, einen Kriminellen, der sich an der Not anderer Menschen bereichert, bestrafen.

Bei der weiteren Betrachtung fallen nur noch Unterschiede auf: Die Zahl „meiner" Flüchtlinge war sehr viel kleiner als die der Flüchtlinge heute. Ich habe in neun Jahren etwa 650 Menschen in Freiheit gebracht, so viele, wie allein am 18. April 2015, an einem einzigen Tag, im Mittelmeer ertranken.

„Meine" Flüchtlinge waren – auch dadurch, dass sie sofort ihre Schulden bei mir abzahlen mussten – „gefordert", die heutigen Flüchtlinge werden „gefördert", zum Stillsitzen verdammt, was ihre Integration ausschließt. Viele der Flüchtlinge heute sind aber nicht so anspruchsvoll, wie in bestimmten Kreisen erwartet wird: Sie würden gern auch weit unterhalb eines Mindestlohns arbeiten, sich auf diese Weise nützlich machen und sich in die Gesellschaft einbringen.

Nach dem Bau der Mauer wurde jeder Flüchtling ohne Prüfung als „politischer Flüchtling" anerkannt – weil er aus einem Unrechtsstaat kam und unter großer Gefahr geflohen war. Heute wird jeder nach überholten Kriterien überprüft, ob er eines Asyls würdig sei. Aber ein Mensch, der aus einem „Unrechtsstaat" kommt, in dem Korruption, Willkür, Denunziation und die Missachtung der Menschenrechte an der Tagesordnung sind, der Europa außerdem nur unter extrem großen Gefahren erreicht, muss ebenfalls ohne Prüfung als politischer Flüchtling anerkannt werden und Asyl erhalten, auch wenn er nicht direkt an Leib und Leben bedroht war. Dies gilt eingeschränkt auch für einige europäische Staaten, die sich in einem desolaten Zustand befinden.

Daraus folgt, dass die Dublin-Verordnung, die Drittstaatenregelung, auch angesichts der Entwicklung in den zurückliegenden Monaten obsolet ist und sofort abgeschafft werden muss.

Anzumahnen, Flüchtlinge aufzunehmen, sind nicht nur unsere europäischen Nachbarn, sondern mit Nachdruck auch die arabischen (Öl-)Staaten, die zumindest für ihre Glaubensbrüder und -schwestern Hilfe leisten könnten. Warum sollten Muslime in säkularisierte Länder fliehen, deren Bewohner für viele von ihnen Glaubensfeinde sind? Wenn die arabischen Staaten schon nicht für eine direkte Hilfe zu gewinnen sind, sollten sie wenigstens einen finanziellen Beitrag zu unserer Hilfe leisten.

3. Zusammenfassung

Nicht jeder Schlepper und Schleuser ist ein Krimineller, auch wenn diese Zuschreibung auf viele von ihnen zutrifft. Das primäre Kriterium einer Differenzierung ist die Professionalität seiner Arbeit. Ethische Gesichtspunkte spielen erst sekundär eine Rolle.

Eine Gleichsetzung von Fluchthelfern durch die Berliner Mauer und Schleppern und Schleusern von heute verbietet sich. Allein aus der Tatsache, dass Menschen „illegal" über Grenzen gebracht werden, lässt sich keine Gemeinsamkeit konstruieren.

Im Zentrum aller Überlegungen und Handlungen muss das Wohlergehen der Flüchtlinge stehen. Menschen in Not haben eine eigene moralische Qualität, die uns zwingt, ihnen zu helfen.

Alle Menschen, auch Flüchtlinge, sollen eher gefordert und weniger gefördert werden. Nur so werden sie sich integrieren, nur so werden wir das Entstehen von Parallelgesellschaften verhindern.

Kalendarium

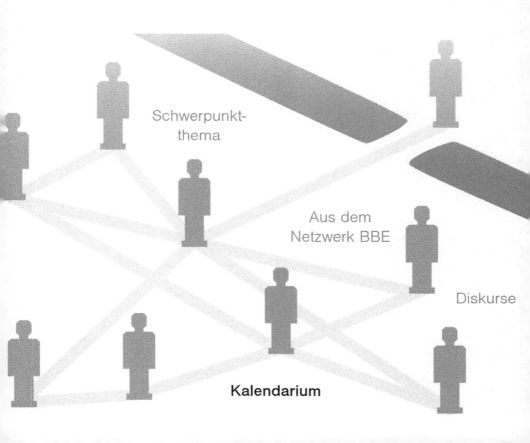

Schwerpunkt-
thema

Aus dem
Netzwerk BBE

Diskurse

Kalendarium

Kalendarium

Rainer Sprengel
Engagementpolitisches Kalendarium
1. Juli 2015 bis 2. Juni 2016

Mit dem Kalendarium wird eine Brücke zur Internetnutzung des Jahrbuchs geschlagen: Im Folgenden findet sich eine komprimierte und auf herausragende Ereignisse konzentrierte Fassung des Kalendariums. Über den Link zur BBE-Internetplattform können Sie die Langfassung des Kalendariums abrufen:

http://www.b-b-e.de/publikationen/publikationen-bbe-buchreihe/#c13413

Nachträge Juni 2015

09.06.2015 (Berlin)
Positionspapier zum bürgerschaftlichen Engagement: Bundestagsfraktion Bündnis 90/Die Grünen
Am 9. Juni 2015 beschließt die Bundestagsfraktion Bündnis 90/Die Grünen ihr Positionspapier „Damit bürgerschaftliches Engagement grünt und sprießt!".
  Positionspapier ◆ https://www.gruene-bundestag.de/fileadmin/media/gruenebundestag_de/fraktion/beschluesse/Beschluss_Buergerschaftliches_Engagement.pdf

10.06.2015 (Berlin)
Unterausschuss „Bürgerschaftliches Engagement": 14. Sitzung
Am 10. Juni 2015 fand die 14. Sitzung des Unterausschusses „Bürgerschaftliches Engagement" des Deutschen Bundestages in der 18. Legislaturperiode statt. Zentraler Tagungsordnungspunkt war das Fachgespräch zum Thema Bundesfreiwilligendienst.
  Protokoll ◆ http://www.bundestag.de/blob/381028/eae30373b7cd799a08f1eda0a195625a/14_sitzung_kurzprotokoll_oeff-data.pdf

19.06.2015 (Mailand)
Enterprise Manifesto 2020
CSR Europe und Nationale Partnerorganisationen haben am 19. Juni 2015 in Mailand das „Enterprise 2020 Manifesto" vorgestellt. Damit rufen über 40 *Corporate Social Responsibility*-Netzwerke aus Europa Unternehmen und Regierungen zur Zusammenarbeit bei der Bewältigung von Arbeitslosigkeit, Klimawandel und demografischem Wandel auf.
  Manifest ◆ http://www.upj.de/nachrichten_detail.81.0.html?&tx_ttnews[tt_news]=3032&tx_ttnews[backPid]=20&cHash=36d322503e

30.06.2015 (Berlin)
Engagement in der Entwicklungspolitik: BMZ-Strategiepapier
Am 30. Juni 2015 veröffentlicht das Bundesministerium für wirtschaftliche Zusammenarbeit und Entwicklung (BMZ) das Strategiepapier „Gemeinsam Viele(s) bewegen – Aktionsprogramm zum bürgerschaftlichen Engagement in der Entwicklungspolitik", um über Strategien zur Umsetzung der deutschen Entwicklungspolitik zu informieren.

Publikation ◆ http://www.bmz.de/de/mediathek/publikationen/reihen/strategiepapiere/Strategiepapier355_06_2015.pdf

Juli 2015

01.07.2015 (Berlin)
Unterausschuss „Bürgerschaftliches Engagement": 15. Sitzung
Am 1. Juli 2015 findet die 15. Sitzung des Unterausschusses „Bürgerschaftliches Engagement" des Deutschen Bundestages in der 18. Legislaturperiode statt. Zentrale Tagesordnungspunkte sind die Fachgespräche zu den Themen Freiwilligenmanagement und *Service Learning* an Schulen und Hochschulen.

Protokoll ◆ http://www.bundestag.de/blob/385658/1f301bfb148fa68d6c3d9eea5ad60931/15_sitzung_kurzprotokoll_oeff-data.pdf

03.07.2015 (Berlin)
Bürgergesellschaft gestalten: Zukunftsbericht der CDU
Unter Leitung von Armin Laschet, MdL und stellvertretender Bundesvorsitzender der CDU, wird am 3. Juli 2015 der Bericht zur Zukunft der Bürgergesellschaft und zum bürgerschaftlichen Engagement von der im Februar 2014 vom CDU-Bundesvorstand dafür eingesetzten Kommission verabschiedet: „Zusammenhalt stärken – Zukunft der Bürgergesellschaft gestalten". Ziel dieses und weiterer Kommissionsberichte ist es, die Parteiarbeit inhaltlich und programmatisch weiterzuentwickeln.

Bericht ◆ https://www.cdu.de/system/tdf/media/dokumente/abschlussbericht-zusammenhalt-staerken_0.pdf?file=1

03.07.2015 (Berlin)
Europäisches Jahr der Entwicklung: Schwerpunkt in BBE Europa-Nachrichten
Die BBE Europa-Nachrichten Nr. 6 erscheinen mit dem Schwerpunkt Europäisches Jahr der Entwicklung.

03.07.2015 (Berlin)
Kommunales Ehrenamt und Rente: Debatte im Bundestag
Am 3. Juli 2015 findet im Deutschen Bundestag eine kombinierte, längere Debatte zweier Anträge der Fraktion Bündnis 90/Die Grünen statt, die beide das Thema Rente hatten. Wenn auch nicht als Schwerpunkt der Debatte, kommen die Redner_innen immer wieder auf das Ehrenamtsthema aus sozial- und rentenpolitischer Sicht zu sprechen.

Protokoll ◆ http://dipbt.bundestag.de/doc/btp/18/18116.pdf

06.07.2015 (Berlin)
Allianz „Rechtssicherheit für politische Willensbildung": Gründung
Am 6. Juli 2015 wird die Allianz „Rechtssicherheit für politische Willensbildung" gegründet. In der Abgabenordnung soll klargestellt werden, dass gemeinnützige Organisationen zur Erreichung ihrer Zwecke selbstverständlich Einfluss auf die politische Willensbildung nehmen dürfen. Das langfristige Ziel der Allianz ist ein modernes Gemeinnützigkeitsrecht.
   Informationen ◆ http://www.zivilgesellschaft-ist-gemeinnuetzig.de/

09.07.2015 (Berlin)
Bildung und Unternehmen: Schwerpunkt im BBE-Newsletter
Der BBE-Newsletter Nr. 14 erscheint mit dem Schwerpunkt Bildung und Unternehmen.

23.07.2015 (Berlin)
Kommunale Engagementstrategien: Schwerpunkt im BBE-Newsletter
Der BBE-Newsletter Nr. 15 erscheint mit dem Schwerpunkt Kommunale Engagementstrategien.

27.07.2015 (Berlin)
Sport und Integration: Kleine Anfrage beantwortet
Am 27. Juli 2015 beantwortet die Bundesregierung eine umfängliche Kleine Anfrage der Fraktion Bündnis 90/Die Grünen zum Thema Sport und Integration. Präsenz und ehrenamtliche Tätigkeit von Migrant_innen in Sportvereinen sind dabei u. a. Thema.
   Antwort ◆ http://dip21.bundestag.de/dip21/btd/18/056/1805650.pdf

28.07.2015 (München)
Gesetzentwurf zur Stärkung ehrenamtlichen Engagements: SPD Bayern
Als erste Fraktion im Bayerischen Landtag hat die SPD am 28. Juli 2015 einen Gesetzentwurf zur Förderung des bürgerschaftlichen Engagements vorgelegt. Im Zentrum des Entwurfs steht die Stärkung der Infrastruktur für bürgerschaftliches Engagement.
   Gesetzentwurf ◆ http://bayernspd-landtag.de/workspace/media/static/
   gebayerischesehrenamt-55b77f5cb0410.pdf

30.07.2015 (Berlin)
Civil Society Europe: Schwerpunkt in BBE Europa-Nachrichten
Die BBE Europa-Nachrichten Nr. 7 erscheinen mit dem Schwerpunkt Civil Society Europe.

August 2015

20.08.2015 (Berlin)
Bildung und Engagement: Schwerpunkt im BBE-Newsletter
Der BBE-Newsletter Nr. 17 erscheint mit dem Schwerpunkt Bildung und Engagement.

31.08.2015 (Berlin)
Bundeskanzlerin: Stolz auf bürgerschaftliches Engagement für Flüchtlinge
Bundeskanzlerin Dr. Angela Merkel wendet sich auf ihrer Sommerpressekonferenz am 31. August 2015 erneut gegen Hass und Menschenfeindlichkeit. Zugleich ist sie „stolz und dankbar" auf die Realität der Zivilgesellschaft und auf das freiwillige Engagement vieler Menschen in Deutschland für Flüchtlinge.

Informationen ◆ https://www.bundesregierung.de/Webs/Breg/DE/Mediathek/Einstieg/mediathek_einstieg_videos_node.html?cat=videos&id=1418772
www.bmi.bund.de/SharedDocs/Pressemitteilungen/DE/2013/08/buergerschaftliches-engagement-ostdeutschland.html

September 2015

01.09.2015 (Berlin)
Osteuropa zwischen Ressentiments und Toleranz: Schwerpunkt in BBE Europa-Nachrichten
Die BBE Europa-Nachrichten Nr. 8 erscheinen mit dem Schwerpunkt Osteuropa zwischen Ressentiments und Toleranz.

03.09.2015 (Berlin)
Projekt INKA: Schwerpunkt im BBE-Newsletter
Der BBE-Newsletter Nr. 18 erscheint mit dem Schwerpunkt Projekt INKA (Professionelle Integration von freiwilligen Helfern in Krisenmanagement und Katastrophenschutz).

08.09.2015 (Straßburg)
Wasser ist ein Menschenrecht: Entschließung des Europäischen Parlaments
Am 8. September 2015 hat das Europäische Parlament einen Antrag des Umweltausschusses angenommen, der die Forderungen der ersten erfolgreichen Europäischen Bürgerinitiative „Recht auf Wasser" aufgreift.

Informationen ◆ http://www.europarl.europa.eu/sides/getDoc.do?pubRef=-//EP//TEXT+IM-PRESS+20150903IPR91525+0+DOC+XML+V0//DE

11.09.2015 (Berlin)
Eröffnung der 11. Woche des bürgerschaftlichen Engagements
Mit einer zentralen Auftaktveranstaltung in Berlin startet am 11. September 2015 die 11. bundesweite Aktionswoche des BBE. Bundesfamilienministerin Manuela Schwesig und der Vorsitzende des BBE-Sprecher_innenrates, Professor Dr. Thomas Olk, eröffnen die Woche des bürgerschaftlichen Engagements (11.-20. September 2015).

Informationen ◆ http://www.engagement-macht-stark.de/presse/detailansicht/artikel/engagement-macht-stark-1/

17.09.2015 (Berlin)
Landes-Engagementstrategien: Schwerpunkt im BBE-Newsletter
Der BBE-Newsletter Nr. 19 erscheint mit dem Schwerpunkt Landes-Engagementstrategien.

22.09.2015 (Berlin)
Unterausschuss „Bürgerschaftliches Engagement": 16. Sitzung
Am 22. September 2015 findet die 16. Sitzung des Unterausschusses „Bürgerschaftliches Engagement" des Deutschen Bundestages in der 18. Legislaturperiode statt. Zentraler Tagesordnungspunkt ist das Fachgespräch zum Thema Unternehmen und Engagementförderung.
    Protokoll ◆ http://www.bundestag.de/blob/391614/7b3527bb3fbc4ca74f1e2d218 fd4de72/16_sitzung_kurzprotokoll_oeff-data.pdf

22.09.2015 (Berlin)
BBE-Themenseite Engagement von und für Flüchtlinge
Am 22. September 2015 geht auf der BBE-Internetplattform die Themenseite Engagement von und für Flüchtlinge online. Sie bietet insbesondere Zugänge zur vorhandenen Infrastruktur.

23.09.2015 (Berlin)
Verwaltungsvereinfachungen für bürgerschaftliches Engagement
Am 23. September 2015 werden vom Bundesministerium für Finanzen – im Einvernehmen mit den obersten Finanzbehörden der Länder – Verwaltungsvereinfachungen mit steuerlicher Bedeutung für bürgerschaftliches Engagement im Flüchtlingsbereich in Kraft gesetzt.
    Informationen ◆ http://www.bundesfinanzministerium.de/Content/DE/Downloads/ BMF_Schreiben/Steuerarten/Einkommensteuer/2015-09-22-Steuerliche-Massnahmen-zur-Foerderung-der-Hilfe-fuer-Fluechtlinge.pdf?__blob=publicationFile&v=2

24.09.2015 (Berlin)
Internationaler Tag der Informationsfreiheit
Zum Internationalen Tag der Informationsfreiheit fordern am 24. September 2015 zivilgesellschaftliche Organisationen, in allen Bundesländern entsprechende gesetzliche Grundlagen und bürgerorientierte Open Data-Portale zu schaffen.
    Informationen ◆ https://okfn.de/blog/2015/09/Transparenzgesetze/

24.09.2015 (Berlin)
Homophobie und Feindlichkeit gegenüber LSBTI* in Europa: Schwerpunkt in BBE Europa-Nachrichten
Die BBE Europa-Nachrichten Nr. 9 erscheinen mit dem Schwerpunkt Homophobie und Feindlichkeit gegenüber LSBTI* in Europa.

Oktober 2015

01.10.2015 (Berlin)
Freiwilligendienste als Orte politischen Lernens und neue Infrastrukturbedarfe: Schwerpunkt im BBE-Newsletter
Der BBE-Newsletter Nr. 20 erscheint mit dem Schwerpunkt Freiwilligendienste als Orte politischen Lernens und neue Infrastrukturbedarfe.

01./02.10.2015 (Berlin)
Gründung der Allianz Vielfältige Demokratie
Am 1. und 2. Oktober 2015 wird in Berlin die Allianz Vielfältige Demokratie gegründet, initiiert von der Bertelsmann Stiftung. In der Allianz herrscht der Grundkonsens, dass die heutige Demokratie auf den drei Arenen der repräsentativen Demokratie, der direkten Demokratie und der dialogischen Demokratie beruht und dass das Ineinandergreifen dieser drei Formen optimierbar ist.
Informationen ◆ http://www.bertelsmann-stiftung.de/de/unsere-projekte/vielfaeltige-demokratie-gestalten/projektnachrichten/vielfaeltige-demokratie/

07.10.2015 (Berlin)
THW-Einsatz bei Flüchtlingsunterbringung: Kleine Anfrage beantwortet
Am 7. Oktober 2015 beantwortet die Bundesregierung eine Kleine Anfrage der Fraktion Die Linke (18/6032) zur Unterbringung und Versorgung von Flüchtlingen mit Unterstützung des Technischen Hilfswerks (THW). Allein die ehrenamtlich tätigen THW-Helfer_innen haben danach seit dem 1. Januar 2014 knapp 210.000 Einsatzstunden im Zusammenhang mit der Unterbringung von Flüchtlingen geleistet.
Antwort ◆ http://dip21.bundestag.de/dip21/btd/18/062/1806265.pdf

10.10.2015 (Berlin)
Demonstration fordert Ende der TTIP- und CETA-Verhandlungen
Ein sofortiges Ende von TTIP- und CETA-Verhandlungen fordern ver.di, IG Metall, DGB, der Bund für Umwelt und Naturschutz, der Deutsche Kulturrat, Mehr Demokratie, Brot für die Welt, Der Paritätische Gesamtverband, Volkssolidarität und eine Vielzahl weiterer zivilgesellschaftlicher Organisationen und demonstrieren am 10. Oktober 2015 in Berlin. Bedroht seien „öffentliche und gemeinnützige Dienstleistungen und Daseinsvorsorge, kulturelle Vielfalt und Bildungsangebote".
Informationen ◆ http://ttip-demo.de/home/

15.10.2015 (Berlin)
International engagiert: Schwerpunkt im BBE-Newsletter
Der BBE-Newsletter Nr. 21 erscheint mit dem Schwerpunkt International engagiert.

22.10.2015 (Berlin)
Bürgerengagement für eine lebendige Demokratie im ländlichen Raum: Schwerpunkt in BBE Europa-Nachrichten
Die BBE Europa-Nachrichten Nr. 10 erscheinen mit dem Schwerpunkt Bürgerengagement für eine lebendige Demokratie im ländlichen Raum.

28.10.2015 (Straßburg)
Europäisches Parlament beschließt Stärkung der EBI
Das Europäische Parlament beschließt am 28. Oktober 2015 einen Bericht mit Vorschlägen zur Stärkung der Europäischen Bürgerinitiative (EBI).
Informationen ◆ https://www.democracy-international.org/eu-parliament-calls-improving-eci

29.10.2015 (Berlin)
Demokratie und Vielfalt: Schwerpunkt im BBE-Newsletter
Der BBE-Newsletter Nr. 22 erscheint mit dem Schwerpunkt Demokratie und Vielfalt.

November 2015

22.09.2015 (Berlin)
Unterausschuss „Bürgerschaftliches Engagement": 18. Sitzung
Am 11. September 2015 findet die 18. Sitzung des Unterausschusses „Bürgerschaftliches Engagement" des Deutschen Bundestages in der 18. Legislaturperiode statt. Zentraler Tagungsordnungspunkt ist das Thema aktuelle Herausforderungen und Probleme von zivilgesellschaftlichen Organisationen und Initiativen bei der ehrenamtlichen Flüchtlingsbetreuung in den Kommunen.
    Protokoll ◆ http://www.bundestag.de/blob/391614/7b3527bb3
fbc4ca74f1e2d218fd4de72/16_sitzung_kurzprotokoll_oeff-data.pdf

12.11.2015 (Berlin)
Inklusion – Gesundheit – Bildung – Engagement: Beiträge zum Forum Inklusive Gesellschaft II: Schwerpunkt im BBE-Newsletter
Der BBE-Newsletter Nr. 23 erscheint mit dem Schwerpunkt Inklusion – Gesundheit – Bildung – Engagement: Beiträge zum Forum Inklusive Gesellschaft II.

13.11.2015 (Berlin)
64 Millionen Euro zusätzlich für bürgerschaftliches Engagement
Mit der Haushaltsbereinigungssitzung am 13.11.2015 werden im Haushaltsplan des Bundesfamilienministeriums insgesamt zusätzliche Förderungen in Höhe von 64 Millionen Euro für das bürgerschaftliche Engagement eingestellt, insbesondere mit Blick auf das Flüchtlingsthema.
    Informationen ◆ http://www.willi-brase.de/meldungen/27795/203673/Erhebliche-Finanzmittel-fuer-das-Buergerschaftliche-Engagement.html

20.11.2015 (Berlin)
Mitgliederversammlung des BBE
Die 16. Mitgliederversammlung des BBE findet in der Hauptstadtrepräsentanz der Deutschen Bank in Berlin statt. Sie beschließt Reformen für das Netzwerk und legt die Richtung für die Jahre 2016-2018 fest.
    Informationen ◆ http://www.b-b-e.de/fileadmin/inhalte/aktuelles/2015/12/newsletter-24-schwalb.pdf

20.11.2015 (Berlin)
Prof. Dr. Thomas Olk erhält höchste Ehrung des BBE
Auf der 16. Mitgliederversammlung des BBE erhält Prof. Dr. Thomas Olk, seit der Gründung Vorsitzender des Sprecher_innerates, unter nicht enden wollendem Applaus die höchste Ehrung des BBE, den Engagementwürfel.
    Laudatio ◆ http://www.b-b-e.de/fileadmin/inhalte/aktuelles/2015/12/newsletter-24-laudatio-olk.pdf

20.11.2015 (Berlin)
Unterstützungsbedarfe des Engagements für und mit Geflüchteten: Aufruf
Die BBE-Mitgliederversammlung verabschiedet den Aufruf Unterstützungsbedarfe des Engagements für und mit Geflüchteten.
    Aufruf ◆ http://www.b-b-e.de/fileadmin/inhalte/aktuelles/2015/12/newsletter-25-unterstuetzungsbedarfe-des-engagements-fuer-und-mit-gefluechteten-bbe-mv.pdf

26.11.2015 (New York)
UN-Resolution zur Freiwilligenarbeit
Am 26. November 2015 verabschiedet die Vollversammlung der Vereinten Nationen im Konsens eine Resolution zur Bedeutung von Freiwilligenarbeit und Ehrenamt für die Verwirklichung der neuen Entwicklungs- und Nachhaltigkeitsziele der Vereinten Nationen.
    Resolution ◆ http://www.unv.org/fileadmin/docdb/pdf/A_C.3_70_L.15_Rev.1.pdf

30.11.2015 (Berlin)
Engagement für die Umwelt: Schwerpunkt in BBE Europa-Nachrichten
Die BBE Europa-Nachrichten Nr. 11 erscheinen mit dem Schwerpunkt Engagement für die Umwelt.

Dezember 2015

04./05.12.2015 (Berlin)
Internationaler Tag des Ehrenamtes: Verdienstorden
Zum Internationalen Tag des Ehrenamtes am 5. Dezember verleiht Bundespräsident Joachim Gauck am 4. Dezember 2015 im Schloss Bellevue den Verdienstorden der Bundesrepublik Deutschland an 26 engagierte Bürger_innen.
    Rede ◆ http://www.bundespraesident.de/SharedDocs/Reden/DE/Joachim-Gauck/Reden/2015/12/151204-OV-Ehrenamt.html

08.12.2015 (Berlin)
Evaluation der Freiwilligendienste: Abschlussbericht
Am 8. Dezember 2015 wird der „Abschlussbericht der gemeinsamen Evaluation des Gesetzes über den Bundesfreiwilligendienst (BFDG) und des Gesetzes zur Förderung von Jugendfreiwilligendiensten (JFDG)" vorgestellt.
    Bericht ◆ http://www.bmfsfj.de/RedaktionBMFSFJ/Freiwilligendienste/Pdf-Anlagen/evaluationsbericht-freiwilligendienste,property=pdf,bereich=bmfsfj,sprache=de,rwb=true.pdf

10.12.2015 (Stockholm)
Friedensnobelpreis an Tunesiens Zivilgesellschaft und Wirtschaft
Der Friedensnobelpreis wird am 10. Dezember 2015 in Oslo an die Akteure aus Zivilgesellschaft und Wirtschaft verliehen, die 2013/14 Tunesiens Demokratieprojekt gerettet haben: das tunesische Quartett für den nationalen Dialog (die Gewerkschaft UGTT, der Verband von Industrie, Handel und Handwerk (UTICA), die Liga für Menschenrechte (LTDH) und der Nationale Anwaltsverein).
    Informationen ◆ http://www.nobelprize.org/nobel_prizes/peace/laureates/2015/

10.12.2015 (Berlin)
Spenden, Fundraising, Anerkennungskultur: Schwerpunkt im BBE-Newsletter
Der BBE-Newsletter Nr. 25 erscheint mit dem Schwerpunkt Spenden, Fundraising, Anerkennungskultur.

14./15.12.2015 (Karlsruhe)
Zukunft der Bürgergesellschaft: Beschluss des CDU-Parteitages
Auf ihrem 28. Parteitag am 14./15. Dezember 2015 beschließt die CDU den Bericht „Zusammenhalt stärken – Zukunft der Bürgergesellschaft gestalten", der unter Vorsitz von Armin Laschet, MdL und stellvertretender Vorsitzender der CDU, und von Prof. Monika Grütters, MdB und Staatsministerin für Kultur und Medien, zwischen Februar 2014 und Juli 2015 entstanden war.

Beschluss ◆ https://www.cdu.de/system/tdf/media/dokumente/beschluss-kommission-gesellschaft_0.pdf?file=1

17.12.2015 (Berlin)
Europa gegen gruppenbezogene Menschenfeindlichkeit: Schwerpunkt in BBE Europa-Nachrichten
Die BBE Europa-Nachrichten Nr. 12 erscheinen mit dem Schwerpunkt Europa gegen gruppenbezogene Menschenfeindlichkeit.

Januar 2016

22.01.2016 (Berlin)
Europäisches Engagement gegen Gewalt an Frauen und Mädchen: Schwerpunkt in BBE Europa-Nachrichten
Die BBE Europa-Nachrichten Nr. 1 erscheinen mit dem Schwerpunkt Europäisches Engagement gegen Gewalt an Frauen und Mädchen.

25.01.2016 (Berlin)
Neue Engagementstrategie des BMFSFJ
Am 25. Januar 2016 veröffentlichte das Bundesministerium für Familie, Senioren, Frauen und Jugend (BMFSFJ) seine neue Engagementstrategie. Diese wurde im Jahr 2015 im Dialog mit zahlreichen Vertreter_innen aus Zivilgesellschaft und Wirtschaft erarbeitet und formuliert.

Informationen ◆ http://www.bmfsfj.de/BMFSFJ/freiwilliges-engagement,did=223072.html

27.01.2016 (Berlin)
Unterausschuss „Bürgerschaftliches Engagement": 19. Sitzung
Am 27. Januar 2016 findet die 19. Sitzung des Unterausschusses „Bürgerschaftliches Engagement" des Deutschen Bundestages in der 18. Legislaturperiode statt. Zentrales Thema ist die Vorstellung und Diskussion der Ergebnisse der gemeinsamen Evaluation des Gesetzes über den Bundesfreiwilligendienst und des Gesetzes zur Förderung von Jugendfreiwilligendiensten.

Protokoll ◆ https://www.bundestag.de/blob/408038/1b2dbcf2f596423f269589bc2ecc46 4f/19_sitzung_kurprotokoll_oeff-data.pdf

28.01.2016 (Berlin)
Monetarisierung im bürgerschaftlichen Engagement: Wie viel Geld verträgt das Ehrenamt?: Schwerpunkt im BBE-Newsletter
Der BBE-Newsletter Nr. 2 erscheint mit dem Schwerpunkt Monetarisierung im bürgerschaftlichen Engagement: Wie viel Geld verträgt das Ehrenamt?

Februar 2016

02.02.2016 (Brüssel)
EBI: Kommission lehnt Änderungen ab
Die Europäische Kommission beschließt am 2. Februar 2016 eine Antwort an das Europäische Parlament, mit der sie Änderungen am Institut der Europäischen Bürgerinitiative (EBI) ablehnt.
Antwort ◆ http://www.citizens-initiative.eu/wp-content/uploads/2016/03/EC-FOLLOW-UP-TO-THE-REPORT-on-the-ECI.A8-0284-2015-1.pdf

11.02.2016 (Berlin)
Migration, Unternehmen, Engagement: Schwerpunkt im BBE-Newsletter
Der BBE-Newsletter Nr. 3 erscheint mit dem Schwerpunkt Migration, Unternehmen, Engagement.

11.02.2016 (Berlin)
Allianz für Weltoffenheit gegründet
Am 11. Februar 2016 hat sich die Allianz für Weltoffenheit, Solidarität, Demokratie und Rechtsstaat – gegen Intoleranz, Menschenfeindlichkeit und Gewalt in Berlin der Öffentlichkeit vorgestellt.
Informationen ◆ http://www.allianz-fuer-weltoffenheit.de/

19.02.2016 (Berlin)
Zivilgesellschaften in Asien: Schwerpunkt in BBE Europa-Nachrichten
Die BBE Europa-Nachrichten Nr. 2 erscheinen mit dem Schwerpunkt Zivilgesellschaften in Asien.

24.02.2016 (Berlin)
Unterausschuss „Bürgerschaftliches Engagement": 20. Sitzung
Am 24. Februar 2016 findet die 20. Sitzung des Unterausschusses „Bürgerschaftliches Engagement" des Deutschen Bundestages in der 18. Legislaturperiode statt. Zentrales Thema ist Zivilgesellschaftliches Engagement unter Druck: Umgang mit rechtsextremistischen Übergriffen und Anfeindungen.
Protokoll ◆ https://www.bundestag.de/blob/414486/8d5c38159394b903cf38ccfe1f7a800f/20_sitzung_kurzprotokoll-data.pdf

25.02.2016 (Berlin)
Zivilgesellschaft, Wirtschaft und Umwelt: Schwerpunkt im BBE-Newsletter
Der BBE-Newsletter Nr. 4 erscheint mit dem Schwerpunkt Zivilgesellschaft, Wirtschaft und Umwelt.

März 2016

04.03.2016 (Halle/Saale)
Das BBE trauert um Prof. Dr. Thomas Olk
Am 4. März 2016 verstirbt Prof. Dr. Thomas Olk im Kreise seiner Familie. Er war der erste und langjährige Vorsitzende des Sprecher_innenrates des BBE.
    Nachruf ◆ http://www.b-b-e.de/aktuelle-meldungen/24136-in-memoriam-prof-dr-thomas-olk/

10.03.2016 (Berlin)
Wirtschaft und Zivilgesellschaft – Soziale Unternehmen und Genossenschaften: Schwerpunkt im BBE-Newsletter
Der BBE-Newsletter Nr. 5 erscheint mit dem Schwerpunkt Wirtschaft und Zivilgesellschaft – Soziale Unternehmen und Genossenschaften.

16.03.2016 (Berlin)
Unterausschuss „Bürgerschaftliches Engagement": 21. Sitzung
Am 16. März 2016 findet die 21. Sitzung des Unterausschusses „Bürgerschaftliches Engagement" des Deutschen Bundestages in der 18. Legislaturperiode statt. Zentraler Tagungsordnungspunkt ist ein Fachgespräch zum Thema Monetarisierung im Engagementbereich.
    Protokoll ◆ https://www.bundestag.de/blob/418238/75c875f744baa28edd8913b8e2df88ec/21_sitzung_kurzprotokoll_oeff-data.pdf

22.03.2016 (Berlin)
Engagement, Gesundheit und Sport: Schwerpunkt im BBE-Newsletter
Der BBE-Newsletter Nr. 6 erscheint mit dem Schwerpunkt Engagement, Gesundheit und Sport.

31.03.2016 (Berlin)
Internationale Konflikte, Zivilgesellschaft und Frieden: Schwerpunkt in BBE Europa-Nachrichten
Die BBE Europa-Nachrichten Nr. 3 erscheinen mit dem Schwerpunkt Internationale Konflikte, Zivilgesellschaft und Frieden.

April 2016

07.04.2016 (Berlin)
Landesnetzwerke: Schwerpunkt im BBE-Newsletter
Der BBE-Newsletter Nr. 7 erscheint mit dem Schwerpunkt Landesnetzwerke.

07.04.2016 (Metz)
OGP: Deutschland will beitreten
Am 7. April 2016 tagt der deutsch-französische Ministerrat in Metz. Dort verpflichtet sich Deutschland, der Initiative Open Government Partnership (OGP) beizutreten.
    Informationen ◆ http://opengovpartnership.de/

12.04.2016 (Berlin)
Neue Wohnungsgemeinnützigkeit: Antrag Bündnis 90/Die Grünen
Am 12. April 2016 bringt die Fraktion Bündnis 90/Die Grünen im Bundestag einen Antrag ein, mit dem sie die Einführung einer neuen Wohnungsgemeinnützigkeit fordert.
    Antrag ✦ http://dip21.bundestag.de/dip21/btd/18/080/1808081.pdf

14.04.2016 (Berlin)
Freiwilligensurvey 2014 veröffentlicht
Seit dem 14. April 2016 ist der Freiwilligensurvey 2014 für die Öffentlichkeit zugänglich. Damit werden die drei ersten Wellen des Freiwilligensurveys aus den Jahren 1999, 2004 und 2009 ergänzt, die in anderer Trägerschaft durchgeführt worden waren.
    Informationen und Berichte ✦ https://www.dza.de/forschung/fws.html

19.04.2016 (Wiesbaden)
Unbezahlte Arbeit zurückgegangen
Das Statistische Bundesamt teilt auf der Grundlage seiner Haushaltsbefragungen mit, dass 2013 der Umfang an unbezahlter Arbeit – im Vergleich zu 1992 – trotz gestiegener Bevölkerung um 13 Prozent zurückgegangen ist, und zwar von 103 Milliarden auf 89 Milliarden Stunden, aber höher bleibt als bezahlte Arbeit.
    Informationen ✦ https://www.destatis.de/DE/PresseService/Presse/
    Pressemitteilungen/2016/04/PD16_137_812.html

22.04.2016 (Berlin)
Migrantenorganisationen: Antwort auf Kleine Anfrage
Die Bundesregierung beantwortet am 22. April 2016 eine Kleine Anfrage der Fraktion Die Linke, die sich mit der finanziellen Förderung von Migrantenorganisationen befasst.
    Antwort ✦ http://dipbt.bundestag.de/dip21/btd/18/082/1808206.pdf

25.04.2016 (Berlin)
Ehrenamt für Flüchtlinge stärken: Antrag Bündnis 90/Die Grünen
Die Bundestagsfraktion Bündnis 90/Die Grünen will die ehrenamtliche Arbeit in der Flüchtlingshilfe stärker unterstützen und fordert die Bundesregierung auf, in Kooperation mit den Bundesländern, den Kommunen und der Zivilgesellschaft, ein umfassendes Engagementkonzept zu erarbeiten.
    Antrag ✦ http://dip21.bundestag.de/dip21/btd/18/082/1808221.pdf

27.04.2016 (Berlin)
Qualitätsstandards Humanitärer Hilfe: Anhörung im Bundestag
Am 27. April 2016 führt der Ausschuss für Menschenrechte und humanitäre Hilfe des Deutschen Bundestags eine öffentliche Anhörung zu Qualitätsstandards Humanitärer Hilfe durch.
    Informationen ✦ http://www.bundestag.de/bundestag/ausschuesse18/a17/anhoerungen/
    qualitaetsstandards-inhalt/421036

Mai 2016

03.05.2016 (Berlin)
Flucht und Integration: Schwerpunkt im BBE-Newsletter
Der BBE-Newsletter Nr. 9 erscheint mit dem Schwerpunkt Flucht und Integration.

10.05.2016 (Brüssel)
Zivilgesellschaftsplattform EU-Moldawien: Erstes Treffen
Am 10. Mai 2016 findet das erste Treffen der gemeinsamen Zivilgesellschaftsplattform der Europäischen Union und der Republik Moldawien statt, mit der seit Juni 2014 ein wirtschaftliches und politisches Assoziierungsabkommen besteht.
Informationen ◆ http://www.eesc.europa.eu/?i=portal.en.news.39320

11.05.2016 (Berlin)
Direktdemokratische Elemente: Antrag der Linken im Bundestag
„Demokratie für Alle" lautet der Antrag der Fraktion Die Linke im Deutschen Bundestag vom 11. Mai 2016, um – analog zur Realität in allen Bundesländern – auch die parlamentarische Demokratie auf Bundesebene um direktdemokratische Elemente zu erweitern.
Antrag ◆ http://dip21.bundestag.de/dip21/btd/18/084/1808419.pdf

12.05.2016 (Berlin)
Unternehmensengagement für Flüchtlinge in Europa: Schwerpunkt in BBE Europa-Nachrichten
Die BBE Europa-Nachrichten Nr. 4 erscheinen mit dem Schwerpunkt Unternehmensengagement für Flüchtlinge in Europa.

19.05.2016 (Berlin)
4. Diversity-Tag: Schwerpunkt im BBE-Newsletter
Der BBE-Newsletter Nr. 10 erscheint mit dem Schwerpunkt 4. Diversity-Tag.

19.05.2016 (Berlin)
Kritik am Freiwilligensurvey 2014
Prof. Dr. Roland Roth stellt im BBE-Newsletter die Brauchbarkeit der Zahlen des vom Deutschen Zentrum für Altersfragen (DZA) verantworteten Freiwilligensurveys 2014 infrage.
Beitrag ◆ http://www.b-b-e.de/fileadmin/inhalte/aktuelles/2016/05/newsletter-10-roth.pdf

19.05.2016 (Wiesbaden)
SPD-Gesetzentwurf zum Gemeinnützigkeitsrecht
Am 19. Mai 2016 wird im Hessischen Landtag ein Gesetzentwurf der dort oppositionellen SPD-Fraktion „betreffend Definition der Gemeinnützigkeit in der Abgabenordnung" verhandelt.
Gesetzentwurf ◆ http://starweb.hessen.de/cache/DRS/19/0/03360.pdf

23.05.2016 (Istanbul)
Erster Humanitärer Weltgipfel: Kooperation der UN-Agenturen
Die jahrzehntelange Trennung von Katastrophen- und Entwicklungshilfe soll nach dem Willen der Verantwortlichen bei den zuständigen Einrichtungen der Vereinten Nationen und dem Generalsekretär der Vereinten Nationen, Ban Ki-moon, überwunden werden.

Informationen ◆ https://consultations2.worldhumanitariansummit.org/bitcache/eaaabf98b 368db39cdc42e80f2857dcc6f92a167?vid=581027&disposition=inline&op=view

26.05.2016 (Berlin)
Integration von Flüchtlingen in Europa: Schwerpunkt in BBE Europa-Nachrichten
Die BBE Europa-Nachrichten Nr. 5 erscheinen mit dem Schwerpunkt Integration von Flüchtlingen in Europa.

Juni 2016

02.06.2016 (Berlin)
Engagement ohne Diskriminierung in der Praxis: Beiträge zum Forum Inklusive Gesellschaft III: Schwerpunkt im BBE-Newsletter
Der BBE-Newsletter Nr. 11 erscheint mit dem Schwerpunkt Engagement ohne Diskriminierung in der Praxis: Beiträge zum Forum Inklusive Gesellschaft III.

02.06.2016 (Berlin)
Attac veröffentlicht Klagebegründung
Am 2. Juni 2016 veröffentlicht Attac seine Klagebegründung, mit der es sich gegen die Aberkennung der Gemeinnützigkeit wegen vorgeblichen Verstoßes gegen die Vorschriften zur Gemeinnützigkeit in der Abgabenordnung durch politisches Engagement wehrt.

Klagebegründung ◆ http://www.attac.de/fileadmin/user_upload/Kampagnen/Gemeinnutz/Attac_Klagebegruendung_FGKassel.pdf

02.06.2016 (Berlin)
Freiwilligensurvey 2014: DZA antwortet auf Kritik
Dr. Julia Simonson, Dr. Claudia Vogel und Prof. Dr. Clemens Tesch-Römer vom Deutschem Zentrum für Altersfragen (DZA) antworten im BBE-Newsletter auf Kritik an den Zahlen des von ihnen durchgeführten Freiwilligensurveys 2014 und kritisieren dabei Gewissheiten der bisherigen Engagementforschung.

Antwort ◆ http://www.b-b-e.de/fileadmin/inhalte/aktuelles/2016/06/newsletter-11-simonson-vogel-tesch-roemer.pdf

Aus dem Netzwerk BBE

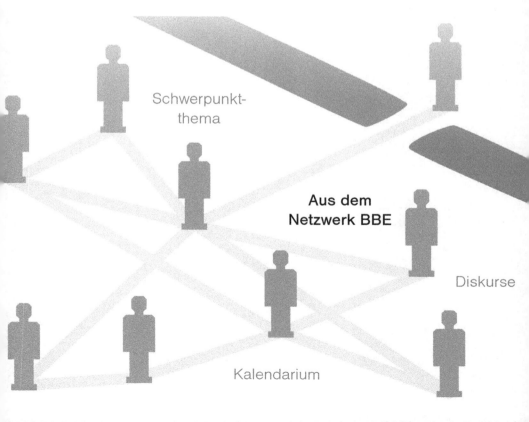

Aus dem
Netzwerk
BBE

Ansgar Klein, Andreas Pautzke
Aus dem Netzwerk BBE

1. Bericht aus dem Netzwerk

Die größte Herausforderung für Deutschland und Europa ist aktuell und wohl auch in den nächsten Jahren die erfolgreiche Integration der zu uns kommenden Flüchtlinge. Für die vielerorts entstandenen zivilgesellschaftlichen Willkommensbündnisse stellen sich enorme Herausforderungen und Aufgaben insbesondere bei der Schaffung nachhaltiger und funktionsfähiger Infrastrukturen der Engagementförderung. Länder und Kommunen, alle Bereiche der Zivilgesellschaft – ob Rettungs- und Hilfsdienste, Wohlfahrtsverbände, Kultureinrichtungen, Sport oder das Engagement um Wohnen und Bildung – und die Unternehmen sind hier gefordert. Für eine gute Abstimmung und Planung kann das Bundesnetzwerk Bürgerschaftliches Engagement (BBE) einen Beitrag leisten und steht dafür auch gern zur Verfügung!

Zentrale Aufgaben, die auch das freiwillige Engagement der Bürger_innen herausfordern, sind die Integration in den Sozialraum, der Zugang zu Gesundheitsversorgung, zum Arbeitsmarkt und zu den Bildungsinstitutionen. In allen diesen Bereichen unterstützen Engagierte die Geflüchteten und arbeiten sehr eng auch mit den Hauptamtlichen zusammen. Eine gute Koordination des Engagements für Geflüchtete erfordert daher den systematischen Einbezug und die Vernetzung des Engagements in den genannten Bereichen, eine Begleitung, Beratung, Fortbildung der Engagierten, eine enge Kooperation mit der lokalen Wirtschaft und einen engen Austausch der engagementfördernden Infrastruktureinrichtungen mit den in den genannten Bereichen verantwortlichen Institutionen der Kommune. Die Kommunen müssten daher ebenfalls ihre Fachbereiche enger – mit Blick auf die Bedarfe der Einbeziehung, Unterstützung und Förderung des Engagements – abstimmen und in den lokalen Netzwerkstrukturen mitwirken.

Wer sich für Flüchtlinge einsetzt, wird oft konfrontiert mit menschenfeindlichen Haltungen, mit Aggressionen und Gewalt. Dies dürfen auch die Mitglieder des BBE nicht auf die leichte Schulter nehmen. Das Netzwerk wirkt seit 2015 im Programm „Demokratie leben" des Bundesministeriums für Familie, Senioren, Frauen und Jugend (BMFSFJ) als bundeszentraler Träger mit. Das Programm wendet sich gegen Gewalt und Menschenfeindlichkeit in allen Ausprägungen und zielt auf die Stärkung von zivilem Handeln. In den kommenden Jahren wird das BBE vor allem im ländlichen Raum sein Wissen und seine Kontakte dafür fruchtbar machen, die Voraussetzungen für ziviles Handeln zu stärken. Für nachhaltige Infrastruktureinrichtungen in der Engagementförderung gilt es auch hier, diese Kompetenzen zu verbinden mit den Anforderungen an die Förderung von Engagement, Partizipation und zivilem Handeln wie auch den Anforderungen der lokalen Vernetzung und der sektorübergreifenden Kooperation.

Das BBE hat erste Fachveranstaltungen zu den Bedarfen der zivilgesellschaftlichen Willkommensbündnisse (mit dem Deutschem Verein) und zur Unterstützung von Bürgermeister_innen, die Gewaltdrohungen wegen ihres Engagements für die Flüchtlinge ausgesetzt waren, durchgeführt (mit dem BMFSFJ). Zu deren Unterstützungsbedarfen hat die Geschäftsstelle einen Brief an Abgeordnete des Deutschen Bundestages geschrieben. Mit dem Bundesamt für Migration und Flüchtlinge (BAMF) wurde vereinbart, das Engagement von und für Flüchtlinge im Jahr 2016 in der Woche des bürgerschaftlichen Engagements besonders sichtbar zu machen. Das BBE wird bei der Vernetzung des Engagements für und mit Geflüchteten zwischen den großen Engagementbereichen und auch zwischen Zivilgesellschaft, Staat/Kommunen und Wirtschaft seinen Beitrag gern leisten.

Das BBE ist mit Partnern in einem Projekt verbunden (Trägerschaft: INBAS Sozialforschung, Frankfurt/M. mit Susanne Huth), das die Gründung eines bundesweiten Elternnetzwerks für Menschen mit Migrationshintergrund realisieren möchte. Es wird maßgeblich zur Stärkung bestehender und zur Gründung neuer Elterninitiativen und -vereine von Drittstaatenangehörigen beitragen. Konkrete thematische Unterstützungsangebote erhöhen die Handlungssicherheit und damit die Arbeitsqualität der Engagierten in diesen Organisationen. Durch den Einbezug neuer Organisationen von Drittstaatsangehörigen werden diese zudem frühzeitig mit demokratischen Formen der Entscheidungsfindung, Willensbildung und der wirksamen Vertretung ihrer Interessen vertraut gemacht. Dies fördert die Willkommenskultur bei gleichzeitiger aktiver Inklusion der Neuzugewanderten aus Drittstaaten.

Das BMFSFJ hat mit dem BBE eine enge und langfristige Zusammenarbeit in der europäischen Engagementpolitik vereinbart. Seit Anfang 2016 verfügt die Geschäftsstelle daher wieder über einen Arbeitsbereich für Fragen der europäischen Engagementförderung, europäischen Engagementpolitik und europäischen Zivilgesellschaft. Die bewährten BBE Europa-Nachrichten wurden und werden fortgeführt.

Die Flüchtlingsfrage ist verbunden mit zahlreichen Ursachen wie Krieg, politischer oder religiöser Verfolgung, aber auch mit ökologischen Verwüstungen und Hunger in den Herkunftsländern. Das Engagement für europäische Solidarität, für Entwicklungspolitik und -zusammenarbeit, für zivile Konfliktbearbeitung, für Umwelt und Menschenrechte steht hier vor großen Zukunftsaufgaben. Fragen des internationalen Engagements haben im Netzwerk vor diesem Hintergrund an Gewicht gewonnen.

Erforderlich ist aus Sicht vieler Mitglieder des Netzwerks ein grundlegender Neustart in der europäischen Flüchtlingspolitik. Solidarität ist keine Einbahnstraße. Menschenrechte und das Asylrecht gehören ins Zentrum des europäischen Wertebewusstseins. Das BBE bearbeitete diese Themen in engem Austausch mit seinen strategischen Partnern in der Europaarbeit in Deutschland, der Europäischen Bewegung Deutschland und der Europa Union, und mit seinen europäischen Netzwerken.

Ein weiteres zentrales Thema des Netzwerks blieb die Frage, wie in der Engagementförderung nachhaltige Infrastrukturen geschaffen werden können. Dies gilt zum einen für die wichtige Arbeit der Organisationen der Zivilgesellschaft, in denen Engagierte tätig sind (Vereine, Verbände, Kirchen, Stiftungen, Initiativen), aber auch für die zumeist kommunal tätigen Einrichtungen (des Sozialen, der Jugend- und Altenarbeit, der Bildung und Kultur, des Umweltschutzes, der Rettungs- und Katstrophendienste u. a. m.). Zum anderen bezieht sich das Thema Infrastruktur auf die speziellen Einrichtungen der Engagementförderung, die informieren, beraten, vermitteln, fortbilden und vor Ort auch wichtige Arbeiten der Vernetzung leisten. Dazu zählen die Freiwilligenagenturen und -zentren, die Seniorenbüros und die Selbsthilfekontaktstellen, aber auch Bürgerstiftungen, lokale Anlaufstellen oder Mehrgenerationenhäuser. Die Infrastrukturförderung war ein erklärter engagementpolitischer Schwerpunkt des Bundes in dieser Legislaturperiode. Das BBE hatte einen intensiven Erfahrungsaustausch mit den Infrastruktureinrichtungsverbänden und der Forschung. Mit dem Deutschen Verein wurde auf dem Deutschen Fürsorgetag in Leipzig in zwei Workshops das Thema der nachhaltigen Infrastrukturförderung für Engagement erörtert und mit den Trägern aller Formen von Infrastruktureinrichtungen 2016 eine Fachwerkstatt durchgeführt.

Das BBE beteiligte sich, vertreten durch PD Dr. Ansgar Klein und Dr. Serge Embacher, an einer „Resonanzgruppe" des BMFSFJ, in der das Ministerium seine Engagementstrategie im Dialog auch mit der Zivilgesellschaft berät. Das BBE empfahl der Bundesregierung, für eine noch bis Sommer 2017 erforderliche transparente und partizipative zivilgesellschaftliche und multisektorale Erhebung der Förderbedarfe des Engagements in den Feldern der Integration vor dem Hintergrund der Zuwanderung (Aufnahme und Zugänge zu Wohnung, zu Arbeit, Bildung, Gesundheit, Infrastrukturbedarfe der Begleitung des Engagements in den Kommunen, Zugang zu Zivilgesellschaft und europäische Flüchtlingspolitik), das vom BBE angebotene Format eines Forums zu nutzen.

In die Vorbereitung der Berichterstattung des Freiwilligensurveys 2016 war die Geschäftsstelle des BBE nicht – im Unterschied zu den vorhergehenden Berichten – eingebunden. Leider sind so wichtige Anschlüsse an den engagementpolitischen Diskurs unterblieben. Eben erst begonnen hat die Diskussion über die Ergebnisse des neuen Surveys. Dabei spielen auch die vorgenommenen methodischen Änderungen beim neuen Bericht und die daraus resultierende sehr viel höhere Engagementquote eine wichtige Rolle. Der Engagementbericht der Bundesregierung wird im Herbst 2016 erwartet. Anders als beim Freiwilligensurvey wurden die Kompetenzen des BBE hier stärker nachgefragt. Im Kreis des Berichtsgremiums war auch Prof. Dr. Adalbert Evers vertreten, Sprecher der Arbeitsgruppe „Zivilgesellschaftsforschung" des BBE.

Zur guten Arbeit als ein trisektorales Netzwerk, dass seine Arbeitsschwerpunkte und Handlungsempfehlungen in Gremien und Arbeitsgruppen im Dialog fachlich entwickelt, gehört auch eine enge Kommunikation mit den sektorspezifischen Abstimmungsforen aus Staat, Wirtschaft und Zivilgesellschaft (Bund-Länder-Runde; Bündnis für Gemeinnützigkeit).

Durch das für die Engagementpolitik federführende BMFSFJ wird das BBE wieder als ein strategischer Partner gewürdigt. Die Förderung der Geschäftsstelle und Arbeitsbereiche wurde auf solide Füße gestellt und die Diskurse des Netzwerks als Beratungshintergrund der engagementpolitischen Entscheidungsprozesse aufgenommen. Seit Oktober 2014 wurden bisher drei gemeinsame Synergieworkshops mit Vertreter_innen der Fachreferate des Ministeriums und des BBE durchgeführt, um die Herausforderungen in den engagementpolitischen Aufgabenfeldern fachlich zu beraten.

Eine enge themenbezogene Zusammenarbeit fand auch mit anderen Bundesressorts statt: dem Bundesministerium für Arbeit und Soziales (Inklusion), dem Bundesministerium für Bildung und Forschung über das Projekt „Professionelle Integration von freiwilligen Helfern in Krisenmanagement und Katastrophenschutz" sowie über die Mitarbeit des BBE-Geschäftsführers als ein Vertreter der Zivilgesellschaft im Beirat des Hightech-Forums der Bundesregierung, dem Bundesministerium des Innern (Migration und Integration, insbesondere Förderung durch das BAMF bei Fachtagungen mit den Migrant_innenorganisationen und Begleitung der Aktionswoche 2016), dem Bundesministerium für wirtschaftliche Zusammenarbeit und Entwicklung (Partnerschaft mit Engagement Global in der Woche des bürgerschaftlichen Engagements 2015) sowie dem Bundesministerium für Ernährung und Landwirtschaft (Bundeswettbewerb „Unser Dorf hat Zukunft").

Das BBE nimmt seit 2015 wieder regelmäßig auch an den Gesprächen mit dem Bund in der vom BMFSFJ koordinierten Bund-Länder-Runde teil. Ende 2015 wurde erstmals seit einigen Jahren wieder eine Fachwerkstatt mit den Landesstrukturen der Engagementförderung durchgeführt (Netzwerke im Dialog).

Das BBE bemühte sich um eine Ausweitung seiner Kooperationen und Vernetzungsarbeiten mit den Unternehmen. Schon lange gibt es mit BP Europa SE eine gute Kooperation im gemeinsamen Projekt „Civil Academy", das wichtige Impulse für die Fortbildung von Engagierten mit Projektumsetzungsbedarfen gibt. Die Deutsche Telekom und IBM Deutschland begleiten die BBE-Geschäftsstelle bei ihrer Strukturentwicklung. VW pro Ehrenamt war 2015/2016 Partner für die Woche des bürgerschaftlichen Engagements.

Engere Kooperationen gab es mit der „Charta der Vielfalt", mit dem Centrum for Corporate Citizenship Deutschland (CCCD) und der dort koordinierten Unternehmensgruppe WIE sowie mit UPJ und der Bertelsmann-Stiftung („Unternehmen in der Region").

1.1 Herausforderungen der Netzwerkarbeit und Arbeitsagenda 2016 bis 2018

Mit dem Jahresbeginn 2015 wurde in der Geschäftsstelle ein neuer Arbeitsbereich Netzwerkbetreuung und -entwicklung eingerichtet, um die Facharbeit der Netzwerkmitglieder in hoher Qualität zu betreuen und fortzuentwickeln. Die in einem vorherigen befristeten Modellprojekt erprobten Qualitätsprozesse und Betreuungsformen bildeten dabei für den neuen Arbeitsbereich gute Grundlagen.

Neben der Betreuung und Begleitung der zehn Arbeitsgruppen und zwei Unter-Arbeitsgruppen im Jahr 2015 und der Koordinierung begleitender Fach- und Dialogveranstaltungen lag der Schwerpunkt des Arbeitsbereiches in der Weiterführung des 2014 begonnenen Agendaprozesses und der Organisation, Durchführung und Auswertung einer Mitgliederbefragung zur Vorbereitung der Beschlussfassungen in der Mitgliederversammlung.

Nach einer Initiierungs- und Evaluierungsphase im ersten Halbjahr – mit Befassungen in den Gremien und Arbeitsgruppen des BBE – wurde zwischen Juni und August 2015 die Mitgliederbefragung durchgeführt. Die 232 Teilnehmenden bildeten als Rücklaufquote von rund 41 Prozent eine recht repräsentative Beteiligung. Dabei nahmen zu 72 Prozent BBE-Mitglieder und zu 28 Prozent aktive Nicht-Mitglieder teil. Die Teilnehmenden ordneten sich zu 50 Prozent dem Bereich Zivilgesellschaft zu, mit 21 Prozent Bund, Ländern und Kommunen, 7 Prozent sind im Bereich Wissenschaft und Forschung tätig, 6 Prozent im Bereich Wirtschaft und 1 Prozent im Bereich Medien.

Als Ergebnisse aus der Befragung konnte unter anderem festgestellt werden, dass die Mitglieder und Aktiven dem BBE sehr verbunden sind und sich mit hoher Beteiligungsbereitschaft aktiv einbringen. Das Netzwerk wurde insbesondere positiv wahrgenommen als Ort der Vernetzung, der Begegnung und des Austauschs sowie als Forum zur Weiterentwicklung der Debatten zu Engagement und Bürgergesellschaft und als Wissens- und Kompetenzplattform.

Artikuliert wurden auch vielfältige Wünsche nach Veränderung und Entwicklung, wie eine stärkere Themenorientierung und ein eindeutigeres Profil, eine bessere Wirkung der Facharbeit nach außen (politisch, fachöffentlich), eine Weiterentwicklung der Themen und Arbeitsformen der Arbeitsgruppen und neue ergänzende Formen der aktiven Beteiligung (ortsunabhängig, geringerer Zeitaufwand). Handlungsbedarfe wurden in einer deutlicheren Wirkung des Netzwerks in die Politik und Fachöffentlichkeit sowie der Stärkung der trisektoralen Zusammenarbeit und der Netzwerklogik angemeldet.

Nach einer Phase der Auswertung, Ergebnisdiskussion und Strategiebildung wurde – unter Einbezug der Gremien – am Vortag der Mitgliederversammlung 2015 ein Agendaworkshop mit dem Ziel durchgeführt, allen Mitgliedern die Möglichkeit zu geben, an der Priorisierung und Systematisierung der zukünftig im Netzwerk zu bearbeitenden Themen mitzuarbeiten.

Auf diesen Grundlagen hat die Mitgliederversammlung am 20.11.2015 die Einsetzung von sieben Arbeitsgruppen für die nächsten drei Jahre beschlossen:
- Demografischer Wandel und Engagementförderung im lokalen Raum
- Freiwilligendienste
- Kulturelle Vielfalt/Migration und Teilhabe
- Bildung und Engagement
- Engagement und soziale Gerechtigkeit
- Zivilgesellschaftsforschung
- Internationales und Europa

Das Format „Arbeitsgruppe" sollte dabei zukünftig neu gefasst und weiter verstanden werden als bisher. Den Arbeitsgruppen wurden jeweils mehrere Unterthemen zugeordnet, die im Rahmen des BBE-Agendaprozesses diskutiert wurden. Der Beschluss umfasste zugleich die Entscheidung über die Bearbeitung von sechs weiteren, arbeitsgruppenübergreifenden Themenfeldern, die für das Netzwerk von herausragender Relevanz sind:
- Rahmenbedingungen für bürgerschaftliches Engagement
- Engagement von und für geflüchtete Menschen
- Arbeit, Unternehmen und Engagement
- Engagement und Partizipation
- Kommunikation
- UN-Ziele für nachhaltige Entwicklung (Sustainable Development Goals)

Die arbeitsgruppenübergreifenden Themen stellen eine Neuerung dar – sie sollen an den Schnittstellen ansetzen und gezielt Querschnittsthemen bearbeiten. Für die Bearbeitung der übergreifenden Themen werden 2016 geeignete Formen entwickelt.

1.2 Mitgliederentwicklung

Die Mitgliederentwicklung gestaltete sich wie in den Vorjahren auch im Jahr 2015 positiv. Wie in allen Jahren zuvor überwog die Zahl der Neumitglieder im Vergleich zu den Organisationen, die aus unterschiedlichen Gründen ihre Mitgliedschaft beendeten. Die im November 2015 von der Mitgliederversammlung bestätigten Neumitglieder sind die Bundeszentrale für politische Bildung, Managerfragen.org e.V. aus Hamburg, die BUXUS Stiftung gGmbH aus Eschenlohe, Volkswagen Pro Ehrenamt, die Stiftung für Ehrenamt und bürgerschaftliches Engagement in Mecklenburg-Vorpommern, der Landesverband Soziokultur Sachsen e. V., The Bridge e. V. aus Solingen sowie als Einzelmitglied Dr. Jeannette Behringer, Politologin und Ethikerin aus Zürich.

1.3 Themenschwerpunkte des Netzwerks 2015

Die Gremien des Netzwerks (Sprecher_innenrat und Koordinierungsausschuss) haben für das Jahr 2015 Themenschwerpunkte für die Netzwerkarbeit beschlossen, die wie folgt bearbeitet wurden:

1.3.1 Inklusion und Teilhabe im Sinne einer vielfältigen Gesellschaft

Das Schwerpunktthema wurde – im weiteren Sinne einer vielfältigen Gesellschaft mit einer Vielzahl an Inklusionsherausforderungen und der Teilhabe als Mittel und Ziel von Integration – thematisiert. Im Rahmen des Projektes „Forum Inklusive Gesellschaft" wurden insgesamt sechs thematische Dialogforen zur Umsetzung der Behindertenrechtskonvention der UN durchgeführt. Es wurden Themennewsletter des BBE zum „Diversity-Tag", zu „Engagement barrierefrei", zu „Sozialer Ungleichheit", zu „Migration und Flüchtlinge", zu „Demokratie und Vielfalt" und zu „Inklusion: Gesundheit-Bildung-Engagement" herausgegeben. Ein BBE-Mittagsgespräch am Pariser Platz widmete sich im Juni 2015 dem Thema „Willkommenskultur als Gemeinschaftsaufgabe" und eine gemeinsame Fachtagung des Deutschen Vereins mit dem BBE im September 2015 der „Rolle des Engagements in zivilgesellschaftlichen Willkommensbündnissen". Die Arbeitsgruppe 5 „Migration und Teilhabe" legte ihren Arbeitsschwerpunkt auf das bürgerschaftliche Engagement von und für Flüchtlinge sowie die Willkommenskultur.

1.3.2 Engagement International

Das Schwerpunktthema „Engagement International" wurde als ein neues vielschichtiges Entwicklungsthema im BBE aufgegriffen. Es beginnt beim Engagement auf lokaler Ebene in Deutschland für und in Verbindung mit Engagierten in anderen Teilen der Welt und führt über die grenzüberschreitende zur europäischen und weltweiten Kooperation. Viele Bürger_innen engagieren sich in internationalen Freiwilligendiensten oder in Städtepartnerschaften. Zugleich kommen Menschen aus unterschiedlichen Engagementkulturen nach Deutschland und verändern die hiesige Engagementlandschaft und ihre internationalen Verknüpfungen. Im internationalen Feld gibt es Institutionalisierungen und besondere Formen des Engagements, aber auch Bedrohungsszenarien für Engagierte.

In der konkreten Umsetzung der Themenbearbeitung wurde 2015 eine Unterarbeitsgruppe der Arbeitsgruppe „Engagement und Partizipation in Europa" zum Thema „Internationales Engagement" eingerichtet. Sie veranstaltete im Juni 2015 ein Symposium „Internationale Fluchtbewegungen und politische Antworten" und ein zweites im August 2015 mit dem Thema „Entwicklung, Nachhaltigkeit und internationales Engagement". Im Rahmen der Woche des bürgerschaftlichen Engagements 2015 fand am 16.09.2015 ein Thementag „International Engagiert" in Kooperation mit Engagement Global statt. Der BBE-Newsletter widmete sich im Oktober in einer Schwerpunktausgabe dem Thema „Unternehmen und Engagement von MigrantInnen".

1.3.3 Demografischer Wandel (Schwerpunkt ländlicher Raum)

In ländlichen Räumen finden sich zwar einerseits mehr bürgerschaftliches Engagement und Nachbarschaftshilfe und damit mehr Sozialkapital als Basis für die Stabilität und Entwicklungsfähigkeit vor Ort. Andererseits führen aber in vielen Regionen die Folgen des demografischen Wandels zu einer Ausdünnung der ökonomischen wie öffentlich-demokratischen Infrastruktur vor Ort, die die Zukunftsfähigkeit eines Dorfes oder einer Gemeinde infrage stellen. Zudem sind ländliche Räume auch mit Formen unzivilen Handelns konfrontiert, auf die es zivile Antworten zu finden gilt. Vorhandenes wie qualitativ neues bürgerschaftliches Engagement kann ein wichtiger Teil der Antwort sein, um Probleme des demografischen Wandels zu begrenzen und Chancen wahrzunehmen. Nachhaltige Infrastrukturen für die Engagementförderung im ländlichen Raum stellen eine besondere Herausforderung dar.

Im Jahr 2015 wurden die Themenseiten „Demografischer Wandel" und „Länder und Kommunen" auf der Internetplattform fortgeschrieben und mit einer Themenseite zum ländlichen Raum erweitert. Das BBE veranstaltete im Juli 2015 eine Fachwerkstatt mit ehrenamtlichen Bürgermeister_innen zum Thema „Demokratiestärkung im ländlichen Raum". In der Woche des bürgerschaftlichen Engagements 2015 wurde ein Thementag zu „Demokratie und Vielfalt" organisiert und im November ein BBE-Mittagsgespräch zum Thema „Bürgergesellschaft gestaltet ländliche Entwicklung". Im Rahmen seiner Prozessbegleitung im Themenfeld „Demokratiestärkung im ländlichen Raum" (Bundesprogramm „Demokratie leben!") führte das BBE 2015 eine europaweite Recherche zu Konzepten der Demokratiestärkung im ländlichen Raum durch und stellte sie in einem europapolitischen Fachworkshop im Rahmen des 23. Europäischen Abends (dbb Beamtenbund und tarifunion, Europa Union, BBE, Vertretung der Europäischen Kommission) zur Diskussion.

1.4 Herausforderungen der Engagementpolitik und -förderung

In der Bundesregierung wird aktuell darüber nachgedacht, eine Bundeskompetenz für Partizipation und Extremismusprävention zu begründen. Dann wäre freilich zugleich eine Bundeskompetenz für Engagementförderung erforderlich, sind doch

Partizipation und Engagement vielfältig miteinander verbunden und nicht trennscharf zu behandeln. Eine solche Bundeskompetenz – und damit eine Lösung für die misslichen Folgen des sogenannten Kooperationsverbots im Föderalismusrecht für die Förderung nachhaltiger Infrastrukturen für das Engagement – ist dringend erforderlich. Da derzeit – nach der Abkehr vom Kooperationsverbot – im Bildungsbereich auch über sogenannte Gemeinschaftsaufgaben das Kooperationsverbot in einigen anderen Politikbereichen zurückgenommen wird, ist es notwendig, statt einem förderpolitischen Flickenteppich für die Zivilgesellschaft nunmehr verlässliche und für den ganzen Querschnitt der Strukturen zugängliche Förderhorizonte zu ermöglichen. Das BBE wird für den Bundestagswahlkampf 2017 engagementpolitische Empfehlungen aussprechen und dies ab Herbst 2016 vorbereiten.

Für nachhaltige Infrastrukturen der Engagementförderung stellt sich nicht nur der Bedarf an verlässlichen Förderungen und Ausstattungen. Es wächst zugleich die Notwendigkeit eines professionellen integrativen Curriculums für die Hauptamtlichen in den zivilgesellschaftlichen Infrastruktureinrichtungen der Engagementförderung. Neben der Förderung des Engagements gehören hier die Förderung der Partizipation, des zivilen Handelns, der regionalen Vernetzung, die Vermittlung zwischen Kommune, Zivilgesellschaft und Wirtschaft wie auch die entsprechende Vernetzungs- und Moderationskompetenz auf die Agenda systematischer Fortbildungsangebote. Und es sind auch niedrigschwellige Beratungskompetenzen für die Bewirtschaftung der Schnittstellen der Offline- und Onlinewelt erforderlich.

Das BBE schlägt vor, die Bedarfe des Engagements in den Feldern der Integration vor dem Hintergrund der Flucht (Zugang zu Unterkunft/Wohnung, zum Stadtteil, zu Arbeit, Bildung, Gesundheit ...) in einer zivilgesellschaftlichen Koordination und unter Einschluss multisektoraler Kooperationen transparent und partizipativ zu eruieren. Dafür kann auf das bereits erfolgreich vom BBE angewandte Format des „Nationalen Forums für Engagement und Partizipation" zurückgegriffen werden. Ein Forum „Integration und Engagement" wäre in der Lage, für den Bundestagswahlkampf im Jahr 2017 objektivierende Bedarfe zu kommunizieren. So könnte zugleich eine wichtige Antwort auf rechtspopulistische Mobilisierungen im Wahlkampf gegeben werden, mit denen zu rechnen ist.

Mit seinen europäischen Partnern erörtert das BBE zugleich die Werte Europas, etwa die Rolle der europäischen Menschenrechtscharta für die Mitgliedsstaaten der Europäischen Union und die Bedeutung von sozialen und kulturellen Bürgerrechten in Selbstverständnis und Praxis Europas. Im Herbst 2016 sind dazu Veranstaltungen in La Rochelle und Breslau mit europäischen Partnern geplant. Im Zentrum steht dabei die Frage nach der Entwicklung der europäischen Flüchtlingspolitik.

Fluchtursachen sind – wie die meisten der großen Probleme von heute – nur noch global zu lösen. Das Engagement in den Feldern der Entwicklungspolitik, der Umwelt- oder der Armutspolitik oder auch der humanitären Hilfe und der Konfliktmediation muss im nationalen engagementpolitischen Diskurs stärker gewürdigt werden.

Große Herausforderungen liegen zudem in den Fragen nach sozialer Ungleichheit und sozialer Gerechtigkeit und ihren Folgen für Engagement und Zivilgesellschaft. Wie können sogenannte „aufsuchende Formate" der Engagementförderung gerade solche gesellschaftlichen Gruppen ansprechen, die sich nicht selbstverständlich in die Felder des Engagements begeben? Wie können niedrigschwellige Zugänge aussehen, was sind die Voraussetzungen für eine inklusive Zivilgesellschaft? Welche Rolle spielen in diesem Zusammenhang begleitende Infrastrukturen der Engagementförderung, aber auch eine Arbeitsmarkt- und Beschäftigungspolitik, die Zugänge zu den Feldern des Engagements schafft und dabei die Bedingungen des Engagements, vor allem dessen Freiwilligkeit, respektiert und daher keine Sanktionen verhängt? Ist ein soziales Grundeinkommen als Ausdruck sozialer Bürgerrechte nicht sogar ein wichtiges Instrument?

Besser geklärt werden müssen die Zusammenhänge von Erwerbsarbeit und Engagement, die Übergänge zwischen ihnen und Kriterien, die Trennschärfe herstellen und für das Freiwilligenmanagement in Einrichtungen erforderlich werden. Die Debatte über eine problematische Monetarisierung des Engagements, die das Engagement zu einem de facto Niedriglohnbereich macht, schließt hier, beim eigensinnigen Engagement und seiner Trennschärfe zur Erwerbsarbeit, an.

Das BBE bemüht sich intensiv um eine engere Kommunikation auch mit den kleinen und mittleren Unternehmen (KMU). Deren Bedeutung für die lokale Engagemerntförderung ist sehr groß. Mit der Offensive Mittelstand und dem Zentralverband des deutschen Handwerks führen wir Gespräche über die gemeinsame Erstellung eines Leifadens zu *Corporate Volunteering* für den KMU-Bereich. Koproduktionen von Kommunen, KMU und zivilgesellschaftlichen Organisationen in den Feldern der öffentlichen Daseinsvorsorge sind ein wichtiges gemeinsames Thema.

Engagementforschung muss viel stärker im Zusammenhang mit einer inter- und transdisziplinären, weiter gefassten Zivilgesellschaftsforschung erörtert wie auch fortentwickelt werden. Als Wissens- und Kompetenzplattform benötigt das BBE den engen Kontakt mit einer Zivilgesellschaftsforschung, die Engagement, Partizipation, ziviles und unziviles Handeln, die Organisationen der Zivilgesellschaft, aber auch die sozialen Bewegungen und Bürgerinitiativen national wie transnational erforscht und die die Bezüge von Zivilgesellschaft, Staat und Wirtschaft untersucht.

Die 2015 neu eingesetzten Arbeitsgruppen und arbeitsgruppenübergreifenden Themenfelder werden sich auch mit den hier skizzierten Herausforderungen befassen.

2. Organisation und Finanzierung der Netzwerkarbeit und eine Übersicht über laufende Projekte

2.1 Die BBE-Geschäftsstelle

Die Organisation und Verwaltung der Netzwerkarbeit erfolgt durch die Geschäftsstelle. Ihre Finanzierung wurde durch eine Förderung des BMFSFJ und aus Eigenmitteln des Netzwerks ermöglicht.

Die Geschäftsstelle war 2015 zunächst mit einem Geschäftsführer, einem wissenschaftlichen Referenten, einer Sachgebietsleiterin für Verwaltung und Finanzen sowie einer Sachbearbeiterin besetzt. Darüber hinaus erlaubte eine ab 2015 verbesserte Förderung durch das BMFSFJ, die bisher bei der Stiftung Mitarbeit angesiedelte Onlineredaktion mit zwei Teilzeitstellen ebenso in die Geschäftsstelle zu integrieren wie den aus einem Modellprojekt hervorgehenden neuen Arbeitsbereich Netzwerkbetreuung und -entwicklung mit einer Teilzeit- und einer Vollzeitstelle. Zudem erhält das BBE seit dem Frühjahr 2015 im Rahmen des Bundesprogramms „Demokratie leben!" eine Förderung als bundeszentraler Träger, um prozessbegleitend mit einem kleinen Team das Themenfeld „Demokratiestärkung im ländlichen Raum" zu entwickeln.

Für den Zeitraum von 2016 bis 2018 konnte mit dem BMFSFJ als Förderer sowohl eine mehrjährige nachhaltige Unterstützung der Geschäftsstellenarbeit vereinbart werden als auch eine erneute Erweiterung der Arbeitsstrukturen: Mit dem Jahresbeginn wurde die Europa-Arbeit des BBE mit einem Referenten und einer Assistentin in die Geschäftsstelle integriert und ein Arbeitsbereich Information und Kommunikation mit einer Leitungs- und einer Assistenzstelle eingerichtet, um die verschiedenen Medien des BBE zu koordinieren und eine Kommunikationsstrategie mit Leben zu füllen, die die unterschiedlichen Zielgruppen für die Informationsarbeit der Geschäftsstelle systematisch in den Blick nimmt. Ab September 2016 unterstützt eine Referentin die Geschäftsführung bei ihren koordinierenden und planerischen Aufgaben.

Die Kernaufgaben der Geschäftsstelle bestehen nach wie vor in der Vorbereitung, Organisation und Nachbereitung von Gremien- und Arbeitsgruppensitzungen sowie von Fachveranstaltungen des Netzwerks. Die Geschäftsstelle ist auch die zentrale Informations- und Kontaktstelle des Netzwerks gegenüber der Öffentlichkeit und informiert über Veranstaltungen, Arbeitsschwerpunkte und -ergebnisse sowie die Positionen des Netzwerks in aktuellen Fragen.

Die zentralen Medien der Öffentlichkeitsarbeit sind die Internetplattform und der Facebook- und Twitterauftritt, der BBE-Newsletter und die monatlich erscheinenden BBE Europa-Nachrichten, die Magazine und Infoletter zur Woche des bürgerschaftlichen Engagements, Tagungsdokumentationen sowie Fachpublikationen in der Buchreihe „Engagement und Partizipation in Theorie und Praxis". Die Woche des bürgerschaftlichen Engagements bot zudem weitere Kommunikationsmöglichkeiten und -chancen.

2.2 Projekte in fachlicher Gesamtverantwortung des BBE

Die Arbeit der nachfolgend aufgeführten Projekte mit zwölf Mitarbeiter_innen in Voll- oder Teilzeit war eng mit der Arbeit der Geschäftsstelle verbunden. Die Projekte arbeiteten unter fachlicher Leitung und Gesamtkoordination der Geschäftsführung.

2.2.1 Die 11. Woche des bürgerschaftlichen Engagements 2015

Das Kampagnenteam hat 2015 und 2016 seine Kommunikationsstrategie, insbesondere im Social Media-Bereich, weiterentwickelt. Ziele waren vor allem eine Stärkung der Projektorientierung und die Aktivierung der „Mitmach"-Potenziale. Durch intensivere Presse- und Öffentlichkeitsarbeit hat die Kampagne einen größeren Wirkungsgrad bekommen. Insbesondere ist es durch den kombinierten Einsatz von Kommunikationsmedien und Aktionen gelungen, erhebliche Skaleneffekte zu erzielen und bisher unausgeschöpfte Engagementpotenziale zu erschließen. Erstaunlichstes Ergebnis ist die Zahlenexplosion der Aktionen im Jahr 2015: Der Engagementkalender verzeichnete ca. 5.600 Einträge, doppelt so viele wie im Jahr 2014. Als Thementage für die Woche des bürgerschaftlichen Engagements 2016 wurden Unternehmensengagement für Arbeit und Integration, Gesundheit und Prävention sowie Migration und Engagement ausgewählt.

2.2.2 Europa-Arbeit des BBE

Der neu in die Geschäftsstelle integrierte Arbeitsbereich Europa, setzte sich insgesamt zum Ziel, deutsche Förder- und Trägerorganisationen des bürgerschaftlichen Engagements in ihrer europäischen Arbeit zu unterstützen und ihren Beitrag zur Stärkung einer europäischen Zivilgesellschaft sichtbar zu machen. Er setzt dies in drei Handlungsfeldern um, der europabezogene Informationsarbeit, der europabezogenen Netzwerkunterstützung im BBE und dem europabezogenen Fachaustausch zu jährlichen Schwerpunktthemen. Aktuelles Thema ist der Beitrag von Zivilgesellschaft und bürgerschaftlichem Engagement in Europa zur Schaffung einer Willkommenskultur und bei der Abwehr fremdenfeindlicher, antidemokratischer Entwicklungen vor dem Hintergrund der aktuellen Flüchtlingsproblematik. Ein inhaltlicher Schwerpunkt liegt hier auf der europäischen Zusammenarbeit von Flüchtlingsinitiativen. Neben seinen jeweiligen Jahresschwerpunktthemen beschäftigt sich der Arbeitsbereich Europa mit den jahresübergreifenden Querschnittsthemen „Engagementpolitische Konzepte und Förderansätze im europäischen Vergleich" und „Strukturierte Dialoge zwischen Staat und Zivilgesellschaft zur Demokratiestärkung".

2.2.3 Qualifizierungsprogramm Civil Academy

Bereits seit 2005 setzen das BBE und BP Europa SE mit dem gemeinsamen Qualifizierungsprogramm Civil Academy eine neue Form der strategischen Zusammenarbeit von Wirtschaft und Bürgergesellschaft erfolgreich um. Mit Hilfe von Know-how und Instrumenten aus Zivilgesellschaft und Unternehmen entwickeln junge Menschen zwischen 18 und 27 Jahren eine eigene Projektidee bis zur Umsetzungsreife weiter. Das Angebot umfasst Seminareinheiten zu den Themenbereichen Projektmanagement, Finanz- und Kostenplanung, Zusammenarbeit im Team sowie Öffentlichkeitsarbeit. Die Civil Academy bietet darüber hinaus Austausch und Vernetzung mit jungen Engagierten aus dem gesamten Bundesgebiet und veranstaltet jährlich ein bundesweites Vernetzungstreffen der Absolvent_innen. Im Herbst 2016 findet bereits das 23. Qualifizierungsprogramm statt.

2.2.4 Arbeitsbereich „Demokratiestärkung im ländlichen Raum"

Im Rahmen der Förderung als bundeszentraler Träger im Bundesprogramm „Demokratie leben!" wurden zu Beginn der Arbeit 2015 zunächst die Handreichung „Gemeinsam handeln: Für Demokratie in unserem Gemeinwesen" aus dem Jahr 2010 aktualisiert und als 2. Auflage veröffentlicht sowie eine eigene Themenseite „Ländlicher Raum" auf der Internetplattform des BBE eröffnet. Seither widmete sich das Team vor allem dem Fach- und Erfahrungsaustausch unterschiedlicher Akteursgruppen, die für eine engagement- und demokratiefördernde Entwicklung in den ländlichen Regionen von hoher Bedeutung sind: haupt- und ehrenamtliche Bürgermeister_innen, Mitarbeitende aus Infrastruktureinrichtungen zur Förderung des bürgerschaftlichen Engagements, Willkommensinitiativen und den Fach- und Koordinierungsstellen der Lokalen Partnerschaften für Demokratie. Das BBE unterstützte letztere gemeinsam mit der Servicestelle Jugendbeteiligung und Youth Bank Deutschland dabei, Jugendforen und Jugendfonds in ihrer Region aufzubauen.

2.2.5 Verbundprojekt „Professionelle Integration von freiwilligen Helfern in Krisenmanagement und Katastrophenschutz" (INKA)

Im Projekt INKA wurden Konzepte zur professionellen Integration von freiwilligen Helfer_innen im Krisenmanagement und Katastrophenschutz erarbeitet. Nach knapp drei Jahren Projektlaufzeit sind – durch Erhebungen und in Workshops – zahlreiche Facetten des Themas beleuchtet worden. Dazu zählen Kompetenzanforderungen in unterschiedlichen Katastrophenszenarien, Organisationsanalysen, Motivationslagen von Freiwilligen, die Rolle von Unternehmensengagement im Katastrophenschutz und die Möglichkeiten des Einsatzes von IT und Social Media. Das Projektkonsortium hat daraus zwei Praxisleitfäden und ein Konzept entwickelt, in dem die bisherigen Ergebnisse systematisch zusammengeführt wurden. Dieses Konzept benennt Grundsätze, Ansatzpunkte und konkrete Umsetzungsmöglichkeiten mit dem Ziel, die verschiedenen Akteure zu adressieren, die an den Veränderungsprozessen zur besseren Integration von Freiwilligen in den Katastrophenschutz beteiligt sind. Zum Abschluss des Projektes fand im September 2015 ein Fachkongress statt. Die Ergebnisse sind ferner in einem Fachbuch, das beim Wochenschau Verlag in der BBE-Buchreihe veröffentlicht wurde, dokumentiert.

2.2.6 Projekt „Forum Inklusive Gesellschaft"

Mit dem vom Bundesministerium für Arbeit und Soziales geförderten Projekt „Forum Inklusive Gesellschaft" knüpfte das BBE an die UN-Behindertenrechtskonvention an und entwickelte Handlungsempfehlungen, wie die Rahmenbedingungen für bürgerschaftliches Engagement von Menschen mit Behinderung verbessert werden können. Die Empfehlungen wurden in einer Reihe von sechs Dialogforen entwickelt, die thematisch sowohl spezifische Themen wie Antidiskriminierung und Mobilität, aber auch Themen des „klassischen" Repertoires der Engagementpolitik wie z. B. Bildung, Auslandsengagement oder Gesundheit und Pflege beinhalteten. Auf diese Weise sollten das Recht auf gesellschaftliche Teilhabe von Menschen mit Behinderung gestärkt und konkrete Möglichkeiten aufgezeigt werden, es in der Praxis mit Leben zu füllen. Das sechste Dialogforum am 25. Mai 2016, ein Themenschwerpunkt im Newsletter Ende Juni sowie eine dokumentierende Abschlussdokumentation vervollständigten das am 30.06.2016 beendete Projekt.

3. Überblick über Fachveranstaltungen, Tagungen und Kongresse

Das BBE war von Juli 2015 bis Juni 2016 an der Vorbereitung und Durchführung von folgenden 40 Workshops, Fachveranstaltungen und Kongressen beteiligt:

07.07.2015	BBE-Hintergrundgespräch „Nachgefragt: Kein Bock oder abgehängt?" zur Frage, was Menschen am Engagement hindert, Konferenzzone des ZDF, Berlin
08.07.2015	3. Dialogforum im Projekt „Forum Inklusive Gesellschaft": „Pflege und Gesundheit", Diakonie Deutschland, Berlin
10.07.2015	BBE-Fachwerkstatt „Ziviles Bürgerengagement im ländlichen Raum", Landesvertretung Rheinland-Pfalz, Berlin
17.07.2015	Synergieworkshop BMFSFJ/BBE, Hauptstadtrepräsentanz von BP Europa SE, Berlin
29.07.2015	Ernennung der Engagementbotschafter_innen 2015 der Woche des bürgerschaftlichen Engagements, Berlin

Überblick über Fachveranstaltungen, Tagungen und Kongresse

31.08.2015	Symposium „Entwicklung, Nachhaltigkeit und internationales Engagement", Bonn
11.-20.09.2015	Bundesweite Woche des bürgerschaftlichen Engagements
11.09.2015	Auftaktveranstaltung zur Woche des bürgerschaftlichen Engagements, Volkswagen Group Forum, Berlin
14.09.2015	12. BBE-Mittagsgespräch am Pariser Platz zum Thementag „Bildung und Unternehmensengagement" der Aktionswoche, Hauptstadtrepräsentanz von BP Europa SE, Berlin
15.09.2015	Landes-Fachtagung: „Monetarisierung im Bürgerschaftlichen Engagement. Wie viel Geld verträgt das Ehrenamt?", Staatskanzlei Rheinland-Pfalz, Mainz
16.09.2015	BBE-Fachtag „Internationales Engagement" am gleichnamigen Thementag der Aktionswoche in Kooperation mit Engagement Global, Potsdam
17.09.2015	Fachtagung „Rolle des Engagements in zivilgesellschaftlichen Willkommensbündnissen" in Kooperation mit dem Deutschen Verein, Berlin
18.09.2015	Thementag „Demokratie und Vielfalt" der Aktionswoche
23.09.2015	Abschlusskonferenz des Projektes „Professionelle Integration von freiwilligen Helfern in Krisenmanagement und Katastrophenschutz" (INKA), Umweltforum, Berlin
28.09.2015	Konferenz der Arbeitsgruppensprecher_innen des BBE, Berlin
29.09.2015	Sitzung des BBE-Koordinierungsausschusses, Berlin
06.-07.10.2015	Seminar „Europa gemeinsam gestalten" im Programm „Europa für Bürgerinnen und Bürger", Veranstaltung der Kulturpolitischen Gesellschaft in Kooperation mit dem BBE, Berlin
16.10.2015	13. BBE-Mittagsgespräch am Pariser Platz „Wie finanziert sich die nachhaltige Engagementinfrastruktur?", Hauptstadtrepräsentanz von BP Europa SE, Berlin
02.11.2015	Europäischer Fachworkshop „Demokratiestärkung im ländlichen Raum" und Podiumsdiskussion „Wehrhafte Zivilgesellschaft gegen Radikalisierung?" im Rahmen des 23. Europäischen Abends „Demagogen, Populisten und Fanatiker. Ein neues Zeitalter der Extreme?", dbb forum, Berlin
02.-03.11.2015	BBE-Fachwerkstatt „Netzwerke im Dialog", Landesehrenamtsagentur Hessen, Frankfurt/M.

04.11.2015	4. Dialogforum im Projekt „Forum Inklusive Gesellschaft": „Bildung und Engagement", Deutsches Rotes Kreuz, Berlin
06.11.2015	Arbeitsgruppenübergreifende Sitzung der AG Europa und AG Zivilgesellschaftsforschung im Deutschen Bundestag: „Sozialisierung der Ökonomie vs. Ökonomisierung des Sozialen. Sozialunternehmen, Genossenschaften und ihr Beitrag zur Zivilgesellschaft", Berlin
07.-08.11.2015	BBE-Fachtagung „Migration-Unternehmen-Engagement", Veranstaltung des BBE in Kooperation mit dem BAMF und der Arbeitsgemeinschaft der Ausländerbeiräte Hessen (agah), Rüsselsheim
19.11.2015	Agendaworkshop der Mitglieder des BBE, Berlin
19.11.2015	BBE-Jahresempfang in der Landesvertretung Niedersachsen, Berlin
20.11.2015	16. BBE-Mitgliederversammlung in der Hauptstadtrepräsentanz der Deutschen Bank AG, Berlin
25.11.2015	14. BBE-Mittagsgespräch am Pariser Platz: „Bürgergesellschaft gestaltet ländliche Entwicklung", Hauptstadtrepräsentanz von BP Europa SE, Berlin
07.12.2015	Landes-Fachgespräch „Bürgerschaftliches Engagement in der frühkindlichen Bildung" in Mecklenburg-Vorpommern mit Podiumsdiskussion und Empfang des Ministerpräsidenten, Schwerin
08.12.2015	Fachtagung „Kinder – Kitas – Kooperationen" des BBE mit Ehrenamtsstiftung Mecklenburg-Vorpommern, Bertelsmann Stiftung und Stiftung Bildung und Gesellschaft, Schwerin
15.-24.01.2016	Stand des BBE auf der Grünen Woche mit Mitausstellern aus dem Netzwerk
20.01.2016	Begleitveranstaltung des BBE „Demokratiestärkung im ländlichen Raum" beim 9. Zukunftsforum ländliche Entwicklung des BMEL, ICC Berlin
12.-14.02.2016	Bundesweites Vernetzungstreffen der Civil Academy, Halberstadt
17.02.2016	5. Dialogforum im Projekt „Forum Inklusive Gesellschaft": „Antidiskriminierung", Berlin
18.02.2016	Agendakonferenz des BBE, Berlin
19.02.2016	Konstituierende Sitzung des 6. BBE-Koordinierungsausschusses, Berlin

11.03.2016	3. Synergieworkshop von BMFSFJ und BBE, Berliner Büro des Deutschen Caritasverbandes
05.-06.04.2016	Fachaustausch „Demokratiestärkung im ländlichen Raum" des BMFSFJ, BBE-Workshop, Magdeburg
21.-22.04.2016	BBE-Fachwerkstatt „Infrastrukturen im ländlichen Raum", Goslar
25.05.2016	6. Dialogforum im Projekt „Forum Inklusive Gesellschaft": „Gute Praxis", BMAS, Berlin
13.06.2016	Ernennung der Engagementbotschafter_innen 2016 der Woche des Bürgerschaftlichen Engagements, Berlin

4. Überblick über Publikationen

Im Folgenden sind Publikationen aufgelistet, die in Herausgeberschaft des BBE oder in Kooperation mit dem BBE zwischen Juli 2015 und Juni 2016 entstanden sind.[1]

4.1 Die Newsletter des BBE

Die kostenfrei zu beziehenden Newsletter des BBE setzen Impulse und geben Überblicke über das politische und fachliche Geschehen. Der BBE-Newsletter erscheint alle zwei Wochen, die BBE Europa-Nachrichten monatlich und der Infoletter der Aktionswoche einmal pro Quartal sowie in der Woche des bürgerschaftlichen Engagements.

4.2 Publikationen Juli 2015-Juni 2016

2015	Reader: Internationale Fluchtbewegungen und politische Antworten (2015), BBE-Eigenverlag
2015	INKA-Forschungsverbund (Hrsg.): Engagiert im Katastrophenschutz – Impulse für ein zukunftsfähiges Freiwilligenmanagement, Bd. 6 der BBE-Buchreihe „Engagement und Partizipation in Theorie und Praxis", Schwalbach/Ts., Wochenschau Verlag
2015	Engagement macht stark. 11. Woche des bürgerschaftlichen Engagements, 11. bis 20. September 2015, Ausgabe 2/2015, BBE-Eigenverlag, ISSN 2193-0570

---

1 http://www.b-b-e.de/publikationen/

2015	BBE Geschäftsstelle gGbmH/Servicestelle Jugendbeteiligung e. V./ Youth Bank Deutschland e. V. (Hrsg.): Leitfaden Jugendbeteiligung in Kommunen. Jugendforen für Demokratie – von der Theorie zur Umsetzung
2015	Akademie für Sozialpädagogik und Sozialarbeit e. V./Bundesnetzwerk Bürgerschaftliches Engagement (Hrsg.): Gemeinsam handeln: Für Demokratie in unserem Gemeinwesen! Handlungsempfehlungen zum Umgang mit Rechtsextremismus im ländlichen Raum, 2. aktualisierte Auflage 2015, ISBN 978-3-9814731-7-9
2015	Bundesnetzwerk Bürgerschaftliches Engagement (Hrsg.): Migration – Unternehmen – Engagement. Dokumentation zur Fachtagung am 7. und 8. November 2015 in Rüsselsheim, BBE-Eigenverlag, ISBN 978-3-9817869-0-3
2015	Bundesnetzwerk Bürgerschaftliches Engagement (Hrsg.): Landes-Engagementstrategien und kommunale Engagementstrategien, Reihe Dossier Nr. 1, ISBN 978-3-9814731-8-6
2016	Ansgar Klein/Rainer Sprengel/Johanna Neuling (Hrsg.): Jahrbuch Engagementpolitik 2016. Engagement und Partizipation, Bd. 7 der BBE-Buchreihe „Engagement und Partizipation in Theorie und Praxis", Schwalbach/Ts., Wochenschau Verlag
2016	Engagement macht stark. 12. Woche des bürgerschaftlichen Engagements, 16. bis 25. September 2016, Ausgabe 1/2016, BBE-Eigenverlag, ISSN 2193-0570

Das „Engagementpolitische Jahrbuch" erscheint in der BBE-Buchreihe „Engagement und Partizipation in Theorie und Praxis" beim Wochenschau Verlag, Schwalbach/Ts. Die Reihenherausgeber_innen sind: Manfred Bauer, Michael Bergmann, Dr. Serge Embacher, Dr. Frank Heuberger, PD Dr. Ansgar Klein, Prof. Dr. Thomas Olk (†), Andreas Pautzke, Dr. Thomas Röbke, Carola Schaaf-Derichs, Brigitta Wortmann.

5. Förderer und Unterstützer

Hauptförderer für die Arbeit der Geschäftsstelle und die Woche des bürgerschaftlichen Engagements war und ist das Bundesministerium für Familie, Senioren, Frauen und Jugend. Bereits seit 2005 setzen das BBE und die BP Europa SE gemeinsam das Qualifizierungsprogramm Civil Academy um. Das Bundesministerium für Bildung und Forschung (bis November 2015) und das Bundesministerium für Arbeit und Soziales (2015 bis 30.06.2016) förderten Fachprojekte des BBE. Insbesondere einige Mitgliedsunternehmen (Telekom, IBM, BP Europa SE) unterstützten das Netzwerk in der Netzwerkentwicklung und der Profilbildung. Partnerschaften für die Woche des bürgerschaftlichen Engagements übernahmen Volkswagen pro Ehrenamt, Engagement Global gGmbH, das ZDF, der Bundesverband Deutscher Anzeigenblätter und die Faire Woche. Schon traditionell übernahm ein Mitgliedsunternehmen die Gastgeberschaft für die Mitgliederversammlung des BBE (2015: Deutsche Bank) und ein Bundesland für den Jahresempfang (2015: Niedersachsen). Der Deutsche Bundestag, mehrere Landesvertretungen der Länder, Mitgliedsunternehmen oder Mitgliedsorganisationen unterstützten das BBE durch die Gastgeberschaft oder Organisationsressourcen für Fachveranstaltungen.

Lilian Schwalb

6. Weiterentwicklung der BBE-Fachdebatte[1]

Neuaufstellung bei den Arbeitsgruppen 2016-2018: neue übergreifende Themenfelder

1. Vorbemerkung

Die zukünftige Aufstellung der BBE-Fachdebatte soll sowohl in einem neuen inhaltlich-themenorientierten Ansatz ihren Ausdruck finden als auch in der Umsetzung durch ergänzende und neue Arbeitsweisen und -formate des Netzwerks. Dafür sprachen sich die Mitglieder des BBE im Rahmen der 16. Mitgliederversammlung (MV) am 20. November 2015 aus.

Bei der MV 2015 hatten die Mitglieder einen Beschluss über zukünftige thematische Schwerpunkte der Netzwerkarbeit und zur Neueinsetzung von Arbeitsgruppen (AGs) für die Jahre 2016-2018 zu fällen. Entschieden wurde auf der Grundlage der Impulse zur weiteren Entwicklung des Netzwerks, die aus dem einjährigen BBE-Agendaprozess hervorgehen. Der Prozess, der durch den Arbeitsbereich Netzwerkbetreuung und -entwicklung des BBE initiiert, begleitet und unter breiter Beteiligung der Mitglieder, einschließlich der Gremien und der BBE-Arbeitsgruppen, durchgeführt wurde, hat vielfältige Ergebnisse hervorgebracht. Sie beziehen sich auf Inhalte, Strukturen, Partizipations- und Steuerungsprozesse sowie Perspektiven des Netzwerks. Die Umsetzung des Agendaprozesses und seiner Ergebnisse erfolgt ab Januar 2016.

---
1 Der Beitrag wurde veröffentlicht im BBE-Newsletter 24/2015 und ist nachträglich aktualisiert worden. Er beruht auf dem Stand vom 27.06.2016.

Die BBE-Mitgliederversammlung 2015 hatte die Aufgabe, sich in ihrem Beschluss auf den erstgenannten Aspekt – die inhaltlich-themenorientierte Neuaufstellung – zu konzentrieren.

2. Aufbruchstimmung: der Beschluss

Die MV hat die Einsetzung von sieben Arbeitsgruppen – verstanden im weiteren Sinne von Themenfeldern – beschlossen. Der Beschluss umfasst ferner die Entscheidung über eine Bearbeitung von Inhalten und deren Profilierung in sechs weiteren, übergreifenden Themenfeldern, die für das Netzwerk von herausragender Relevanz sind.

Die MV befürwortet damit einen weiterentwickelten Ansatz der Zusammenarbeit im Netzwerk: Das Format Arbeitsgruppe soll neu gefasst und weiter verstanden werden als bisher. Die arbeitsgruppenübergreifenden Themen stellen eine Neuerung dar – sie setzen an Schnittstellen an und bearbeiten gezielt Querschnittsthemen.

Den Themenfeldern der AGs können jeweils mehrere Unterthemen zugeordnet werden. Sowohl die Unterthemen als auch die arbeitsgruppenübergreifenden Themen stellen Ergebnisse der BBE-Mitgliederbefragung 2015 und des BBE-Agendaprozesses dar. Es handelt sich um die Inhalte, die gemäß der Nennung der Mitglieder des Netzwerks für die Arbeit der Mitgliedsorganisationen von herausragender Bedeutung sind, die sich diese für eine zukünftige Befassung im Netzwerk wünschen und die deshalb begründeter Maßen einen wichtigen Stellenwert als Zukunftsthemen des Netzwerkes in der Agenda einnehmen.

2.1 Themenfelder der BBE-Arbeitsgruppen[2]

1. Demografischer Wandel und Engagementförderung im lokalen Raum
(Perspektiven und Potenziale des Engagements älterer Menschen/junger Menschen, Alt-Jung-Projekte, Quartiers-/Stadtentwicklung, Infrastruktur, Lokales Engagement und *Urban Governance*, Landesnetzwerke, Engagementpolitik der Länder, Ländlicher Raum, Demokratieförderung, Engagement und Extremismus-/Fundamentalismuspräventiaon, Pflege, Prävention und Gesundheitsförderung)

2. Freiwilligendienste
(Formen und Facetten der Freiwilligendienste, Angleichung Bundesfreiwilligendienst/Freiwilliges Soziales Jahr, Freiwilligendienste speziell für junge Menschen, Internationale Freiwilligendienste/Incoming)

---

2   Die Nummerierung bedeutet keine Priorisierung oder Zuschreibung von Relevanzen.

3. Kulturelle Vielfalt/Migration und Teilhabe
(Migration und Teilhabe, Willkommenskultur, Politische Bildung für Migrant_innen, Qualifizierung und Beratung von Migrantenorganisationen, Engagement und Flüchtlinge/Geflüchtete)

4. Bildung und Engagement/Qualifizierung und Fortbildung
(Formale Bildungsinstitutionen, Lernen durch Engagement, Bildungsengagement, Kooperationen in Bildungseinrichtungen, Beteiligung, Engagementferne Zielgruppen, Jugendengagement)
   (Qualifizierung für das Engagement, Fortbildung im Engagement, Beteiligungsmöglichkeiten für junge Menschen, Freiwilligenmanagement, Haupt-/Ehrenamt, Non-formale Bereiche/Informelles Lernen)

5. Engagement und soziale Gerechtigkeit
(Ungleichheit und Engagement, Armut, Monetarisierung, Sozialstaat, Soziale Position und Engagement, Engagementferne Zielgruppen, Soziale Absicherung und Engagement, Engagement und dessen Abgrenzung zu professionellen Angeboten, Inklusion)

6. Zivilgesellschaftsforschung
(Engagement und Partizipation/Beteiligung, Teilhabeforschung, Teilhabe stiller Gruppen, Demokratisierung, Wirtschaft und Zivilgesellschaft, Wirkungsmessung, Funktionalisierung des Engagements)

7. Internationales und Europa
(Rahmenbedingungen, Compact-Regelungen, Nachhaltigkeit, Sustainable Development Goals, Entwicklungszusammenarbeit, Krieg und Auswirkung auf zivilgesellschaftliche Zusammenarbeit)

2.2 Themenfelder mit arbeitsgruppenübergreifender Relevanz

1. Rahmenbedingungen für bürgerschaftliches Engagement
(Politische, soziale, gesellschaftliche, rechtliche Rahmenbedingungen mit besonderer Berücksichtigung von Spezifika auf den Ebenen Europa – Bund – Länder – Kommunen (Betrachtung über eine Matrix, aufgegliedert nach Themen und Ebenen), Freiwilligenmanagement, Vereine, Vorstandsarbeit, Gewinnung von Freiwilligen, Haupt-Ehrenamt, Förderung von Anerkennungskulturen)

2. Engagement von und für geflüchtete Menschen
(Willkommenskultur, Politische Rahmenbedingungen des Engagements von und für geflüchtete Menschen, Integration Arbeitsmarkt, Inklusion, gesellschaftliche Zukunftsperspektiven, sektorenübergreifendes Engagement)

3. Arbeit, Unternehmen und Engagement
(*Corporate Citizenship*, *Corporate Social Responsibility*, Aktueller Diskurs über Unternehmen und Engagement, *Social Investment*, Erwerbsarbeit, Familie und Engagement, Veränderung von Arbeitsmodellen, *Corporate Volunteering*, Vereinbarkeit von Engagement und Erwerbstätigkeit, Engagement und Familie sowie Care-Arbeit)

4. Engagement und Partizipation
(Lokale Demokratie, Demokratisierung, *Urban Governance*, Teilhabegerechtigkeit, Organisation und Wirkungsbedingungen von Strategien der Bürgerbeteiligung, Mediationsverfahren mit Großgruppen, Verbindung von Engagement und Bürgerbeteiligung/Partizipation)

5. Kommunikation
(Neue Medien, Digitalisierung, Virtuelles Engagement, Öffentlich wirksame Formate, Öffentlichkeitsarbeit, Kommunikation zur Politik, Organisationsentwicklung, Qualitätsentwicklung und Kommunikation)

6. UN-Ziele für nachhaltige Entwicklung
(Sustainable Development Goals)

Die BBE-Netzwerkentwicklung empfiehlt, die benannten Themenfelder als einen Teil einer Agenda des BBE für die kommenden drei Jahre zu fassen, die insgesamt stärker konturiert, klar an aktuelle gesellschaftliche Bedarfe und an die Mitglieder rückgebunden sowie gut kommunizierbar ist. Die durch die MV beschlossene inhaltliche Orientierung kann dann – einhergehend mit weiteren Anpassungen – Zielsetzungen verfolgen, die aus Ergebnissen des Agendaprozesses hervorgehen:
- Eine Verbesserung der Wirksamkeit in Politik und Fachöffentlichkeit,
- die Stärkung der Trisektoralität sowie
- eine Weiterentwicklung der Vernetzung und die Stärkung der Netzwerklogik.

3. Wie geht es weiter?

Alle Interessierten sind herzlich eingeladen, sich in die Entwicklung und Gestaltung der Fachdebatten der neuen Agenda einzumischen und einzubringen. Beteiligung und Mitgestaltung kann im BBE ganz unterschiedliche Formen einnehmen – dies noch expliziter zu fassen, ist ein weiterer Fokus der Umsetzungen im Agendaprozess des Jahres 2016.

Hinsichtlich der Mitwirkung in den neuen Arbeitsgruppen im Sinne von Themenfeldern lädt die Geschäftsstelle in einem Mitgliedermailing zu den ersten Treffen ein, bittet um Interessenbekundungen an den jeweiligen Themenfeldern und um Anmeldungen für die Treffen. Im Rahmen der konstituierenden Sitzungen im Januar und Februar 2016 verständigen sich die neu zusammengesetzten Gruppen über konkrete Fragestellungen und verabreden Arbeitsformen. Sie werden dabei vonseiten des Arbeitsbereichs Netzwerkbetreuung und -entwicklung begleitet und beraten – sie erhalten u. a. Informationen über mögliche Formen der Zusammenarbeit und der Unterstützung durch die BBE-Geschäftsstelle. In den konstituierenden Sitzungen wählen die Mitglieder auch ihre Sprecher_innen-Teams. Die Sprecher_innen werden zur Sitzung des Koordinierungsausschusses (KOA) am 19.02.2016 in Berlin eingeladen und nehmen als Mitglieder des Gremiums mit Stimmrecht teil. Am Vortag der Sitzung findet das Treffen der Sprecher_innen statt (ehemals AG-Sprecher_innen-Konferenz), dessen Format angepasst und mit einem justierten Programm, neuen Zielen und einem erweiterten Kreis von Beteiligten daherkommen wird.

Die engagierte Arbeit der Sprecherinnen und Sprecher der ehemaligen Arbeitsgruppen für das Netzwerk, gerade derjenigen, die in ihren bisherigen Funktionen nicht weiter aktiv sein werden, wird in Kürze durch den BBE-Sprecher_innenrat besonders gewürdigt. Das Netzwerk hat ihnen sehr viel zu verdanken. An ihre wertvollen Beiträge zur Weiterentwicklung der Fachdebatten und zum Eintreten für unsere gemeinsamen Anliegen soll auch zukünftig angesetzt und sie sollen fortgeführt werden.

3.1 Zum Verständnis der neuen Arbeitsgruppen

Die neu eingesetzten Gruppen sollen
- ein konkreteres Profil und einen deutlicheren Bezug zur Gesamtagenda des BBE einnehmen,
- zukünftig als Teil der Agenda und einem weiteren Verständnis entsprechend – im Sinne von Themenfeldern – eingesetzt werden,
- in Inhalten und Arbeitsformen so modernisiert werden, dass sie gewandelten gesellschaftlichen Entwicklungen und neuen Bedarfen der Mitgliedsorganisationen noch besser entsprechen,
- durch Möglichkeiten einer Ergänzung um neue, flexiblere Arbeitsformen in ihrer Netzwerklogik unterstützt werden,
- durch Themenbeauftragte der arbeitsgruppenübergreifenden Themenfelder die Möglichkeit bekommen, Querschnittsthemen noch besser anzugehen und Schnittstellen zwischen Arbeitsgruppen zu behandeln.

3.2 Zum Verständnis der übergreifenden Themenfelder

Hinter der Entscheidung für arbeitsgruppenübergreifende Themenfelder steht die Idee, dass arbeitsgruppenübergreifend Transparenz über aktuelle Diskurse und Aktivitäten hergestellt wird. Das Profil der BBE-Agenda für die nächsten Jahre soll geschärft werden, es soll darauf hingewirkt werden, noch deutlicher Wirkung zu erzielen, die Trisektoralität zu stärken und den Mehrwert, der allen Akteuren durch ihre Aktivitäten im Netzwerk erwächst, zu steigern bzw. deutlicher zu machen. Darüber hinaus können über arbeitsgruppenübergreifende Themenfelder die Inhalte eingebracht werden, die quer zu AG-Themen liegen und Schnittstellen angehen. Durch die Erweiterung um diese Ebene kann die Arbeit verschiedener Arbeitsgruppen miteinander verbunden, ergänzt sowie die AG-Thematiken mit weiteren, übergeordneten Fragestellungen verbunden werden.

3.2.1 Themenpaten – eine neue Ebene der Partizipation

Inhaltlich und fachlich werden die arbeitsgruppenübergreifenden Themenfeder zukünftig durch sogenannte Themenpat_innen vertreten. Diese sind als Expert_innen für das Netzwerk und die Fachöffentlichkeit sichtbar. Infolge ihrer Benennung durch den BBE-Sprecher_innenrat werden sie damit beauftragt, ihr Themenfeld im Sinne der Ziele des Netzwerks zu vertreten. Dabei sind sie entweder allein oder im Tandem tätig. Sie bringen ihre Expertise und ihre Kontakte ein und entwickeln das jeweilige Themenfeld anwaltschaftlich für das Netzwerk weiter. Insbesondere sind sie dazu aufgerufen, ausgewählte Schnittstellen und Querschnittsbezüge zu anderen Themenfeldern in den Blick zu nehmen, die sie als besonders relevant erachten. Hier setzen sie Impulse, befruchten Diskurse an den Schnittstellen, steuern Expertise bei, vermitteln Kontakte und/oder unterstützen Akteure anderer Themenfelder bei deren Vernetzung, bei der Weiterentwicklung bestehender Diskurse, der Diskursverschränkung und der Entwicklung neuer Ideen. Gemeinsam mit Mitarbeitenden der Geschäftsstelle können die Themenpat_innen – je nach Möglichkeiten und identifizierten Bedarfen – Planungen vornehmen, die eine konkretere Zusammenarbeit in organisatorischen und inhaltlichen Fragestellungen in der Zukunft ermöglichen könnte (Projektentwicklung, Akquise, Antragstellung). Über das Ausmaß, den Umfang und die genaue Ausgestaltung ihres Engagements entscheiden Themenpat_innen frei.

Themenpat_innen berichten den BBE-Gremien – der Agendakonferenz, dem Koordinierungsausschuss und der Mitgliederversammlung. Sie erhalten Gast- und Rederecht im Koordinierungsausschuss und sind aufgerufen, ähnlich den AG-Sprecher_innen, die durch sie verantworteten Inhalte in die politisch-strategischen Debatten und Entscheidungen der Gremien des BBE einfließen zu lassen.

Sowohl für die neuen Arbeitsgruppen als auch für die arbeitsgruppenübergreifenden Themenfelder werden vonseiten der Netzwerkbetreuung und -entwicklung neue Formen der Zusammenarbeit, Prozessgestaltung und Begleitung durch die Geschäftsstelle entwickelt und angeboten. Falls sich dies im Laufe der Umsetzung als notwendig erweist, werden möglicherweise Strukturen des Netzwerks (Statuten oder die Geschäftsordnung) evaluiert und angepasst.

3.3 Umsetzung: Schritt für Schritt ...

Der Agendaprozess hat mit seinen diversen partizipativen Elementen (siehe Schaubild) und nicht zuletzt durch die repräsentative BBE-Mitgliederbefragung 2015 vielfältige, wertvolle Ergebnisse erbracht, die die Richtung weisen, um den „Schatz" der sektorenübergreifenden Vernetzung noch besser heben zu können.

Die Ergebnisse begründen verschiedene Vorschläge und Impulse zur Weiterentwicklung des Netzwerks, seiner Fachdebatten, Arbeitsformen und Strukturen. Die Umsetzung wird Schritt für Schritt angegangen:

1. Phase: Inhaltlich-themenorientierte Herangehensweise (11/2015-02/2016)
Was sind die Zukunftsthemen des Netzwerks?
- Weiterentwicklung der Agenda
- Entscheidung für neue Arbeitsschwerpunkte und die Einsetzung neuer Arbeitsgruppen im Sinne von Themenfeldern
- Konstituierende Sitzungen der Arbeitsgruppen, Wahl der Sprecher_innen
- Profilierung der arbeitsgruppenübergreifenden Themenfelder

2. Phase: Entwicklung von/Verständigung über Formate (01/2016-06/2016)
Welche Arbeitsformen brauchen wir? Welche Formen passen zu welchen Inhalten?
- AG als eine mögliche Form der Bearbeitung eines Themenfeldes
- Arbeitsgruppenübergreifende Themenfelder zur Bearbeitung von Querschnittsthemen und Schnittstellenfragen
- Daneben: Diskurs- und Dialogformate, Projekte, u. ä.; Weiterentwicklung bestehender Formate, Verbesserung der Kommunikation
- Verständigung über schlüssige Verbindungen der jeweiligen Inhalte und Formate

3. Phase: Vergewisserung und Anpassung (06/2016-12/2016)
Wie passen Themen und Formate zusammen? Wie wird das Profil der Themenfelder auch jenseits von AGs abgedeckt – und wie wirksam umgesetzt?
- Benennung von Themenpat_innen und Profilierung der Themenfelder der AGs sowie der arbeitsgruppenübergreifenden Themenfelder
- Überprüfung innerhalb der AGs, durch die Gremien und mit der Geschäftsstelle
- Weiterentwicklung der Formate
- Ggf. Anpassung von Strukturen und/oder Statuten des Netzwerks

4. Fazit

Im Jahr 2016 gilt es, im Spannungsfeld zwischen erprobten und bewährten Strukturen und Prozessen auf der einen Seite und weiterentwickelten sowie neuen Ansätzen der Zusammenarbeit und des Wirksamwerdens im Netzwerk auf der anderen Seite gemeinsam gute Wege einzuschlagen. Der richtungsweisende Beschluss der MV stellt den Auftakt für die Umsetzung und eine wichtige Wegmarke dar.

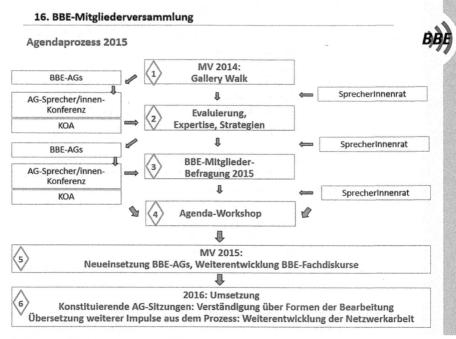

Abbildung: BBE-Agendaprozess 2015.
Quelle: 16. MV des BBE vom 20.11.2015, Präsentation von Lilian Schwalb.

Dokument

BBE AG 3 „Freiwilligendienste" Impulspapier

Freiwilligendienste als Orte der politischen Bildung

1. Vorbemerkung

Gemeinsam mit dem Bundesarbeitskreis Freiwilliges Soziales Jahr (BAK FSJ) und dem Bundesarbeitskreis Freiwilliges Ökologisches Jahr (BAK FÖJ) befasste sich die AG 3 „Freiwilligendienste" des Bundesnetzwerks Bürgerschaftliches Engagement (BBE) im Rahmen eines Fachworkshops am 22. Juni 2015 bei und in Kooperation mit der Heinrich-Böll-Stiftung, Berlin mit dem Thema „Freiwilligendienste – Orte politischen Lernens. Konzepte und Methoden". Anlass war die Entscheidung des Bundesministeriums für Familie, Senioren, Frauen und Jugend (BMFSFJ), dass die im Bundesfreiwilligengesetz (BFDG) vorgeschriebenen fünftägigen Seminare für politische Bildung – wie bisher bereits praktiziert – auch künftig ausschließlich von den Bildungsstätten des Bundes durchgeführt werden sollen. Anträge freier Trägerverbünde, diese Seminare für die von ihnen begleiteten BFD-Freiwilligen zu gestalten – wie sich dies für die Teilnehmenden der Jugendfreiwilligendienste seit Jahrzehnten bewährt hat – wurden abgelehnt.

Als Ergebnis dieses Workshops hat die AG 3 „Freiwilligendienste" dieses Papier verfasst und in seiner Sitzung am 20.10.2015 in Köln beschlossen. An den Sprecher_innenrat des BBE ergeht die Bitte, dieser Stellungnahme zuzustimmen und sie an das BMFSFJ und die Fraktionen des Bundestages weiterzuleiten.

2. Freiwilligendienste sind Bildungs- und Orientierungsdienste und eine besondere Form des bürgerschaftlichen Engagements

Das Tätigwerden und die Verantwortungsübernahme im Kontext gemeinnütziger Einrichtungen/Aufgabenbereiche bieten Freiwilligendienstleistenden neue und andere Möglichkeiten des Lernens als z. B. die formalen Lernprozesse in der Schule: Sie erleben in non-formalem und informellem Lernen neue gesellschaftliche Kontexte, können ihre individuellen Fähigkeiten erkunden, ausprobieren und Selbstwirksamkeit erfahren. Freiwilligendienstleistende, die in ihrem alltäglichen Wirken in soziale, kulturelle, ökologische u. a. gesellschaftliche Zusammenhänge eingebunden sind, haben die Chance zu erfahren, wie notwendige und/oder wünschenswerte Lösungen für gesellschaftliche Fragen und Entwicklungen gefunden und auch, wie sie praktiziert werden.

Ob solche Lernprozesse stattfinden, ist abhängig von der Qualität der Anleitung und von der aktiven Mitgestaltungsmöglichkeit der Freiwilligen in den Einsatzstellen. Die weitere wichtige Bedingung für die Realisierung der Freiwilligendienste als Bildungs- und Orientierungsdienste ist die kontinuierliche Begleitung der Freiwilligen durch Träger und Zentralstellen und die Durchführung der gesetzlich vorgegebenen Seminare. Dazu gehört auch die politische Bildung, die ein wichtiger Bestandteil der Bildungstage in allen Freiwilligendienstformaten ist.

3. Warum Freiwilligendienste geeignete Orte politischen Lernens sind

Wesentlich für die Beantwortung dieser Frage sind zum einen die Qualität und die Eignung der Einsatzstellen als Erfahrungsorte politischer und gesellschaftlicher Realität. Zum anderen sind Strukturen erforderlich, die den Bezug zwischen den praktischen Tätigkeiten der Freiwilligen in den Einsatzstellen zu gesellschaftlichen und politischen Themen/Fragen herstellen helfen. Dabei geht es weniger um die Vermittlung von Wissen über Fakten und Strukturen der Politik, des Staates und der Gesellschaft, sondern vor allem um die Ermöglichung und Unterstützung des vom Einzelnen zu vollziehenden Prozesses, sich als „Teil des Politischen" verstehen zu lernen. Ein solcher Prozess wird bei den Freiwilligendiensten vor allem dadurch begünstigt, dass an den konkreten, aktuellen Erfahrungen der Teilnehmenden und an der „nützlichen Erfahrung, nützlich zu sein" (H. v. Hentig), angesetzt werden kann.

Als eine Zeit des Übergangs und eine in der Regel einjährige, freiwillige Phase des Experimentierens in einer realen Lebenswelt sind sie gleichzeitig vor allem für Freiwillige unter 27 Jahren gut geeignet, sie bei der Entwicklung eigener Perspektiven in dieser Gesellschaft zu unterstützen. Die Berücksichtigung ihrer Interessen, ihrer Lebenswelt, ihrer Fragen zur Lebensbewältigung, zu gelingenden Übergängen, zu ihrer Zukunftsperspektive müssen deshalb Bestandteil dieses Prozesses sein. Freiwilligendienste und die damit verknüpften Seminartage außerhalb der Einsatzstellen bieten eine ganz besondere Chance, die Erfahrungen der Teilnehmenden rational zu durchdringen und das Politische und ihre Rolle dabei sichtbar zu machen. Nicht nur für Jugendliche, sondern auch für ältere Freiwillige über 27 Jahre sollte diese Chance genutzt werden. Der Bildungs- und Orientierungsprozess bei den Älteren im Kontext der Freiwilligendienste hat allerdings eine andere Rahmung, bei der die jeweils sehr individuellen Interessen und Erfahrungen wie ihre Lebenssituation berücksichtigt werden müssen.

4. Welche Strukturen die politische Bildung in und durch die Freiwilligendienste besonders begünstigen

Die Position des BMFSFJ ist nach wie vor, dass die politische Bildung der U 27-BFDler_innen nur in den Bildungsstätten des Bundes stattfinden soll. Diese seien eine Nahtstelle, „an der sich der Staat aus der Anonymität des reinen Geldgebers herauslöst und sich unmittelbar und konkret im zwischenmenschlichen Kontakt zeigt". Zudem zeichneten sich die Bildungsstätten des Bundes anders als die wertegebundenen Angebote der freien zivilgesellschaftlichen Träger in besonderem Maße durch „eine weltanschaulich-neutrale politische Bildung im Sinne der Werte unserer Verfassung" aus (vgl. beim Workshop vorgelegte Thesen des Bundesamtes für Familie und zivilgesellschaftliche Aufgaben).

Diese Einschätzung wird von der AG „Freiwilligendienste" nicht geteilt, weil für sie Wertepluralität ein wesentliches Element politischer Bildung ist. Auch die Mehrzahl der Fraktionen des Deutschen Bundestages teilt diese Einschätzung. Im aktuellen Positionspapier der SPD-Fraktion wird die Wertepluralität als Element politischer Bildung ausdrücklich hervorgehoben. Für den Prozess der politischen Bildung ist darüber hinaus die Werteorientierung der zivilgesellschaftlichen Träger von Bedeutung, weil sie in den Einsatzstellen praktisch erfahrbar ist und mit Unterstützung der begleitenden pädagogischen Maßnahmen den Freiwilligen eine gezielte Auseinandersetzung und Hinterfragung dieses Werteprofils ermöglicht. Nur im engen Zusammenspiel mit Trägern und Einsatzstellen kann politische Bildung die non-formalen und informellen Lernprozesse in den Tätigkeitsprofilen der Freiwilligendienste der Reflexion zugänglich machen. Dieses Zusammenspiel und entsprechende Curricula bieten den Freiwilligendiensten eine umfassendere Chance, bei den Teilnehmenden eine politisch-gesellschaftliche Mitverantwortlichkeit zu verankern.

Wenn politische Bildung vorrangig ein vom Einzelnen zu vollziehender Prozess ist, sich als „Teil des Politischen" verstehen zu lernen, bieten die Freiwilligendienste hierfür eine große Chance, weil in der praktischen Tätigkeit der Einsatzstellen die zugrunde liegenden gesellschaftlich-politischen Zusammenhänge gesehen und erfahren werden können. Dies kann umso besser gelingen, wenn die Freiwilligen dabei von Personen begleitet werden, die mit ihrer individuellen Situation vertraut sind und diesen Bezug herstellen helfen.

Die Trägerstruktur der Jugendfreiwilligendienste FSJ und FÖJ eröffnet diese Möglichkeit: Die Verantwortlichen der Träger/Zentralstellen begleiten die Jugendlichen des FSJ, des FÖJ, aber auch die von ihnen betreuten Freiwilligen des BFD kontinuierlich während ihres Freiwilligenjahres und sind für diese auch bei Konflikten in den Einsatzstellen Ansprechpartner. Sie sind es auch, die gemeinsame Seminartage mit den Jugendlichen/jungen Erwachsenen zusammen konzipieren und durchführen können und ermöglichen gegebenenfalls eine engere Begleitung von Benachteiligten aber auch Minderjährigen.

Weil es keine zeitlichen Vorgaben für den Umfang der politischen Bildung gibt, können die 25 Seminartage der Jugendfreiwilligendienste ohne dezidierte Trennung zwischen politischer Bildung, Persönlichkeitsbildung, sozialer Kompetenz, Entdeckung neuer Fähigkeiten usw. stattfinden. Für die BFDler_innen, die nur an 20 Seminartagen teilnehmen, ist dies im organisatorischen Ablauf auch mit der einen oder anderen Nachfrage verbunden, warum sie fünf Tage exklusiv für die politische Bildung in die Bildungszentren des Bundes fahren müssen und Teilnehmende der Jugendfreiwilligendienste nicht. Gleichzeitig bedeutet diese Trennung der FSJler_innen und BFDler_innen für die Träger einen verwaltungstechnisch enormen Zeitaufwand.

Diese – bezüglich der politischen Bildung – nicht nachvollziehbare Differenzierung zwischen FSJler_innen/FÖJler_innen und BFDler_innen und auch die für den Prozess der politischen Bildung relevanten Kompetenzen der begleitenden Träger- und Zentralstellenverantwortlichen legen eine enge Kooperation mit den Bildungszentren des Bundes und eine gemeinsame Gestaltung der politischen Bildung in der Logik von FSJ und FÖJ auch im BFD nahe. Diese Kooperation sollte sich nicht nur auf die Gegenüberstellung von und die Auseinandersetzung mit unterschiedlichen politischen Positionen und gesellschaftlichen Entwicklungen beziehen, sondern auch Teilhabe- und Mitgestaltungsmöglichkeiten der Gesellschaft – z. B. durch die Wahl von Sprecher_innen, durch die Gestaltung von Mitsprachemöglichkeiten in den Einsatzstellen und die Entwicklung eigener Projekte – sichtbar und erfahrbar machen.

5. Wie einer Sicherstellung der politischen Bildung in den Freiwilligendiensten durch die Politik besser entsprochen werden sollte

Zur Optimierung der politischen Bildung bei den und durch die Freiwilligendienste werden die folgenden Schritte vorgeschlagen:
- Die im BFDG vorgeschriebenen fünftägigen Seminare zur politischen Bildung sollen in Kooperation der Bildungszentren des Bundes mit den freien Trägern/ den Zentralstellen stattfinden oder an diese übertragen werden (siehe auch den nächsten Punkt). Ziele sind ein deutlicherer Bezug zum Erfahrungskontext der Freiwilligen und die Reflexion der eigenen Rolle in der Gesellschaft besser sicherzustellen.
- Die auch die für die Beteiligten nicht nachvollziehbare Differenz zwischen politischer Bildung bei dem FSJ/FÖJ und dem BFD soll dort wo gewünscht aufgehoben werden.
- Wegen der langjährigen Erfahrung der Träger und Zentralstellen bei den Jugendfreiwilligendiensten, sollen sie an der Entwicklung der Curricula für die politische Bildung im Rahmen des BFD beteiligt werden und nicht einer Beliebigkeit und/oder Zufälligkeit bei der Themenwahl unterliegen (Anmerkung: Partizipation ist mehr als zwischen zwei Themen möglicherweise wählen können).
- Es soll sichergestellt werden, dass die Einsatzplätze als Bildungs- und Orientierungsorte geeignet sind. Dies ist vor allem durch die Träger und Zentralstellen zu gewährleisten. Besonders die automatisch anerkannten früheren Zivildienstplätze in den Einsatzstellen des BFD sollten überprüft werden, ob sie gemeinnützig sind und als besondere Form des bürgerschaftlichen Engagements und als Lern- und Orientierungsort gelten können.

Das BMFSFJ wird gebeten, entsprechende Schritte gemeinsam mit den Trägern bzw. Zentralstellen der Freiwilligendienste in die Wege zu leiten.

Autorinnen und Autoren

Adelmann, Franziska, verantwortlich für die Informationguides von We.Inform
Kontakt: franziska.adelmann@law-school.de

Boele-Woelki, Katharina, Prof. Dr. Dr. h.c. mult., Präsidentin der Bucerius Law School
Kontakt: katharina.boele-woelki@law-school.de

Büschleb, Judith, Initiatorin und Leiterin von We.Inform
Kontakt: judith.bueschleb@law-school.de

Diefenbach-Trommer, Stefan, Vorstand und Koordinator der Allianz „Rechtssicherheit für politische Willensbildung"
Kontakt: diefenbach-trommer@zivilgesellschaft-ist-gemeinnuetzig.de

Ernst-Pörksen, Michael, Dr., Volkswirt, berät seit Anfang der 1990er-Jahre – im Rahmen einer Steuerberatungsgesellschaft – gemeinnützige Körperschaften und beschäftigt sich im internationalen Zusammenhang mit dem Vergleich von national unterschiedlichen Handlungsfeldern und rechtlichen Rahmenbedingungen zivilgesellschaftlicher Strukturen
Kontakt: cox@cox-steuerberatung.de

Evers, Adalbert, Prof. Dr., lehrte Sozialpolitik an der Justus-Liebig-Universität Gießen. Senior Fellow am CSI der Universität Heidelberg und Gastprofessor am Ersta Sköndal University College (Stockholm)
Kontakt: adalbert.evers@uni-giessen.de

Fabian, Horst, Dr., von 1992-2012 Programmkoordinator Ostasien von CIM/GTZ, dem Personalvermittler der deutschen Entwicklungszusammenarbeit. Seit seiner Pensionierung zivilgesellschaftlicher Botschafter Europa–China
Kontakt: horst.fabian47@t-online.de

Gesemann, Frank, Dr., Geschäftsführer von DESI – Institut für Demokratische Entwicklung und Soziale Integration
Kontakt: info@desi-sozialforschung-berlin.de

Hartnuß, Birger, Referent in der „Leitstelle Ehrenamt und Bürgerbeteiligung" in der Staatskanzlei Rheinland-Pfalz
Kontakt: birger.hartnuss@stk.rlp.de

Hummel, Konrad, Dr., Konversionsbeauftragter der Stadt Mannheim
Kontakt: konrad.hummel@mannheim.de

Jakob, Gisela, Prof. Dr., lehrt Theorien der Sozialen Arbeit an der Hochschule Darmstadt
Kontakt: gisela.jakob@h-da.de

Autorinnen und Autoren

Kaleck, Wolfgang, Rechtsanwalt und Generalsekretär des European Center for Constitutional and Human Rights (ECCHR). Vertritt aktuell den NSA-Whistleblower Edward Snowden
Kontakt: info@ecchr.eu

Klein, Ansgar, PD Dr., Geschäftsführer des BBE, Privatdozent für Politikwissenschaft an der Humboldt-Universität zu Berlin und Publizist
Kontakt: ansgar.klein@b-b-e.de

Krimmer, Holger, Dr., Prokurist und Mitglied der Geschäftsleitung der Wissenschaftsstatistik im Stifterverband für die Deutsche Wissenschaft e.V. Leiter der Geschäftsstelle ZiviZ (Zivilgesellschaft in Zahlen)
Kontakt: holger.krimmer@stifterverband.de

Lunacek, Ulrike, Vizepräsidentin des Europäischen Parlaments, Delegationsleiterin der Grünen in Österreich, stellvertretendes Mitglied im Ausschuss für die Rechte der Frau und die Gleichstellung der Geschlechter sowie Präsidentin der LGBT-Intergroup
Kontakt: ulrike.lunacek@gruene.at

Matthias, Meike, koordinierte die studentischen Flüchtlingsprojekte an der Bucerius Law School
Kontakt: meike.matthias@law-school.de

Neuling, Johanna, Politikwissenschaftlerin, Redakteurin, Lektorin, Fachfrau für Öffentlichkeitsarbeit (www.johanna-neuling.de), freie Mitarbeiterin im BBE
Kontakt: redaktion@johanna-neuling.de

Pautzke, Andreas, stellvertretender Geschäftsführer des BBE
Kontakt: andreas.pautzke@b-b-e.de

Röbke, Thomas, Dr., geschäftsführender Vorstand des Landesnetzwerks Bürgerschaftliches Engagement Bayern e.V. Seit Februar 2016 Vorsitzender des BBE-Sprecher_innenrates
Kontakt: roebke@lbe-bayern.de

Roth, Roland, Prof. Dr., lehrte bis Ende 2014 Politikwissenschaft an der Hochschule Magdeburg-Stendal, war sachverständiges Mitglied der Enquete-Kommission des Bundestages „Zukunft des Bürgerschaftlichen Engagements" und der Expertengruppe des 2. Freiwilligensurveys von 2004. Mitbegründer von DESI – Institut für Demokratische Entwicklung und Soziale Integration
Kontakt: roland.roth1@gmx.de

Schönrock, Elisabeth, Referentin im Projekt „Demokratiestärkung ländlicher Raum" im BBE
Kontakt: elisabeth.schoenrock@b-b-e.de

Schwalb, Lilian, Dr., Politik- und Verwaltungswissenschaftlerin, Leiterin des Bereichs Netzwerkbetreuung und -entwicklung im BBE
Kontakt: lilian.schwalb@b-b-e.de

Speth, Rudolf, PD Dr., Privatdozent für Politikwissenschaft an der FU Berlin und Publizist (www.rudolf-speth.de)
Kontakt: rudolf.speth@web.de

Sprengel, Rainer, Dr., Leitung „Information und Kommunikation/Newsletter" im BBE, Fellow am Maecenata Institut für Philanthropie und Zivilgesellschaft
Kontakt: rainer.sprengel@b-b-e.de

Strachwitz, Rupert Graf, Dr., Direktor des Maecenata Instituts für Philanthropie und Zivilgesellschaft, Berlin
Kontakt: rs@maecenata.eu

Veigel, Burkhart, Dr., von 1961 bis 1970 Fluchthelfer in Berlin. Er hat in dieser Zeit etwa 650 Menschen aus der DDR in die Freiheit gebracht. Sein Buch „Wege durch die Mauer – Fluchthilfe und Stasi zwischen Ost und West" erschien 2011. Erhielt 2012 das Bundesverdienstkreuz
Kontakt: info@fluchthilfe.de

von Vieregge, Henning, Dr., Lehrbeauftragter am Zentrum für wissenschaftliche Weiterbildung (ZWW) der Johannes Gutenberg-Universität Mainz, assoziierter Wissenschafter am Maecenata Institut für Philanthropie und Zivilgesellschaft, ehemaliger Hauptgeschäftsführer im Gesamtverband Kommunikationsagenturen GWA e.V.
Kontakt: henningvonvieregge@gmail.com

Neu bei Nomos:

Voluntaris
Zeitschrift für Freiwilligendienste

Voluntaris
Zeitschrift für Freiwilligendienste
4. Jahrgang 2016, 2 Ausgaben pro Jahr
ISSN 2196-3886

Jahresabo Print inkl. einem Onlinezugang für Privatbezieher und freiberuflich Tätige: 35,– €
(über Zugangsdaten)
zzgl. Vertriebskostenanteil (€ 6,81/Jahr)
(Porto/Inland € 5,20 + Direktbeorderungsgeb. € 1,61)
Gesamtpreis: 41,81 €
Die Zugangsinformationen erhalten Sie nach Notierung Ihrer Bestellung direkt vom Verlag.
Kündigung 3 Monate vor Kalenderjahresende möglich.

Voluntaris – Zeitschrift für Freiwilligendienste ist eine wissenschaftlich orientierte Informations-, Diskussions- und Dokumentationsschrift für den Bereich Freiwilligendienste.

Die Zeitschrift
- ist der Informationsknoten im „Forschungsfeld Freiwilligendienste"
- bietet anwendungsbezogene Perspektiven und Raum für Debatten
- verbindet **Wissenschaft und Praxis**
- ist **verlässlicher Wegweiser** für Fach- & Führungskräfte im Non-Profit-Sektor, Freiwillige sowie Studierende und Forschende
- ist **Lesestoff für Menschen, die anpacken!**

Weitere Informationen unter
▶ **voluntaris.nomos.de**

Zeitschriften-Hotline (+49) 7221.2104-39
Online nomos-shop.de | **E-Mail** zeitschriften@nomos.de

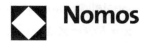

WOCHEN SCHAU VERLAG
... ein Begriff für politische Bildung

Jahrbuch Engagementpolitik

Die Gründung des Bundesnetzwerks Bürgerschaftliches Engagement (BBE) im Jahr 2002, auf Empfehlung des 14. Deutschen Bundestages, ist sichtbarer Ausdruck für den hohen Stellenwert der Engagementpolitik. Das Jahrbuch des BBE berichtet aus der Arbeit des Netzwerks und gibt Diskursen ein Forum, die weit in alle gesellschaftlichen Bereiche hineinreichen.

Zielgruppe sind die mit Engagementpolitik und Engagementförderung beruflich oder ehrenamtlich befassten Akteure in Wissenschaft, Medien, Verbänden, Stiftungen und Vereinen, Ministerien, kommunalen Fachstellen für Engagementförderung, in Freiwilligenagenturen und -zentren, Selbsthilfekontaktstellen, Seniorenbüros oder Bürgerstiftungen oder in engagementfördernden Unternehmen.

Herausgeber der Buchreihe Engagement und Partizipation in Theorie und Praxis
Manfred Bauer, Michael Bergmann, Dr. Serge Embacher, Dr. Frank W. Heuberger,
PD Dr. Ansgar Klein, Prof. Dr. Thomas Olk (†), Andreas Pauzke, Dr. Thomas Röbke,
Carola Schaaf-Derichs und Brigitta Wortmann im Auftrag des BBE.

Jahrbuch Engagementpolitik 2017
Engagement für und mit Geflüchteten
ISBN 978-3-7344-0396-5, 208 S., € 22,80
Fortsetzungspreis: € 18,20
E-Book: 978-3-7344-0397-2 € 17,99

Jahrbuch Engagementpolitik 2016
Engagement und Partizipation
ISBN 978-3-7344-0117-6, 208 S., € 22,80
Fortsetzungspreis: € 18,20
E-Book: 978-3-7344-0118-3 € 17,99

Jahrbuch Engagementpolitik 2015
Engagement und Welfare Mix
ISBN 978-3-89974993-9, 224 S., € 26,80
Fortsetzungspreis: € 21,80

Jahrbuch Engagementpolitik 2014
Engagement- und Demokratiepolitik
ISBN 978-3-89974912-0, 240 S., € 26,80
Fortsetzungspreis: € 21,80

Jahrbuch Engagementpolitik 2013
Staat und Zivilgesellschaft
ISBN 978-3-89974844-4, 302 S., € 29,80
Fortsetzungspreis: € 24,00

Bestellen Sie das Jahrbuch Engagementpolitik

zur Fortsetzung
direkt auf:

www.wochenschau-verlag.de www.facebook.com/wochenschau.verlag @wochenschau-ver

Adolf-Damaschke-Str. 10, 65824 Schwalbach/Ts., Tel.: 06196/86065, Fax: 06196/86060, info@wochenschau-verlag.de